卓越涉外法治人才培养系列教程

丛书主编 ◎ 苗连营

涉外行政法
案例教程

主 编 ◎ 王红建　邢　昕

知识产权出版社
全国百佳图书出版单位
—北 京—

图书在版编目（CIP）数据

涉外行政法案例教程/王红建，邢昕主编. —北京：知识产权出版社，2024.10. —（卓越涉外法治人才培养系列教程/苗连营主编）. —ISBN 978-7-5130-8280-8

Ⅰ.D922.135

中国国家版本馆 CIP 数据核字第 20245N96T4 号

责任编辑：李芸杰	责任校对：王　岩
封面设计：戴　鹏	责任印制：刘译文

卓越涉外法治人才培养系列教程

涉外行政法案例教程

主　编◎王红建　邢　昕

出版发行：知识产权出版社 有限责任公司	网　　址：http://www.ipph.cn
社　　址：北京市海淀区气象路 50 号院	邮　　编：100081
责编电话：010-82000860 转 8739	责编邮箱：liyunjie2015@126.com
发行电话：010-82000860 转 8101/8102	发行传真：010-82000893/82005070/82000270
印　　刷：天津嘉恒印务有限公司	经　　销：新华书店、各大网上书店及相关专业书店
开　　本：787mm×1092mm　1/16	印　　张：12.5
版　　次：2024 年 10 月第 1 版	印　　次：2024 年 10 月第 1 次印刷
字　　数：274 千字	定　　价：49.00 元

ISBN 978-7-5130-8280-8

出版权专有　侵权必究

如有印装质量问题，本社负责调换。

总　序

习近平总书记指出："加强涉外法治建设既是以中国式现代化全面推进强国建设、民族复兴伟业的长远所需，也是推进高水平对外开放、应对外部风险挑战的当务之急。"涉外法治工作不仅是全面依法治国的重要组成部分，也是统筹"两个大局"在法治领域的具体体现。作为中国特色社会主义法治体系的重要组成部分，涉外法治事关全面依法治国的实现，有利于更好地在法治轨道上全面建设社会主义现代化国家。

涉外法治人才在涉外法治建设中具有源头性、基础性和战略性的地位和作用。涉外法治的建设离不开涉外法治人才的培养。党的二十届三中全会通过的《中共中央关于进一步全面深化改革　推进中国式现代化的决定》更进一步强调，加强涉外法治建设，建立一体推进涉外立法、执法、司法、守法和法律服务、法治人才培养的工作机制，完善以实践为导向的法学院校教育培养机制。教育部高等教育司《关于开展2024年度普通高等学校本科专业设置工作的通知》也支持高校面向涉外法治领域布局相关专业，有的放矢培养国家战略人才和急需紧缺人才。加强涉外法治人才培养是系统工程，高校是人才培养的主阵地，要充分发挥高校在涉外法治人才培养中的"主力军"作用，大力推进涉外法治人才培养的教育改革和要素配置，加强制度设计和资源协同。学科体系、教学体系、课程体系和教材体系是涉外法治人才培养的核心要素，这些要素解决的是培养什么样的涉外法治人才的问题，需要合理配置，统筹考虑。

郑州大学法学院一直以来高度重视涉外法治建设和涉外法治人才培养。特别是2023年12月入选全国首批涉外法治人才协同培养创新基地（培育）名单后，学院打破学科院系壁垒、整合相关校内外资源，重构人才培养方案，联合共建单位的特色涉外法治资源，组织出版这套"卓越涉外法治人才培养系列教程"。该系列教程坚持以实践为导向，以其独特的编纂理念与方法，力争为涉外法治人才培养的困境提供破局之策。该系列教程以精炼的知识要点为引领，化繁为简，有效帮助学生搭建所学知识的思维框架。采用经典案例，通过介绍基本案情，提炼存在的主要法律问题及其法律依据，同时对案例进行理论和实操分析，以针对性地回应所学知识，并设置思考题，鼓励、启发学生持续性学习。一些具有丰富实践经验的涉外实务部门专家也参与了该系列教程的编写，所选案例均改编自司法实践中的真实案例。

当今世界正经历百年未有之大变局，我国正以前所未有的广度和深度参与国际竞争和全球治理。无论是推动贸易和投资自由化、便利化，建设更高水平开放型经济新体制，还是积极参与全球治理体系改革和建设，都对涉外法治人才的实践能力和综合素质提出了更高要求。郑州大学法学院将以该系列教程的出版为契机，致力于培养出一批政治立场坚定、专业素质过硬、通晓国际规则、精通涉外法律实务的涉外法治人才，为中国式现代化的稳健前行筑牢人才基石，为全球法治的进步与发展中的中国智慧、中国方案贡献郑大力量。

需要说明的是，由于编者的能力和水平有限，教程中的错讹之处在所难免，敬请诸位方家批评指正。

是为序。

苗连营

郑州大学法学院院长、教授

2024 年 8 月 23 日

前 言

加强涉外法治建设既是全面推进强国建设、民族复兴伟业的长远所需，也是推进高水平对外开放、应对外部风险挑战的当务之急。建设一批通晓国际法律规则、善于处理涉外法律事务的涉外法治人才队伍，是推进涉外法治建设的先导力量和基础工程。

加强涉外法治人才培养是系统工程，要大力推进涉外法治人才培养的教育改革和要素配置，加强制度设计和资源协同，就必须在学科体系、教学体系、课程体系和教材体系等涉外法治人才培养的核心要素方面狠下功夫。教材是教育教学的重要构成和关键抓手，也是涉外法治课程改革和发展的切入点、着力点和落脚点。

在加快推进我国涉外法治建设的大背景下，涉外行政法的重要性再次凸显。但历史地看，涉外行政法并不是一个新生事物，而是有着较长的产生和发展过程，特别是改革开放以来，我国涉外行政法发展取得了长足进步。然而，受限于外部环境带来的新困难和新挑战，涉外行政法仍处于不断发展完善之中。为帮助学生理解涉外行政法律规范相关规定，夯实学生涉外行政法学的理论基础，提高学生思考和解决实际问题的能力，我们以"以案讲法、以案学法、以案用法"为目的，将涉外行政法典型案例作为研究和学习对象，借以阐释涉外行政法所蕴含的基本法学原理，描述涉外行政法的法律制度。

在编写内容上，本书以"概述—基本原则—行为法—救济法"为逻辑主线，围绕涉外行政法概述、涉外行政法的基本原则、涉外行政许可、涉外行政强制、涉外行政处罚、涉外行政调查、涉外行政监管措施、其他涉外行政行为案例、涉外行政复议、涉外行政诉讼等十章内容展开。既对行政许可、行政强制、行政处罚、行政复议、行政诉讼中具有涉外属性的内容进行重点介绍，也对涉外行政调查、涉外行政监管措施、涉外行政和解、涉外企业行政合规等在涉外行政法中发展势头较快，而传统行政法关注度有限的议题进行延伸拓展。

在编写体例上，本书脉络清晰，紧紧围绕着涉外行政法学的基本理论，就每个理论问题结合具体案例，通过"基本案情—主要法律问题—主要法律依据—理论分析—思考题"的逻辑脉络，介绍基本案情、剖析主要法律问题、列举主要法律依据、阐述分析相关理论、设置延伸思考问题，实现理论、规范、实践的融会贯通。

在语言表述上，本书力求以简洁规范、风格统一的言语释法明理、解析实例，便于学生理解。编者希望通过丰富的内容和新颖的形式，为教师提供涉外行政法课程教学参考，为学生提供更大的学习和思考空间。

在郑州大学法学院的支持和指导下，我们组织了行政法教研室的任课教师和深度参与涉外行政法实务的同志，共同编写了这本《涉外行政法案例教程》。

本书编写分工如下：

第一章：郑　磊（郑州大学法学院）

第二章：杨会永（郑州大学法学院）

第三章：王　蕊（河南师道律师事务所）

第四章：赵　琼（国家检察官学院河南分院）

第五章：李永超（郑州大学法学院）

第六章：邢　昕（郑州大学法学院）

第七章：王红建（郑州大学法学院）、王紫业（河南信行律师事务所）

第八章：车　骋（郑州大学法学院）

第九章：刘　龙［北京大成（武汉）律师事务所］

第十章：王盛楠（河南省高级人民法院）

本书在编写过程中，择取、参考了部分已经出版、发布的涉外行政法典型案例，对这些案例的收集者、编研者表示衷心的感谢！

本书编者
2024 年 6 月

目 录

第一章 涉外行政法概述 ……………………………………………… 001

 第一节 涉外行政法的基本概念 ……………………………………… 001
  案例一 迈克尔·乔丹与国家工商行政管理总局商标评审委员
     会、乔丹体育股份有限公司"乔丹"商标争议行政
     纠纷案 / 004

 第二节 我国涉外行政法的历史发展 ………………………………… 006
  案例二 外交部对美国通用原子航空系统公司、通用动力陆地
     系统公司采取反制措施案 / 008

 第三节 涉外行政法的法律渊源 ……………………………………… 010
  案例三 美国泛美卫星国际系统责任有限公司诉北京市国家税
     务局对外分局第二税务所不服所得税征收决定案 / 012

 第四节 我国涉外行政法的域外适用 ………………………………… 014
  案例四 微软公司收购动视暴雪游戏公司股权案 / 015

第二章 涉外行政法的基本原则 ………………………………………… 018

 第一节 国家主权原则 ………………………………………………… 019
  案例一 瑞幸咖啡公司财务造假案 / 021

 第二节 信守条约与公共秩序保留原则 ……………………………… 024
  案例二 美国诉中国视听服务进口限制违反世界贸易组织规则案 / 025

 第三节 国民待遇与对等原则 ………………………………………… 028
  案例三 加拿大籍公民程某诉西双版纳傣族自治州发改委政府
     信息公开案 / 030

 第四节 比例原则 ……………………………………………………… 033
  案例四 商务部否决美国可口可乐公司收购中国汇源公司案 / 034

第三章　涉外行政许可 ………………………………………………………… 038

第一节　行政许可概述 ……………………………………………………… 040
案例一　国务院取消、下放涉外行政许可事项 / 041

第二节　行政许可的实施主体 ……………………………………………… 046
案例二　万某就业许可案 / 047

第三节　行政许可的实施程序 ……………………………………………… 049
案例三　宏智公司与武汉市商务局行政许可案 / 050

第四节　行政许可的监督检查 ……………………………………………… 053
案例四　利马格兰欧洲与黑龙江阳光种业公司等植物新品种追偿权纠纷案 / 054

第四章　涉外行政强制 ………………………………………………………… 057

第一节　行政强制概述 ……………………………………………………… 057
案例一　何某某与青岛市即墨区政府、鳌山卫街道和南选村委会行政强制执行和解案 / 059

第二节　行政强制措施 ……………………………………………………… 063
案例二　北京市怀柔区城市管理综合行政执法监察局与黄某限期拆除决定案 / 065

第三节　行政强制执行 ……………………………………………………… 068
案例三　黄某某、吴某某与某县水利局、县城管执法局、某洲镇人民政府行政强制案 / 070

第五章　涉外行政处罚 ………………………………………………………… 074

第一节　涉外行政处罚及立法 ……………………………………………… 074
案例一　上海市工商局机场分局处罚某酒店预订公司案 / 075

第二节　涉外行政处罚的种类 ……………………………………………… 078
案例二　昌乐县公安局对W某非法就业行为采取驱逐出境处罚案 / 078

第三节　涉外行政处罚的管辖 ……………………………………………… 081
案例三　"光大二号"货轮船长蔡某雄不服拱北海关行政处罚案 / 081

第四节　涉外行政处罚的裁量 ……………………………………………… 085
案例四　上海市某区卫生健康行政部门处罚某门诊部案 / 085

第五节　涉外行政处罚的程序 ……………………………………………… 088
案例五　广西东兴边境口岸外籍人员销售非法烟草行政处罚案 / 089

第六章　涉外行政调查 ··· 092

第一节　涉外反倾销调查 ····································· 092
案例一　商务部对原产于欧盟的进口装入 200 升以下容器的蒸馏葡萄酒制得的烈性酒进行反倾销立案调查案 / 092

案例二　商务部对原产于韩国、泰国和马来西亚的进口共聚聚甲醛所适用的反倾销措施进行期终复审调查案 / 096

第二节　涉外反补贴调查 ····································· 099
案例三　商务部对原产于美国的进口聚苯醚进行反补贴立案调查案 / 099

案例四　商务部对原产于美国的进口聚苯醚反补贴调查最终裁定案 / 101

第三节　涉外反垄断行政调查 ································· 104
案例五　国家发改委对美敦力医疗公司价格垄断行为行政调查案 / 104

案例六　江苏省市场监督管理局对丰田汽车公司涉嫌价格垄断立案调查案 / 107

案例七　上海市工商行政管理局对伊士曼公司涉嫌滥用市场支配地位实施垄断行为立案调查案 / 110

第七章　涉外行政监管措施 ····································· 113

第一节　列入不可靠实体清单 ································· 113
案例一　洛克希德·马丁公司、雷神导弹与防务公司被列入不可靠实体清单案 / 114

第二节　出口管制 ·· 116
案例二　周口市正林纺织公司申报不实行政处罚案 / 117

第三节　限制数据跨境流动 ··································· 119
案例三　国家互联网信息办公室对滴滴公司依法作出网络安全审查相关行政处罚案 / 119

第四节　对外贸易救济 ······································· 122
案例四　商务部对原产于澳大利亚的进口相关葡萄酒适用反倾销措施和反补贴措施复审裁定案 / 123

第五节　加征关税 ·· 126
案例五　国务院关税税则委员会对美国原产进口商品实施加征关税案 / 126

第八章　其他涉外行政行为案例 …………………………………… 129

第一节　涉外行政裁决 ………………………………………… 129
案例一　迈克尔·乔丹与国家工商行政管理总局商标评审委员会、乔丹体育股份有限公司"乔丹"商标争议行政纠纷案 / 130

案例二　商务部对美国可口可乐公司收购中国汇源公司案反垄断审查行政裁决案 / 133

第二节　涉外行政和解 ………………………………………… 135
案例三　中国证监会与高盛（亚洲）公司、北京高华证券公司行政和解案 / 136

第三节　涉外行政备案 ………………………………………… 138
案例四　吴某兴等诉吴某股权转让纠纷案 / 140

案例五　西安经发物业股份有限公司境外发行上市备案案 / 142

第四节　涉外企业行政合规 …………………………………… 143
案例六　全国首部行刑衔接跨境电商行业合规指引出台 / 144

第九章　涉外行政复议 …………………………………………… 147

第一节　行政复议参加人 ……………………………………… 147
案例一　来富集团香港有限公司诉日照海关检验检疫处理及行政复议纠纷案 / 148

案例二　韩某与河南省人民政府政府信息公开及行政复议案 / 151

第二节　行政复议前置制度 …………………………………… 154
案例三　哈某诉国家外汇管理局金华市中心支局外汇罚款及行政复议案 / 155

案例四　儿童投资主基金诉杭州市西湖区国家税务局、杭州市国家税务局征缴税款及行政复议案 / 157

第三节　行政复议最终裁决 …………………………………… 161
案例五　孙某诉北京市公安局、北京市人民政府行政强制措施及行政复议案 / 161

第四节　行政复议审理程序 …………………………………… 163
案例六　阿某诉广州市市地税一稽查局、广州市地方税务局征缴税款及行政复议案 / 164

第十章　涉外行政诉讼 …………………………………………… 169

第一节　涉外行政诉讼概述 …………………………………… 169

案例一　泰国贤成两合公司与深圳市工商行政管理局等行政纠纷案／170

　　　案例二　胡某与浙江省丽水市人民政府、胡某玲、胡某美、艾某、胡某沃、胡某维等房屋登记行政复议纠纷案／172

　　　案例三　儿童投资主基金与浙江省杭州市西湖区国家税务局税务行政征收案／174

　　　案例四　"光大二号"轮船长蔡某雄不服拱北海关行政处罚案／175

　第二节　涉外行政诉讼的原则 …………………………………………… 177

　　　案例五　无锡日升体育用品有限公司与国家知识产权局、林书豪宣告商标权无效案／177

　　　案例六　天津圣唐公司与国家工商行政管理总局商标评审委员会、泰润德利塔股份公司商标权无效宣告行政纠纷案／179

　　　案例七　代某与四川省乐山市五通桥区住房和城乡建设局房地产管理所房屋行政登记案／181

　第三节　涉外行政诉讼的特别规定 ……………………………………… 183

　　　案例八　美国3M公司与国家工商行政管理总局商标评审委员会、成都创盛生物医学材料有限公司商标异议复审行政纠纷案／184

　　　案例九　广州市越秀区市场和质量监督管理局、苏丹阿斯曼艾萨迪公司广州代表处非诉执行案／186

后　记 …………………………………………………………………………… 188

第一章

涉外行政法概述

本章知识要点

（1）涉外行政法是关于本国行政机关对外国人、无国籍人、外国组织的境内外活动实施行政管理或提供公共服务，以及解决由此产生的行政争议的法律规范的总称。涉外行政法仍然是国内法，而非国际法。涉外行政法具有维护国家主权、安全和发展利益，维护本国公民、法人和其他组织的合法权益和依法保护外国人、无国籍人、外国组织合法权益的功能。（2）我国涉外行政法同对外开放相伴而行，经历了改革开放初期的蓬勃兴起、"入世"前后的制度革新和新时代的内外统筹三个重要发展阶段，更加着眼于维护国家主权、安全、发展利益和实现高水平对外开放。（3）涉外行政法的法律渊源和国内行政法既有共通之处，又有独特方面，主要表现在：法律、行政法规、部门规章等中央立法占主导地位，经济特区法规、浦东新区法规、海南自由贸易港法规发挥独特作用，以及国际条约的法源地位更加凸显。（4）涉外行政法的域外适用是指一国国内法适用于其管辖领域之外的人、物和行为的过程。在反垄断、证券监管、出口管制、网络安全等领域，我国已初步确立涉外行政法域外适用的制度并予以实践。

第一节　涉外行政法的基本概念

关于涉外行政法的概念，既有观点基本上都是从调整对象——涉外行政关系角度来定义的。例如，有学者认为："涉外行政法，是调整在对外交往过程中发生的涉外行政关系的行政法律规范的总称。"[①] 有学者认为："涉外行政法是调整国家行政机关及其工作人员在行政活动过程中发生的各种涉外行政关系的法律规范的总和。"[②] 还有学者认为："所谓涉外行政法，是指调控行政权运行而产生的各种涉外行政关系的法律规范

[①] 应松年. 涉外行政法 [M]. 北京：中国政法大学出版社，1993：3.
[②] 范颖慧，李捷云，钟元茂. 涉外行政法概论 [M]. 广州：中山大学出版社，1993：17.

和原则的总和，即具有涉外因素的行政法。"[1] 这些定义的基本逻辑是：行政法是调整行政关系的法，涉外行政关系仍然是行政关系的一种，相应地，调整涉外行政关系的那一部分行政法律规范即为涉外行政法。

那么，什么是涉外行政关系？简单来说，就是指一国具有涉外行政管辖权的行政机关或法律法规授权的组织在实施行政管理或提供公共服务过程中与外国人、无国籍人、外国组织之间产生的社会关系。与国内行政关系相比，它的核心特征是具有涉外因素。但与同样具有涉外因素的国际关系相比，它调整的是本国行政主体和外国人、无国籍人、外国组织之间的行政管理或公共服务关系，而非主权国家间、国家与国际组织间的关系。

涉外行政关系受行政法律规范调整之后就形成涉外行政法律关系。认定涉外行政法律关系的核心标准仍然是涉外因素。这些涉外因素包括：（1）涉外行政法律关系主体中的行政相对人或第三人为外国人、无国籍人、外国组织。如外国投资者申请在中国设立外资企业、外国人申请来华工作许可等。（2）涉外行政法律关系的客体在中国管辖领域外，包括物、行为或智力成果。如外国人在其本国培育出一个植物新品种，在外国第一次提出品种权申请后，又在中国就该植物新品种提出品种权申请。（3）产生、变更或者消灭行政关系的法律事实发生在中国管辖领域外。如中国海关总署派员到输出国家或者地区对申请注册登记的中药材境外生产企业进行行政检查。

结合涉外法治的特点，本书对涉外行政法作出如下定义：涉外行政法是关于本国行政机关对外国人、无国籍人、外国组织的境内外活动实施行政管理或提供公共服务，以及解决由此产生的行政争议的法规范之集合。在我国，对这一定义可从四个方面加以把握：

第一，涉外行政管辖权和司法管辖权恒定为我国的行政机关和法院。在涉外行政管理法律关系中，行政主体一方恒定为我国具有涉外行政管辖权的行政机关或法律法规授权的组织，而不可能是外国的行政机关或其他公共行政组织。在涉外行政诉讼关系中，外国人、无国籍人、外国组织认为我国行政机关和行政机关工作人员的行政行为侵犯其合法权益，也只能向我国法院起诉或参加到诉讼中。[2] 涉外行政复议亦是如此。这是国家主权原则的根本要求和具体体现。

第二，行政相对人或第三人是外国人、无国籍人、外国组织。在涉外行政管理法律关系中，行政相对人或行政第三人至少有一方是外国人、无国籍人、外国组织。相应地，在涉外行政诉讼关系中，原告或第三人至少有一方是外国人、无国籍人、外国组织。这里需要特别说明的是：首先，应区分外国投资者和外商投资企业。依照中国法律在中国境内经登记注册设立的外商投资企业，无论部分还是全部由外国投资者投资，都是中国法人或非法人组织。对外商投资企业的监督管理和法律救济可以有一些

---

[1] 刘云甫，朱最新. 涉外行政法理论与实务 [M]. 广州：华南理工大学出版社，2010：10.
[2] 李广宇. 新行政诉讼法逐条注释（下）[M]. 北京：法律出版社，2015：819-821.

特别规定，但基于内外资一致原则，整体上应受国内行政法调整。其次，我国香港特别行政区、澳门特别行政区和台湾地区居民、法人和其他组织不是涉外主体，涉港澳台行政关系也不属于涉外行政法调整的范畴，当事人是港澳台地区居民和组织的行政诉讼也不属于涉外行政诉讼，但法律法规规章如有规定，实践中可参照涉外行政法律规范执行。[①]

第三，涉外行政活动既包括实施行政管理，也包括提供公共服务。对于前者，例如为了维护国家安全，《外商投资法》[②]第35条第1款规定："国家建立外商投资安全审查制度，对影响或者可能影响国家安全的外商投资进行安全审查。"对于后者，例如为了维护在中国境内就业的外国人依法参加社会保险和享受社会保险待遇的合法权益，人力资源和社会保障部专门制定了《在中国境内就业的外国人参加社会保险暂行办法》。

第四，涉外行政法不仅适用于外国人、无国籍人、外国组织的境内行为，特定情形下也适用于其在境外的行为。反垄断域外管辖制度就是典型例子。《反垄断法》第2条规定："中华人民共和国境外的垄断行为，对境内市场竞争产生排除、限制影响的，适用本法。"例如，国家市场监督管理总局依据《反垄断法》第30条，对SK海力士株式会社收购英特尔公司部分业务案的经营者集中反垄断申报进行审查，决定附加限制性条件批准此项经营者集中。[③] SK海力士株式会社和英特尔公司虽均为外国企业，收购行为亦发生在境外，但此项集中对全球和中国境内市场具有或可能具有排除、限制竞争效果，所以我国反垄断执法机构也具有行政管辖权。

要正确理解涉外行政法的意涵，就需要对涉外行政法与有关概念进行辨析。主要包括两组概念，分别是涉外行政法与国内行政法，涉外行政法与国际行政法：

第一，涉外行政法和国内行政法。以创制主体和调整对象为标准，法可以分为国内法和国际法。通说认为，行政法是国内法。所以，涉外行政法也是国内法。国内行政法和涉外行政法的"二分法"，乃是以"是否具有涉外因素"为标准，在行政法概念下进行的内部划分，而非国内法和国际法的关系。本书中，我们将主要调整本国行政机关与本国公民、法人和其他组织之间行政关系、不具有涉外因素的行政法称为"国内行政法"，而将主要调整本国行政机关和外国人、无国籍人、外国组织之间行政关系的行政法称为"涉外行政法"。涉外行政法和国内行政法共享行政法的基本概念和原理原则，也在法律原则、权利主体、权利保护范围、行政活动方式、行政程序和监督救济等方面存在一定差异。

---

① 涉港澳台的行政诉讼案件，不属于涉外行政诉讼范畴，但由于港澳台与内地（大陆）司法制度存在差异，实践中一般参照涉外审判程序和法律规范处理。因此本书在编写中收录了三个涉港澳台的典型案例，供读者予以参考。——编者注

② 本书在编写过程中，为了叙述的简洁，将我国的相关法律文件，如《中华人民共和国外商投资法》《中华人民共和国行政法》等中的"中华人民共和国"省略，特予告知。——编者注

③ 国家市场监管总局政策协调司.市场监管总局关于附加限制性条件批准SK海力士株式会社收购英特尔公司部分业务案反垄断审查决定的公告［EB/OL］.（2021-12-19）［2024-05-22］. https://www.samr.gov.cn/jzxts/tzgg/ftjpz/art/2023/art_4e4843f7fb7944549203645cd905b2ba.html.

第二,涉外行政法和国际行政法。"行政法是国内公法。"① 所以,涉外行政法也是国内公法,而非国际公法。在国际法学中有一个"国际行政法"(international administrative law)的概念,它源自国际公法,狭义的国际行政法是指调整国际组织和国际公务员之间关系的法律规范,与涉外行政法的意旨相去甚远。另外,学理上还有一个"全球行政法"(global administrative law)的概念,它的出发点是引入由国内行政法发展起来的公法规则(如公开透明、公众参与、科责和审查机制)来形成全球行政法,以解决经济全球化衍生的跨境金融风险、环境保护、气候变化等全球治理问题。全球行政法呈现出国际法和国内法、公法和私法的混合形态,与作为国内公法的涉外行政法也有着根本不同。

案例一 迈克尔·乔丹与国家工商行政管理总局商标评审委员会、乔丹体育股份有限公司"乔丹"商标争议行政纠纷案②

【基本案情】

2012年3月28日,乔丹体育股份有限公司的第6020569号"乔丹"商标被核准注册,核定使用在第28类的"体育活动器械、游泳池(娱乐用)、旱冰鞋、圣诞树装饰品(灯饰和糖果除外)"商品上。2012年10月31日,迈克尔·乔丹主张该商标含有其英文姓名的中文译名"乔丹",属于《商标法》(2001)第31条规定的"损害他人现有的在先权利"的情形,故向国家工商行政管理总局商标评审委员会(以下简称商标评审委员会)提出撤销申请。商标评审委员会认为,涉案商标"乔丹"与"Michael Jordan"及其中文译名"迈克尔·乔丹"存在一定区别,并且"乔丹"为英美普通姓氏,难以认定这一姓氏与迈克尔·乔丹之间存在当然的对应关系,故裁定维持涉案商标。迈克尔·乔丹不服,以商标评审委员会为被告、乔丹体育股份有限公司为第三人,向北京市第一中级人民法院提起行政诉讼。一审、二审法院均未支持迈克尔·乔丹的诉讼请求,最高人民法院提审后,作出(2016)最高法行再27号行政判决:撤销一审、二审判决;撤销商标评审委员会商标争议裁定;责令商标评审委员会对第6020569号"乔丹"商标争议重新作出裁定。

【主要法律问题】

(1)外国人的姓名权是否受我国法律保护?
(2)涉外商标争议裁定的行为性质是什么,如何救济?

---

① 行政法与行政诉讼法学编写组. 行政法与行政诉讼法学[M]. 2版. 北京:高等教育出版社,2018:9.
② 最高人民法院指导案例113号。

【主要法律依据】

(1)《商标法》(2001)① 第31条、第41条。
(2)《民法通则》第4条、第99条第1款。
(3)《民法总则》第7条、第110条。
(4)《侵权责任法》第2条第2款。
(5)《行政诉讼法》(2014) 第98条。

【理论分析】

1. 涉外行政法律关系中"涉外因素"的认定

认定涉外行政法律关系是否成立,最常用、最核心的标准是国籍标准即"行政相对人或第三人是外国人、无国籍人、外国组织"。这是涉外行政关系最基本的特征。本案中,迈克尔·乔丹是美国公民,其依据《商标法》(2001) 第31条、第41条,向商标评审委员会申请撤销已注册商标,和我国行政机关之间形成涉外行政法律关系。其中,商标评审委员会是行政主体,迈克尔·乔丹是相对人,乔丹体育股份有限公司是行政第三人。

2. 外国人姓名权受我国法律保护

《民法通则》第99条第1款规定,公民依法享有姓名权。最高人民法院认为,外国人的姓名权在我国依法应受保护,但在判断外国人能否就其外文姓名的部分中文译名主张姓名权保护时,需要满足以下三项条件:一是该特定名称在我国具有一定的知名度、为相关公众所知悉;二是相关公众使用该特定名称指代该自然人;三是该特定名称已经与该自然人之间建立了稳定的对应关系。本案中,"乔丹"在我国具有较高的知名度、为相关公众所知悉,我国相关公众通常以"乔丹"指代当事人,并且"乔丹"已经与当事人之间形成了稳定的对应关系,故当事人就"乔丹"享有姓名权。

3. 外国人姓名权可以构成《商标法》第31条规定的"在先权利"

《商标法》(2001) 第31条规定:"申请商标注册不得损害他人现有的在先权利。"最高人民法院认为:"对于商标法已有特别规定的在先权利,应当根据商标法的特别规定予以保护。对于商标法虽无特别规定,但根据民法通则、侵权责任法和其他法律的规定应予保护,并且在争议商标申请日之前已由民事主体依法享有的民事权利或者民事权益,应当根据该概括性规定给予保护。《民法通则》第99条第1款、《侵权责任法》第2条第2款均明确规定,自然人依法享有姓名权。故姓名权可以构成《商标法》

---

① 因本书所选取案例的法律依据并非均为最新版本,故此书针对不是最新版本的法律文件予以年份标注,未标注的均为现行法律文本。——编者注

第 31 条规定的'在先权利'。"目前，这一裁判规则已为《最高人民法院关于审理商标授权确权行政案件若干问题的规定》第 20 条所采纳。

4. 商标争议裁定属于具体行政行为，具有可诉性

《商标法》（2001）第 41 条第 2 款规定，违反本法第 31 条规定的，利害关系人可以请求商标评审委员会裁定撤销该注册商标。《商标法》（2001）第 2 条第 2 款规定："国务院工商行政管理部门设立商标评审委员会，负责处理商标争议事宜。"实践中通常认为，商标评审委员会具有行政主体资格。本案中，迈克尔·乔丹提出撤销申请，无论商标评审委员会作为或不作为，都是一个具体行政行为。2001 年之前，商标评审委员会作出的维持或者撤销注册商标裁定为行政终局裁决行为，不得向法院起诉。我国"入世"后，为落实《中华人民共和国加入世界贸易组织议定书》（以下简称《议定书》）第 2 条（D）节"司法审查"条款的要求，我国 2001 年修正《商标法》将利害关系人诉国家工商行政管理总局商标评审委员会作出的商标驳回复审、商标异议复审、商标争议、商标撤销复审等具体行政行为的商标授权确权行政案件纳入行政诉讼受案范围。

5. 适用《行政诉讼法》

《行政诉讼法》（2014）第 98 条规定："外国人、无国籍人、外国组织在中华人民共和国进行行政诉讼，适用本法。法律另有规定的除外。"迈克尔·乔丹作为外国人，认为商标评审委员会的行政行为侵犯其合法权益，有权依据中国的《行政诉讼法》向中国的法院提起行政诉讼。

【思考题】

（1）哪些情形下，可以认定为涉外行政法律关系？
（2）如何发挥涉外行政诉讼在加强知识产权保护中的作用？

第二节 我国涉外行政法的历史发展

在加快推进我国涉外法治建设的大背景下，涉外行政法的重要性再次凸显。但历史地看，涉外行政法并不是一个新生事物，而是有着较长的产生和发展过程。早在中华人民共和国成立之初，政务院制定的《对外贸易管理暂行条例》《暂行海关法》等法律法规，就对经营进出口贸易的外国商人或外国商业机构的登记管理、进出口货物的监管等作出规定。特别是 1978 年之后，我国涉外行政法同对外开放相伴而行，始终坚持以维护国家和人民利益、维护在华外国人和外资企业合法权益为目的，涉外行政法治建设取得长足发展。若以重要历史事件和重大发展阶段为时间节点，改革开放以来我国涉外行政法主要经历了三次重大发展：

一是，改革开放与涉外行政法的兴起。党的十一届三中全会作出实行改革开放的历史性决策之后，我国涉外行政法制建设迅速兴起。首先，1982年《宪法》第18条、第32条等"涉外条款"，确立了我国涉外行政法的宪法基础。其次，自1979年《中外合资经营企业法》始，我国在20世纪八九十年代先后制定了《外国人入境出境管理法》《国境卫生检疫法》《海关法》《外商投资企业和外国企业所得税法》《对外贸易法》《反倾销和反补贴条例》《国家工商行政管理局关于外国（地区）企业在中国境内从事生产经营活动登记管理办法》等一系列涉外行政管理法律制度。在涉外行政复议、涉外行政诉讼方面，1989年《行政诉讼法》第十章专章规定"涉外行政诉讼"。1990年《行政复议条例》第55条规定了涉外行政复议制度。这一阶段的涉外行政管理领域立法，以吸引外国企业和个人来华投资、建立中国境内的外国人和外资企业管理制度为主要内容，以经济特区、经济技术开发区、高新技术产业开发区等为主要实施区域，推动了我国涉外行政法律体系的初步形成，为改革开放初期的涉外行政管理提供了法制保障。实践中，在治安管理、婚姻登记、海关、税务等领域，一些涉外行政执法和行政诉讼案件开始出现。

二是，加入世界贸易组织（WTO）与涉外行政法的改革。2001年中国加入世界贸易组织对于涉外行政法发展而言，是一次"刀刃向内"的制度革新。世界贸易组织规则对国内法的影响，首先且最主要的是对行政法的影响。"入世"谈判后期和履行"入世"承诺过程中，我国清理、修改法律、行政法规、部门规章数千件，其中相当一部分和涉外行政法相关。例如，为落实《议定书》第2条（D）节"司法审查"条款的要求，我国修改《专利法》《商标法》《对外贸易法》，并将1997年《反倾销和反补贴条例》拆分为《反倾销条例》和《反补贴条例》，规定对反倾销终裁决定、反补贴终裁决定、商标复审裁定等行政行为不服的，可以依法提起行政诉讼。最高人民法院集中发布《关于审理国际贸易行政案件若干问题的规定》《关于审理反倾销行政案件应用法律若干问题的规定》《关于审理反补贴行政案件应用法律若干问题的规定》三个配套司法解释。在这一阶段，通过对标世界贸易组织规则，我国国际贸易、知识产权保护、公平竞争、行政程序、司法审查等方面的国内法迅速实现与国际经贸规则的接轨，可以说涉外行政法完成了一场"自我革命"。

三是，新时代与涉外行政法的全面跃升。党的十八大以来，中国特色社会主义进入新时代。面对新发展阶段的外部风险挑战，党的十八届四中全会通过的《中共中央关于全面推进依法治国若干重大问题的决定》明确提出"加强涉外法律工作"。特别是近年来个别国家针对我国的贸易、科技等方面的干预和打压措施，进一步凸显了加快涉外法治建设的重要性和紧迫性。统筹推进国内法治和涉外法治，是习近平法治思想的重要内容，也是涉外行政法治建设的指导思想。在立法方面，我国制定或修改了《国家安全法》《网络安全法》《外商投资法》《反外国制裁法》《出口管制法》《数据安全法》《对外贸易法》《不可靠实体清单规定》《阻断外国法律与措施不当域外适用办法》等涉外法律法规规章。在涉外行政执法方面，我国行政机关积极适用《反垄断法》《反外国制裁法》《反倾销条例》《反补贴条例》《不可靠实体清单规定》等，外交部、商务部、国家市场监督管理总局等稳步提升涉外行政执法效能。在涉外行政诉讼方面，人民法院依法审理涉外贸、投融资、财政税务、金融创新、知识产权保护、出入境管理、海关监管等方面的行政案件，为进一步扩大对外开放提供司法保障。在这一阶段，面对百年未有之大变局，我国涉外行政法的发展坚持统筹发展和安全，以自由贸易试验区、海南自由贸易港等为主要试验场，主动实施制度性开放战略，同时更加着眼于维护国家主权、安全、发展利益，推动我国法域外适用的法律体系建设。

案例二　外交部对美国通用原子航空系统公司、通用动力陆地系统公司采取反制措施案[①]

【基本案情】

美国持续向中国台湾地区出售武器，严重违反"一个中国原则"和中美三个联合公报规定，严重干涉中国内政，严重损害中国主权和领土完整。2024年4月11日，外交部依据《反外国制裁法》第3条、第4条、第5条、第6条、第9条、第15条规定，决定对参与向中国台湾地区出售武器的美国通用原子航空系统公司、通用动力陆地系统公司采取以下反制措施：其一，冻结其在我国境内的动产、不动产和其他各类财产；其二，对高级管理人员不予签发签证、不准入境。

【主要法律问题】

（1）什么是反制措施？
（2）反制措施的适用情形和对象是什么？

【主要法律依据】

（1）《反外国制裁法》第3条、第4条、第5条、第6条、第9条、第15条。
（2）《行政复议法》第12条第1款第1项。
（3）《行政诉讼法》第13条第1款第1项、第4项。

【理论分析】

1. 涉外行政法的功能

涉外行政法是我国涉外法治体系的重要组成部分，其主要功能有三：（1）维护我

[①] 中华人民共和国外交部. 关于对美国通用原子航空系统公司、通用动力陆地系统公司采取反制措施的决定 [EB/OL]. （2024-04-11）[2024-05-22]. https://www.mfa.gov.cn/web/gjhdq_676201/gj_676203/bmz_679954/1206_680528/xgxw_680534/202404/t20240411_11280056.shtml.

国的主权、安全和发展利益；（2）保护我国公民、法人和其他组织的合法权益；（3）保护外国人、无国籍人、外国组织的合法权益。维护国家安全和扩大对外开放、维护国家和人民利益与保护外国人和企业的合法权益并不矛盾。针对个别国家打着维护国家安全、人权等幌子，依据其本国法律对中国有关国家机关、组织和国家工作人员实施所谓"制裁"，必须坚决运用法治思维和法治方式开展斗争。《反外国制裁法》正是在这一背景下制定的。

2. 反制措施的种类

《反外国制裁法》第6条以"明确列举+兜底性规定"的方式规定了我国的反制措施种类。根据《反外国制裁法》第9条，反制措施由外交部或者国务院其他有关部门发布命令予以公布。因此，外交部具有作出反制措施决定的法定职权。此外，根据《反外国制裁法》第13条，其他法律、行政法规、部门规章还可以规定采取其他必要的反制措施。限定在"法律、行政法规、部门规章"范围内，主要是考虑到反制措施具有国家主权行为的性质，应当由全国人大及其常委会、国务院即中央人民政府及其有关部门行使。例如，不可靠实体清单工作机制依据商务部发布的《不可靠实体清单规定》的有关规定，将某空间系统公司、某导弹与防务公司列入不可靠实体清单，并采取禁止上述企业高级管理人员入境、罚款等处理措施。

3. 反制措施的适用情形和对象

反制措施包括两种情形：（1）应对型反制措施。我国一贯反对所谓"单边制裁"，但如果外国对我国公民、组织采取歧视性限制措施，我国将依法采取相应反制措施予以回击。（2）主动型反制措施。对外国国家、组织或者个人实施危害我国主权、安全、发展利益的行为，我国亦可主动采取反制措施。此外，《反外国制裁法》第4条、第5条规定了反制措施适用的对象，包括但不限于直接或者间接参与制定、决定、实施歧视性限制措施的个人、组织以及列入反制清单的个人、组织的关联方。

4. 反制措施决定不可复议、不可诉

《反外国制裁法》第7条规定："国务院有关部门依据本法第四条至第六条规定作出的决定为最终决定。"反制措施决定具有国家主权行为的性质，是一种国家行为，根据《行政复议法》第12条第1款第1项、《行政诉讼法》第13条第1款第1项，"国防、外交等国家行为"不属于行政复议和行政诉讼的受案范围。同时，《行政诉讼法》第13条第1款第4项亦明确规定，"法律规定由行政机关最终裁决的行政行为"不属于行政诉讼的受案范围。

【思考题】

(1) 如何理解涉外行政法的保护外国人、无国籍人、外国组织合法权益功能？

(2) 为什么说反制措施决定是一种国家行为？

第三节　涉外行政法的法律渊源

法律渊源（简称法源），即法的外在表现形式。"通常认为，我国行政法的渊源主要有宪法、法律、行政法规、地方性法规、自治条例和单行条例、行政规章、国际条约及法律解释等。"[①] 就涉外行政法而言，其法律渊源和国内行政法既有共性，又有个性。下面主要就涉外行政法法源的个性问题加以说明。

（1）宪法。

《宪法》第32条第1款规定："中华人民共和国保护在中国境内的外国人的合法权利和利益，在中国境内的外国人必须遵守中华人民共和国的法律。"这是与外国人管理服务相关立法的宪法依据条款。外国人是与公民相对应的概念，是指不具有中国国籍的人。外国人可以成为基本权利主体，但不能享有宪法规定的所有公民基本权利，譬如选举权和被选举权。同样地，《宪法》第18条第1款规定："中华人民共和国允许外国的企业和其他经济组织或者个人依照中华人民共和国法律的规定在中国投资，同中国的企业或者其他经济组织进行各种形式的经济合作。"外国投资者和我国的公民、法人或者其他组织的基本权利也是有所差别的，譬如外国投资者在中国投资需要遵守《外商投资法》《外商投资准入特别管理措施（负面清单）》和《自由贸易试验区外商投资准入特别管理措施（负面清单）》，基于国家安全、公共秩序等考量，其营业自由应受一定的法律限制。

（2）中央立法和地方立法。

根据宪法、立法法等有关规定，中央立法包括法律、行政法规、部门规章。其中，全国人大及其常委会根据宪法规定行使国家立法权；国务院根据宪法和法律制定行政法规；国务院各部、委员会、中国人民银行、审计署和具有行政管理职能的直属机构以及法律规定的机构，可以根据法律和国务院的行政法规、决定、命令，在本部门的权限范围内，制定部门规章。地方立法包括地方性法规和地方政府规章。其中，省、自治区、直辖市和设区的市的人大及其常委会，可以制定地方性法规；省、自治区、直辖市和设区的市的人民政府，可以根据法律、行政法规和本省、自治区、直辖市的地方性法规，制定地方政府规章。涉外行政活动通常事关国家主权、外交国防、国家安全、财政金融、海关、外贸等事项，一般认为属于中央事务，且大多属于全国人大及其常委会的专属立法权范围，应由法律或其他中央立法来调整。例如，根据《反外国制裁法》第13条的规定，其他法律、行政法规、部门规章还可以规定采取其他必要的反制措施。因此，在涉外行政法的法律渊源中，中央立法占主导地位。

---

① 行政法与行政诉讼法学编写组. 行政法与行政诉讼法学 [M]. 2版. 北京：高等教育出版社，2018：18-19.

当然，地方为执行法律、行政法规的规定，可以根据本行政区域的实际情况制定一些执行性立法，以及不损害国家主权、尊严和发展利益的地方特色立法。例如，《广东省外国人管理服务暂行规定》《福州市荣誉市民称号授予条例》等，也属于涉外行政法的渊源。

（3）经济特区法规、浦东新区法规、海南自由贸易港法规。

经济特区、浦东新区、海南自由贸易港以及各种开发区的设立，都是不同时期国家深化改革、扩大开放的标志性产物。其中，经济特区法规在遵循宪法的规定以及法律和行政法规的基本原则的前提下，可以对已有相关立法的具体规定作出变通，变通规定具有优先适用效力。全国人大常委会授权上海市人大及其常委会制定浦东新区法规，初衷在于"建立、完善与支持浦东大胆试、大胆闯、自主改相适应的法治保障体系"。《海南自由贸易港法》第10条授权海南省人大及其常委会就"贸易、投资及相关管理活动"制定海南自由贸易港法规，亦旨在"实现贸易、投资、跨境资金流动、人员进出、运输来往自由便利和数据安全有序流动"。因此，在经济特区、浦东新区、海南自由贸易港范围内实施的这些法规，不仅构成本区域范围内涉外行政法的渊源，而且对全国具有先行先试的意义。例如，在2022年修正《对外贸易法》取消对外贸易经营者备案登记之前，2021年《海南自由贸易港科技开放创新若干规定》第12条第3款已对《对外贸易法》第9条作出变通规定，先行取消对外贸易经营者备案登记。

（4）国际条约。

一般认为，国家依照宪法和法律缔结或者参加的国际条约、公约、协定、议定书等（统称国际条约），也构成行政法的法源。和国内行政法相比，国际条约的行政法法源地位主要表现在涉外行政法领域。随着我国对外开放、国际交往的不断扩大，国际条约的作用将越来越突出。例如，根据我国缔结的《区域全面经济伙伴关系协定》（RCEP）的规定，海关总署及时制定《中华人民共和国海关〈区域全面经济伙伴关系协定〉项下进出口货物原产地管理办法》，将协定的规定转化为国内法。再如，在"美国泛美卫星国际系统责任有限公司诉北京市国家税务局对外分局第二税务所不服所得税征收决定案"中，法院适用《中华人民共和国政府和美利坚合众国政府关于对所得避免双重征税和防止偷漏税的协定》（以下简称《中美税收协定》）的有关规定对该案作出裁判。此外，国家间的联合声明、备忘录、投资指南等国际"软法"，正在成为涉外行政法的非正式渊源。例如，财政部、中国证监会等国务院工作部门与外国政府有关部门签订的《跨境会计审计执法合作备忘录》《证券监管合作谅解备忘录》等。

案例三　美国泛美卫星国际系统责任有限公司诉北京市国家税务局对外分局第二税务所不服所得税征收决定案[①]

【基本案情】

1996年4月3日，美国泛美卫星国际系统责任有限公司（以下简称泛美公司）与中国中央电视台（以下简称央视）签订《数字压缩电视全时卫星传送服务协议》，约定泛美公司通过其卫星设施设备为央视提供电视信号传送服务，央视依约支付了服务费、设备费和保证金。1999年1月，北京市国家税务局对外分局在税务检查中发现，央视应当对所支付费用代扣代缴企业所得税。2000年6月30日，北京市国家税务局对外分局第二税务所作出《关于对中央台与泛美卫星数字传送服务协议所支付费用代扣代缴所得的征税的通知》（第319号通知），认定央视所支付费用符合《中美税收协定》第11条和中国《外商投资企业和外国企业所得税法》第19条规定的预提所得税征税范围。泛美公司不服，认为央视所支付费用既不是"租金"，也不是"物许权使用费"，而是《中美税收协定》第7条中的"营业利润"，不应在中国纳税，遂向北京市国家税务局对外分局申请行政复议。该对外分局作出维持原行政行为的复议决定后，泛美公司又以北京市国家税务局对外分局第二税务所为被告、央视为第三人，向北京市第一中级人民法院提起行政诉讼。一审、二审法院均未支持泛美公司的诉讼请求。

【主要法律问题】

（1）央视所支付费用如何定性？
（2）涉外税收征管如何适用法律？

【主要法律依据】

（1）《外商投资企业和外国企业所得税法》第19条。
（2）《外商投资企业和外国企业所得税法实施细则》第6条。
（3）《中华人民共和国政府和美利坚合众国政府关于对所得避免双重征税和防止偷漏税的协定》第5条、第7条、第11条。
（4）《国家税务总局关于外国企业出租卫星通讯线路所取得的收入征税问题的通知》（国税发〔1998〕201号）。
（5）《国家税务总局关于泛美卫星公司从中央电视台取得卫星通讯线路租金征收所得税问题的批复》（国税函〔1999〕566号）。

---

① （2001）京行初168号判决书；（2002）高行终24号判决书。

【理论分析】

1. 双边税收协定属于国际条约，构成涉外行政法的法律渊源

双边税收协定是指两个主权国家所签订的协调相互间税收分配关系的税收协定。根据《缔结条约管理办法》第 2 条规定，国际协定也属于国际条约的范畴。实践中，双边税收协定是中国涉外税收征管的重要法律依据。据国家税务总局官网披露，截至 2020 年 4 月底，我国已对外正式签署 107 个避免双重征税协定，其中 101 个协定已生效。1984 年 4 月 30 日，中美两国即已正式签订《中美税收协定》。

2. 央视所支付费用非"营业利润"

央视所支付费用，按国内法属于"租金收入"，按《中美税收协定》属于"特许权使用费"，均非"营业利润"。首先，《数字压缩电视全时卫星传送服务协议》约定泛美公司特定卫星转发器的特定频道带宽由央视专有使用，其本质是将特定卫星频道的一定期限内的使用权转让给央视，所以《国家税务总局关于外国企业出租卫星通讯线路所取得的收入征税问题的通知》（国税发〔1998〕201 号）将之定性为租赁合同，将央视所支付费用定性为《外商投资企业和外国企业所得税法实施细则》第 6 条规定的来源于中国境内的租金收入，应依照《外商投资企业和外国企业所得税法》第 19 条缴纳 20% 的所得税。其次，不同国家税制不同是一种很正常的现象。由于中美两国税制不同，我国国内税法上的"特许权使用费"主要是指专利权、专有技术、商标权、著作权等无形财产的许可使用费，而《中美税收协定》第 11 条第 3 款中的"特许权使用费"除使用或有权使用文学、艺术或科学著作，包括电影影片、无线电或电视广播使用的胶片、磁带的版权，专利、专有技术、商标、设计、模型、图纸、秘密配方或秘密程序所支付的作为报酬的各种款项外，还包括使用或有权使用工业、商业、科学设备或有关工业、商业、科学经验的情报所支付的作为报酬的各种款项。央视使用泛美公司卫星设备及其特定频道所支付费用，本质是"使用或有权使用工业、商业、科学设备"所支付的费用，在《中美税收协定》中对应的是"特许权使用费"。最后，泛美公司称其与央视签订的协议系服务合同，取得的收入系《中美税收协定》第 7 条中的"营业利润"，且该公司在中国无《中美税收协定》第 5 条规定的"常设机构"，故不应在中国纳税。但本案双方协议标的是转让特定卫星频道的一定期限内的使用权，而不是提供劳务，而且《中美税收协定》也没有关于"营业利润"的定义，泛美公司的主张没有法律依据。

3. 涉外税收征管中的法律适用

对于双边税收协定的优先适用效力，《外商投资企业和外国企业所得税法》第 28 条明确规定："中华人民共和国政府与外国政府所订立的有关税收的协定同本法有不同规定的，依照协定的规定办理。"也就是说，在涉外税收征管中，生效的国际条约具有国内法律效力，可由行政机关、法院直接适用。《国家税务总局关于泛美卫星公司从中

央电视台取得卫星通讯线路租金征收所得税问题的批复》（国税函〔1999〕566号）明确解释：泛美卫星公司承诺通过提供其固有的卫星设施进行电视信号转发而从中央电视台取得的全部定期费用（包括服务费和设备费等），属于《中美税收协定》第11条规定的"使用或有权使用工业、商业、科学设备或有关工业、商业、科学经验的情报所支付的作为报酬的各种款项"和《国家税务总局关于外国企业出租卫星通讯线路所取得的收入征税问题的通知》（国税发〔1998〕201号）规定的"外国公司、企业或其他组织将其所拥有的卫星、电缆、光导纤维等通讯线路或其他类似设施，提供给中国境内企业、机构或个人使用取得的收入"。《中美税收协定》第11条中的"特许权使用费"和国内税法上的"租金收入"，两者并不矛盾，只是中美两国税制差异下的一种对应关系。因此，本案适用《中美税收协定》第11条和《外商投资企业和外国企业所得税法》第19条计征企业所得税。

【思考题】

（1）2008年《企业所得税法》实现内外资企业所得税并轨，试分析现行国内税法与税收协定冲突时的适用规则？

（2）地方立法可以对哪些涉外行政事项作出规定？

第四节　我国涉外行政法的域外适用

传统上，一般认为国内法，尤其是公法规范，其空间效力范围主要限于本国管辖领域内。涉外行政法作为国内法，适用于中国境内的外国人和外国组织及其财产、行为，自然毋庸多言。这里主要介绍涉外行政法的域外适用。"国内法域外适用一般指的是国家将具有域外效力的法律适用于其管辖领域之外的人、物和行为的过程，既包括国内行政机关适用和执行国内法的行为，也包括国内法院实施司法管辖的行为，但不包括国内法院适用双方当事人意思自治所选择的国内法律规则，或者适用冲突规范所指引的国内法来解决争端的行为"。[①] 党的十九届四中全会通过的《中共中央关于坚持和完善中国特色社会主义制度　推进国家治理体系和治理能力现代化若干重大问题的决定》明确提出："加快我国法域外适用的法律体系建设。"因此，在涉及国家安全、金融稳定等重要涉外行政法律法规中设置中国法的域外效力条款，对于保护国家和人民利益具有重要意义。

从法理上看，具有真实有效的管辖连接点是国内法域外适用的合法性依据。与涉外行政法域外适用相关的管辖连接点，主要包括属地管辖权、属人管辖权和保护管辖权。其中，属地管辖权是指外国人或外国组织的行为虽然发生在本国管辖领域

[①] 廖诗评. 中国法域外适用法律体系视野下的行政执法［J］. 行政法学研究，2023（2）：56.

之外，但结果发生地在本国管辖领域内，本国国内行政机关、法院依法享有的管辖权。属人管辖权主要是指基于国籍而行使的管辖权，即对拥有一国国籍的人或物的管辖权。保护管辖权是指一国对该国管辖范围之外侵犯该国根本利益的行为行使管辖的权力。

从我国现行行政法律体系看，设置了域外适用效力条款的法律主要有《反垄断法》《证券法》《出口管制法》《网络安全法》《反恐怖主义法》等。例如，《证券法》第2条第4款规定："在中华人民共和国境外的证券发行和交易活动，扰乱中华人民共和国境内市场秩序，损害境内投资者合法权益的，依照本法有关规定处理并追究法律责任。"再如，《网络安全法》第75条规定："境外机构、组织、个人从事攻击、侵入、干扰、破坏等危害中华人民共和国的关键信息基础设施的活动，造成严重后果的，依法追究法律责任；国务院公安部门和有关部门并可以决定对该机构、组织、个人采取冻结财产或者其他必要的制裁措施。"

需要强调的是，国内法的域外适用应坚持合法、正当、适度原则，不应违反公认的国际法规则。以美国为例，通过1930年《美国关税法》、1949年《美国出口管制法》、1974年《美国贸易法》、1977年《美国反海外腐败法》、1979年《美国国际紧急状态经济权力法》、2022年《美国芯片与科学法案》等，建立了世界上最宽泛的国内法域外适用法律体系和贸易、知识产权、金融、科技等制裁执行机制，并恣意滥用行政自由裁量权。可以说，美国打着国家安全的幌子，对外国个人和企业滥施禁止入境、技术封锁、列入实体清单等制裁措施，已经走向涉外行政法域外适用的反面。

案例四　微软公司收购动视暴雪游戏公司股权案[①]

【基本案情】

2022年1月18日，微软公司宣布将以687亿美元收购动视暴雪游戏公司，收购完成后，微软公司将成为仅次于腾讯公司和索尼公司的世界第三大游戏公司。2022年8月21日，沙特阿拉伯成为首个批准微软公司收购案的国家。截至2023年5月，微软公司收购动视暴雪游戏公司股权案已在38个主要国家获得批准，其中包括27个欧盟国家，以及日本、韩国、巴西等国。2023年5月30日，中国国家市场监督管理总局宣布无条件批准微软公司收购动视暴雪游戏公司股权案。在此之前，美国联邦贸易委员会（FTC）认为微软公司完成并购后有可能造成市场垄断，2022年12月9日曾针对微软公司收购动视暴雪游戏公司一案提起诉讼，试图阻止其收购动视暴雪游戏公司的计划。在联邦第九巡回上诉法院驳回美国联邦贸易委员会对微软公司收购案的紧急救济请求

---

① 国家市场监督管理总局. 2023年5月15日—5月21日无条件批准经营者集中案件列表 [EB/OL]. （2023-05-30）[2024-05-22]. https://www.samr.gov.cn/zt/qhfldzf/art/2023/art_ed1994288dc64799b671d643d8f90f96.html.

后，美国联邦贸易委员会于2023年7月20日宣布撤回案件。英国竞争与市场管理局（CMA）也曾以"微软公司收购动视暴雪游戏公司可能会大大减少游戏机、多游戏订阅服务和云游戏服务领域的竞争"为由否决该交易，但在微软公司向英国竞争上诉裁判所（Competition Appeals Tribunal）提出上诉后，最终于2023年10月13日正式批准微软公司收购动视暴雪游戏公司案。在获得英国竞争与市场管理局批准的当晚，微软公司正式宣布完成收购动视暴雪游戏公司交易。收购完成后，动视暴雪游戏公司普通股将不再在纳斯达克上市交易。

【主要法律问题】

（1）什么是经营者集中审查？
（2）为什么《反垄断法》具有域外适用效力？

【主要法律依据】

（1）《反垄断法》第2条、第35条。
（2）《国务院关于经营者集中申报标准的规定》（2018）第3条。
（3）《经营者集中审查规定》第22条。

【理论分析】

1. 经营者集中申报和审查的概念

经营者集中，是指两个或者两个以上的经营者合并，或者一个经营者通过取得股权或者资产以及合同等方式，取得对其他经营者的控制权或者能够对其他经营者施加决定性影响的行为。作为一项事前反垄断监管制度，经营者集中申报和审查旨在防止经营者通过经营者集中排除、限制相关市场竞争。目前，"多数司法辖区反垄断法规定域外管辖制度，对在本司法辖区以外发生但对本司法辖区内市场产生排除、限制竞争影响的垄断行为，同样适用其反垄断法。"[①]

2. 效果原则是反垄断法域外适用的主要理论依据

世界上许多国家都把反垄断法域外适用视为维护本国市场竞争秩序的法律武器，其理论依据主要是国际法上被广泛认可的效果原则（effect doctrine）。效果原则最早产生于1945年的美国铝业（ALCOA）案，Hand（汉德）法官认为："任何国家对于那些发生在其境外但对其境内确有该国所谴责的效果之行为，应当加诸责任，甚至加诸于那些并不在其领域内的个人。"简言之，效果原则是指发生在一国境外的市场垄断行为，如果对境内产生排除、限制市场竞争的实质性效果，则该国就有反垄断域外管辖权。当然，效果原则并非毫无边界，首先要满足"对国内市场直接、重大和可预期的

---

① 中华人民共和国中央人民政府. 市场监管总局关于印发《企业境外反垄断合规指引》的通知［EB/OL］. （2021-11-15）［2024-03-22］. https://www.gov.cn/zhengce/zhengceku/2021-11/19/content_5651797.htm.

影响"标准,其次要尊重国际礼让原则,即应当考虑相关外国主权国家的利益。①《反垄断法》第2条规定:"中华人民共和国境外的垄断行为,对境内市场竞争产生排除、限制影响的,适用本法。"在一定程度上体现了效果原则。

3. 经营者集中申报标准

《国务院关于经营者集中申报标准的规定》(2018)第3条第1款规定:"经营者集中达到下列标准之一的,经营者应当事先向国务院商务主管部门申报,未申报的不得实施集中:(一)参与集中的所有经营者上一会计年度在全球范围内的营业额合计超过100亿元人民币,并且其中至少两个经营者上一会计年度在中国境内的营业额均超过4亿元人民币;(二)参与集中的所有经营者上一会计年度在中国境内的营业额合计超过20亿元人民币,并且其中至少两个经营者上一会计年度在中国境内的营业额均超过4亿元人民币。"本案中,微软公司和动视暴雪游戏公司2022年财报显示,其在中国境内的营业额均超过《国务院关于经营者集中申报标准的规定》(2018)第3条规定的"4亿元人民币"标准,因此必须向国务院商务主管部门(现为反垄断执法机构)申报。

4. 经营者集中审查决定

根据《反垄断法》第34条、第35条以及《经营者集中审查规定》的有关规定,审查经营者集中,应当评估经营者集中对市场的控制力、消费者、国民经济发展等方面的影响。根据经营者集中是否具有或者可能具有排除、限制竞争效果,国务院反垄断执法机构可以作出禁止经营者集中、附条件批准、无条件批准三种审查决定。本案中,国家市场监督管理总局作出无条件批准决定,表明反垄断执法机构认为该交易不会对我国境内游戏市场竞争产生排除、限制影响的效果。另外,根据《反垄断法》第65条的规定,如果利害关系人对审查决定不服,可以先依法申请行政复议;对行政复议决定不服的,可以依法提起行政诉讼。

【思考题】

(1) 微软公司曾就英国竞争与市场管理局第一次的否决行为向英国竞争上诉裁判所提出上诉,如果当事人对我国反垄断执法机构作出的禁止或附条件批准决定不服,如何寻求行政救济?

(2)《反垄断法》的域外适用应当具备哪些条件?受到哪些限制?

---

① 王晓晔. 我国反垄断法的域外适用 [J]. 上海财经大学学报, 2008 (1): 30-37.

第二章
涉外行政法的基本原则

本章知识要点

（1）行政法一般原则与涉外行政法特有原则之间属补充关系，涉外行政活动除应受行政法一般原则调整外，还需遵循特有原则。该特有原则主要包括国家主权原则、信守国际条约与公共秩序保留原则以及国民待遇与对等原则。（2）国家主权原则是调整涉外行政活动的首要原则，以维护国家主权，保护我国公民、组织合法权益；针对危害国家主权的行为，国家有权采取相应反制和限制措施。（3）信守国际条约、尊重国际惯例原则要求在不与本国宪法相抵触的情况下，善意履行所缔结国际条约和协定规定的义务；当国际条约与国内法律规范冲突、损害本国公共利益与公共秩序时，基于公共秩序保留原则排除国际条约在本国的适用。（4）国民待遇原则要求本国公民、组织享有的权利，也应同等地赋予本国境内的外国人、无国籍人、外国组织或虽不在本国境内但与本国的行政管理发生关系的行政管理相对人。相反，基于对等原则，在一国公民、法人或者其他组织的合法权益在外国受到限制或被剥夺时，该国家对于在本国的该外国的公民、法人或者其他组织的合法权益进行对等的限制或者剥夺。（5）比例原则要求涉外行政管理措施的内容必要、适当、合理，对解决实质行政法治问题起主导作用，能够合理平衡国内国外相关主体的利益关系，在国际层面处理涉外行政争议极为重要。

涉外行政法属于行政法的分支，涉外行政活动既要适用行政法的一般原则，还要遵循涉外的特有原则。行政法的一般原则包括依法行政原则、行政合理性原则、程序正当原则、诚信原则、高效便民原则以及监督与救济原则。[①] 涉外行政活动应遵循的特有原则主要有国家主权原则、信守国际条约与公共秩序保留原则以及国民待遇与对等

---

① 例如《外商投资法》（2019）第24条规定了依法行政原则，要求"各级人民政府及其有关部门制定涉及外商投资的规范性文件，应当符合法律法规的规定；没有法律、行政法规依据的，不得减损外商投资企业的合法权益或者增加其义务，不得设置市场准入和退出条件，不得干预外商投资企业的正常生产经营活动"。第25条规定了诚信原则，要求"地方各级人民政府及其有关部门应当履行向外国投资者、外商投资企业依法作出的政策承诺以及依法订立的各类合同。因国家利益、社会公共利益需要改变政策承诺、合同约定的，应当依照法定权限和程序进行，并依法对外国投资者、外商投资企业因此受到的损失予以补偿"。

原则。[1] 同时考虑到比例原则在国际层面处理涉外行政争议中的重要性愈加凸显，本书对该原则专门予以介绍。

第一节　国家主权原则

因其鲜明的涉外性，涉外行政活动首先就要坚持国家主权原则。国家主权具有对内最高和对外独立的特性。国家主权原则是现代国际法确立的重要原则，其核心是各国在其相互关系中应尊重对方的主权，国家有权独立地决定本国的政治、经济、社会制度，有权独立自主、不受外来干涉地处理内外事务。该原则涉及国家的政治独立、领土完整和经济自主，确保各国独立自主地处理自己的内外事务的权利得到尊重，不得有任何形式的歧视和侵犯。无论国家的大小、强弱或政治、经济、社会制度和发展程度有何差别，各国在国际社会中都应平等交往，基于平等地位形成法律关系。

国家主权原则的内容包括：

第一，国家独立自主制定涉外行政法则，涉外行政活动主体必须遵守我国法律规定。例如《对外关系法》第4条规定，我国坚持独立自主的和平外交政策，坚持互相尊重主权和领土完整、互不侵犯、互不干涉内政、平等互利、和平共处的五项原则；第17条规定，发展对外关系要坚持维护中国特色社会主义制度，维护国家主权、统一和领土完整，服务国家经济社会发展；第30条规定，国家缔结或者参加的条约和协定不得同宪法相抵触。《行政诉讼法》第98条规定，外国人、无国籍人、外国组织在我国进行行政诉讼，适用本法；第100条规定，外国人、无国籍人、外国组织在我国进行行政诉讼，委托律师代理诉讼的，应当委托我国律师机构的律师。

第二，在我国境内的一切公民、法人和其他组织，以及虽然不在我国境内但与我国涉外行政产生管理关系的行政相对人，必须接受我国行政机关的管理。《对外关系法》第38条规定，国家有权准许或者拒绝外国人入境、停留居留，依法对外国组织在境内的活动进行管理；在中国境内的外国人和外国组织应当遵守中国法律，不得危害中国国家安全、损害社会公共利益、破坏社会公共秩序。《外商投资法》第6条规定，在中国境内进行投资活动的外国投资者、外商投资企业，应当遵守中国法律法规，不得危害中国国家安全、损害社会公共利益。《出境入境管理法》第2条规定，外国人入境出境、外国人在中国境内停留居留的管理，适用本法。但是在特定情况下，还存在

---

[1] 应松年教授提出，涉外行政活动应遵循国家主权原则、平等和对等结合原则以及信守国际条约、尊重国际惯例原则。应松年．涉外行政法［M］．北京：中国政法大学出版社，1993：22-25．有学者认为，涉外行政法原则包括维护国家主权原则、合法兼合理性原则、效率原则、对等原则以及履行国际义务原则。范颖慧，李捷云，钟元茂．涉外行政法概论［M］．广州：中山大学出版社，1993：8-12．还有学者认为，涉外行政法的特有原则包括国家主权原则、信守国际条约与尊重国际惯例原则、平等互利原则以及外交豁免原则。刘云甫，朱最新．涉外行政法理论与实务［M］．广州：华南理工大学出版社，2010：21-38．

行政主体行使域外管辖权的问题，即对身处外国的非本国人进行管辖。例如《证券法》第2条规定："在中华人民共和国境内，股票、公司债券、存托凭证和国务院依法认定的其他证券的发行和交易，适用本法；……在中华人民共和国境外的证券发行和交易活动，扰乱中华人民共和国境内市场秩序，损害境内投资者合法权益的，依照本法有关规定处理并追究法律责任。"《个人信息保护法》第3条规定："在中华人民共和国境内处理自然人个人信息的活动，适用本法。在中华人民共和国境外处理中华人民共和国境内自然人个人信息的活动，有下列情形之一的，也适用本法：（一）以向境内自然人提供产品或者服务为目的；（二）分析、评估境内自然人的行为；（三）法律、行政法规规定的其他情形。"

第三，国家通过实施行政管理维护国家主权和利益，对违反我国法律规定、损害社会公共利益的，可以通过行政制裁手段进行限制、禁止和打击，绝不容许外国政府干预，不允许损害我国国家尊严、妨碍我国的公共秩序。《对外关系法》第31条规定，条约和协定的实施和适用不得损害国家主权、安全和社会公共利益；第32条规定，国家在遵守国际法基本原则和国际关系基本准则的基础上，加强涉外领域法律法规的实施和适用，并依法采取执法、司法等措施，维护国家主权、安全、发展利益，保护中国公民、组织合法权益；第33条规定，对于违反国际法和国际关系基本准则，危害中华人民共和国主权、安全、发展利益的行为，国家有权采取相应反制和限制措施。国务院及其部门制定必要的行政法规、部门规章，建立相应工作制度和机制，加强部门协同配合，确定和实施有关反制和限制措施。《反外国制裁法》第3条规定，中国反对霸权主义和强权政治，反对任何国家以任何借口、任何方式干涉中国内政；外国国家违反国际法和国际关系基本准则，以各种借口或者依据其本国法律对我国进行遏制、打压，对我国公民、组织采取歧视性限制措施，干涉我国内政的，我国有权采取相应反制措施。第7条规定："国务院有关部门依据本法第四条至第六条规定作出的决定为最终决定。"①

在贯彻国家主权原则时需要采取灵活性和原则性相结合的做法。我国如果不开放市场，不施行简政放权的行政管理改革，就不能获得其他国家所给予的公平优惠的贸易待遇，无法融入开放的世界经济之中。②

---

① 《反外国制裁法》第4条规定："国务院有关部门可以决定将直接或者间接参与制定、决定、实施本法第三条规定的歧视性限制措施的个人、组织列入反制清单。"第5条规定："除根据本法第四条规定列入反制清单的个人、组织以外，国务院有关部门还可以决定对下列个人、组织采取反制措施：（一）列入反制清单个人的配偶和直系亲属；（二）列入反制清单组织的高级管理人员或者实际控制人；（三）由列入反制清单个人担任高级管理人员的组织；（四）由列入反制清单个人和组织实际控制或者参与设立、运营的组织。"第6条规定："国务院有关部门可以按照各自职责和任务分工，对本法第四条、第五条规定的个人、组织，根据实际情况决定采取下列一种或者几种措施：（一）不予签发签证、不准入境、注销签证或者驱逐出境；（二）查封、扣押、冻结在我国境内的动产、不动产和其他各类财产；（三）禁止或者限制我国境内的组织、个人与其进行有关交易、合作等活动；（四）其他必要措施。"

② 陈立虎. 涉外经济行政法论纲[J]. 金陵法律评论，2009（2）：69.

案例一 瑞幸咖啡公司财务造假案

【基本案情】

2020年4月2日，在美国纳斯达克上市的瑞幸咖啡公司发布公告，披露公司财务造假行为。瑞幸咖啡公司于2017年6月成立，总部位于福建省厦门市，注册地在开曼群岛，是一家离岸中概股公司。瑞幸咖啡公司于2019年5月在纳斯达克股票市场上市。2020年1月31日，某全球知名研究公司称收到一份匿名做空报告，指向瑞幸咖啡公司财务数据造假。2月3日，瑞幸咖啡公司对此作出回应，否认了所有指控，表示该报告是恶意且毫无依据的。4月2日，瑞幸咖啡公司发布公告称，公司刘某及其部分下属于2019年第二季度至第四季度期间伪造了22亿元的交易额（占同期机构预估营收的59%），并虚增相关的成本费用。5月15日，瑞幸咖啡公司收到纳斯达克交易所的退市通知，并于5月22日就此要求举行听证。6月24日，瑞幸咖啡公司撤回听证申请。6月29日，瑞幸咖啡公司在纳斯达克开盘时停牌，进行退市备案。

2020年12月16日，美国证券交易委员会向纽约州南区地方法院起诉瑞幸咖啡公司。美国证券交易委员会指控，在2019年4月至2020年1月期间，瑞幸咖啡公司利用关联第三方制造虚假的销售交易，伪造了大约3.11亿美元的零售销售额。为了掩盖销售额造假行为，瑞幸咖啡公司的相关人员篡改了会计账簿和银行记录，虚增大约1.96亿美元的成本费用，试图通过虚假财会数据掩盖欺诈行为。2020年12月16日，瑞幸咖啡公司在不承认也不否认这些指控的情况下，与美国证券交易委员会达成和解，同意永久禁令，并同意支付1.8亿美元的和解金。其中，投资者的集体诉讼赔偿款优先于和解款，而且使用中国境内资金支付和解款项应当经中国有关外汇监管部门的批准。2022年2月4日，该项和解协议获得了纽约南区法院的批准。[①]

2020年4月3日，中国证监会表示高度关注瑞幸咖啡公司造假事件，强烈谴责财务造假行为，并表示将按照国际证券监管合作机制，依法核查、打击证券欺诈行为，保护投资者权益。4月27日，中国证监会有关负责人表示，已就跨境监管合作事宜与美国证券交易委员会沟通，中国证监会将支持境外证券监管机构查处其辖区内上市公司财务造假行为。7月31日，中国证监会通报，已会同财政部、市场监管总局等部门，依法立案调查瑞幸咖啡公司的境内运营主体、关联方及相关第三方公司涉嫌违法违规行为，并再次强调根据国际证监会组织（IOSCO）跨境监管合作机制安排，配合美国证券监管部门开展跨境协查。[②] 11月17日，中国证监会根据《证券法》（2005）第193

[①] 贺泓源. 新、旧"瑞幸"之争 [EB/OL]. (2023-06-07). [2024-05-10]. https://m.21jingji.com/article/20230607/herald/c9a087fbb9e9796aa8ca2b4fe4c15ff2.html.

[②] 中国证券监督管理委员会. 关于瑞幸咖啡财务造假调查处置工作情况的通报 [EB/OL]. (2020-07-31). [2024-05-10]. http://www.csrc.gov.cn/csrc/c100028/c1000725/content.shtml.

条第 1 款关于信息披露违法处罚的规定，对瑞幸咖啡公司境内关联的北京氢动益维科技股份有限公司及其相关负责人进行处罚。[①] 针对瑞幸咖啡公司事件，中国证监会最终并未依据 2019 年修订的《证券法》第 2 条新增的域外适用条款主张行使证券行政域外管辖权。

【主要法律问题】

（1）什么是行政域外管辖权？
（2）该案是否符合法律规定的域外管辖权的条件？

【主要法律依据】

（1）《行政处罚法》第 22 条。
（2）《证券法》第 2 条第 4 款。

【理论分析】

1. 行政域外管辖权的涵义

在国家主权的约束下，行政管辖权应当以领土、国籍要素建立起主权国家与被管辖对象之间的联系基础。因而，行政管辖权具有突出的属地性和属人性。行政法效力的属地性要求国家法律一般不应超过该国家领土主权所及的领域范围。在行政法的属地效力之下，行政主体依法对国家领土范围内的人实施管辖权，而不论其是本国人还是外国人。在行政法的属人效力之下，行政主体依法对本国人实施管辖权，而不论其是身处国内还是国外。因而，《行政处罚法》第 22 条规定："行政处罚由违法行为发生地的行政机关管辖。法律、行政法规、部门规章另有规定的，从其规定。"同时，基于特定目的考虑，立法机关可以规定本国法的域外管辖权，即对身处外国的非本国人进行管辖，这在空间上"溢出"了本国领土范围，也在对象上超出了本国国民的范围。域外管辖包括域外立法管辖、域外执法管辖和域外司法管辖。域外管辖、长臂管辖（long-arm Jurisdiction）、法的域外适用三个概念具有交叉性，但存在区别。域外管辖是一个统称概念，长臂管辖限于对人管辖权中的特别管辖权，而美国法的域外适用是美国行政机关和司法机关将立法机关通过的具有域外效力的立法适用于美国境外的人和事。[②] 美国行政部门经常利用其国内法在银行、证券、反腐败、进出口管制等多个领域在外国领域内执法。

2. 瑞幸咖啡公司案有关域外管辖权适用的争论

虽然中国证券会并未就瑞幸咖啡公司案行使域外管辖权，但从事件的发展过程及

[①] 中国证券监督管理委员会. 中国证监会行政处罚决定书（〔2020〕100 号）[EB/OL]. (2020-11-18) [2024-05-10]. http://www.csrc.gov.cn/csrc/c101928/c1416726/content.shtml.
[②] 李庆明. 论美国域外管辖：概念、实践及中国因应 [J]. 国际法研究, 2019 (3): 3-23.

后续关注来看,案件引发了学术和实务界关于中国证券行政域外管辖权行使条件的争论。《证券法》第 2 条第 4 款规定,"在中华人民共和国境外的证券发行和交易活动,扰乱中华人民共和国境内市场秩序,损害境内投资者合法权益的,依照本法有关规定处理并追究法律责任。"据此,证券行政域外管辖权的触发条件有二:一是境内的市场秩序被扰乱,二是境内投资者的合法权益受到损害。

瑞幸咖啡公司财务造假曝光后,有观点认为中国证监会或将首次适用 2019 年《证券法》行使域外管辖权。也有观点认为,中国证监会调查组进驻瑞幸咖啡公司的境内运营主体,这是 2019 年《证券法》施行后证监会首次实施域外管辖。但更多的学者则认为,立足于对域外管辖权行使条件的限缩性解释,瑞幸咖啡公司案尚不满足 2019 年《证券法》所规定的域外管辖条件,中国证监会不应对之行使域外管辖权。具有理由如下:

首先,该事件对国内证券市场秩序冲击较小,在后果上尚达不到"扰乱市场秩序"的程度。瑞幸咖啡公司注册地在开曼群岛,经境外监管机构注册发行证券,并在美国纳斯达克股票市场上市。瑞幸咖啡公司案中的证券欺诈行为并未对中国境内产生实质性的、直接的和可预见的影响,缺乏跨境证券监管意义上的密切联系点。

其次,该事件对境内投资者合法权益的损害有限。瑞幸咖啡公司首次公开募股以及二次配售时,仅少数中国境内的投资机构参与。证券监管作为一种公权力,应立足于维护中国公共市场秩序、保护本国公众投资者的利益,如果仅涉及少数私募投资者,中国证监会不宜行使域外管辖权。瑞幸咖啡公司在 2019 年 5 月纳斯达克首次公开募股及 2020 年 1 月增发股份等招股说明书中,均载明不会向中国居民直接或间接发行、出售该证券。加之,根据中国当前的外汇管制规定,境内的个人投资者只能通过购买合格境内机构投资者(QDII)基金的方式对外投资,而不能直接投资包括美国在内的外国证券市场。由此,瑞幸咖啡公司在美国的证券发行和交易中,中国境内投资者的比重不会太大,因而财务造假的主要受害者并非中国境内投资者。虽然瑞幸咖啡公司在我国境内存在若干关联企业,瑞幸咖啡公司的境外违法行为可能会对境内的关联企业造成冲击,进而影响到这些企业的投资者合法权益。但是,这种损害是间接性的,且难以建立坚实的因果关系。因而,瑞幸咖啡公司的欺诈行为对境内投资者的实质性、直接性损害难以成立,不宜对之启动域外管辖权。同时,若境内的投资者并非基于合法渠道,而是通过诸如在香港开户并换汇绕道的方式投资在美国上市的瑞幸咖啡公司,则可能违反中国外汇方面的监管规定,因而其在瑞幸咖啡公司财务造假中所受到的损害,难以被认定为"合法"权益受到损害,此时亦难以符合域外管辖权的行使条件。

最后,瑞幸咖啡公司案引发了关于我国证券行政域外管辖权行使条件的讨论,学界主流观点倾向于对域外适用条件规定作限缩性解释。该案反映出我国法律规定存在的模糊性问题。《证券法》关于域外适用条件的规定是原则性的、概括性的,尚不明确"扰乱境内市场秩序"是指何等程度的"扰乱","损害境内投资者的合法权益"是指何等程度上的"损害",而且尚不明确两个条件之间究竟是怎样的逻辑关系。这些法定条件在文义上的外延是宽泛而不清晰的，尚缺乏具体的可操作性管辖标准，这需要在实践和理论上进一步界定。

【思考题】

（1）如何理解国家主权原则与依法行政原则之间的关系？

（2）根据法律保留原则，对哪些管理事项立法机关可以设定域外管辖权？

第二节 信守条约与公共秩序保留原则

信守国际条约、尊重国际惯例原则（简称"条约必须信守原则"），是一项古老的习惯法规则，是指对于在主权平等、充分表达自己意愿基础上的各项有效条约，各当事方必须按照条约的规定，善意地解释条约，忠实地履行条约义务。任何当事方都不得以任何借口违反条约的规定，不得从事违反条约目的和宗旨的任何活动，除情势发生变迁等特殊情况外，不得废弃条约规定的义务。《民法通则》（已失效）第142条规定，我国缔结或者参加的国际条约同我国的民事法律有不同规定的，适用国际条约的规定，但国家声明保留的条款除外。我国法律和缔结或者参加的国际条约没有规定的，可以适用国际惯例。《对外关系法》第30条规定："国家依照宪法和法律缔结或者参加条约和协定，善意履行有关条约和协定规定的义务。国家缔结或者参加的条约和协定不得同宪法相抵触。"《国境卫生检疫法》（2018）第24条、《外国国家豁免法》第22条以及《民事诉讼法》第271条均规定，我国缔结或者参加的国际条约同本法有不同规定的，适用该国际条约的规定，但声明保留的条款除外。《最高人民法院关于审理行政协议案件若干问题的规定》第26条也规定："行政协议约定仲裁条款的，人民法院应当确认该条款无效，但法律、行政法规或者我国缔结、参加的国际条约另有规定的除外。"确保国际条约在国内得到遵守，主要有直接适用和转化适用两种方式。根据中国加入世界贸易组织（WTO）工作组报告书第76段，我国采取转化适用方式，即通过制定或修改国内法的方式实施世界贸易组织规则。

另外，当国际条约与国内法律规范存在冲突时，还需要考虑公共秩序保留原则的适用问题。公共秩序保留在英美法被称为"公共政策"，在大陆法被称为"公共秩序"，其中德国法直接称其为"保留条款"或"排除条款"，虽然表述不同但三者含义上基本一致，即一国法院依本国冲突规则本应适用外国法时，因该外国法的适用会危及法院地国的重大社会或公共利益、基本政策、法律和道德的基本理念或基本原则而排除其适用的一种保留制度。公共秩序保留实际上是应对国内法律秩序的安全阀门，是保护本国法律秩序的最后一道屏障，如果外国法的某些规定与本国法出现较大差别并对本国公共秩序、重大利益产生影响，则排除外国法的适用。各国对于"公共秩序保留"基本上均有规定。《对外关系法》第31条第2款规定："条约和协定的实施和适用不得损害国家主权、安全和社会公共利益。"《对外贸易法》第15条规定："国家基于下列原因，可以限制或者禁止有关货物、技术的进口或者出口：（一）为维护国家安全、社会公共利益或者公共道德，需要限制或者禁止进口或者出口的……"第25条规定："国家基于下列原因，可以限制或者禁止有关的国际服务贸易：（一）为维护国家安全、社会公共利益或者公共道德，需要限制或者禁止的……"第46条规定："与中华人民共和国缔结或者共同参加经济贸易条约、协定的国家或者地区，违反条约、协定的规定，使中华人民共和国根据该条约、协定享有的利益丧失或者受损，或者阻碍条约、协定目标实现的，中华人民共和国政府有权要求有关国家或者地区政府采取适当的补救措施，并可以根据有关条约、协定中止或者终止履行相关义务。"当然，由于"公共利益""公共秩序"是典型的不确定法律概念，概念本身具有很强的弹性，各国对公共秩序的界定很难、也不可能达到完全一致，因而当出现分歧时，公共秩序保留原则顺理成章地就成为排除外国法、维护本国秩序的有力手段。

案例二　美国诉中国视听服务进口限制违反世界贸易组织规则案[①]

【基本案情】

我国自2001年12月加入世界贸易组织后，市场渐趋开放，但基于文化和意识形态方面的考虑，对视听服务市场施加了严格限制。限制措施主要有：其一，我国订户若要订购进口视听产品，须由新闻出版总署或文化部批准的国营进口经营单位经营，如中国图书进出口总公司、国际电视总公司、中国电影总公司，其他单位不得经营；其二，对进口视听产品数量进行限制，每年从美国进口的电影不超过20部。美国指控我国对于进口的放映用影片、视听及家庭娱乐产品、录像节目、音乐、书籍及相关出版品实施若干限制措施，并且对相关外国服务提供商实施市场准入限制及歧视性待遇，违反我国入会议定书承诺、《关税与贸易总协定》（GATT）以及《服务贸易总协定》（GATS）相关规定。美国于2007年4月要求我国放开对娱乐视听产品贸易权的限制，双方磋商未果后，于11月提交世界贸易组织贸易争端裁决小组。2009年8月，世界贸易组织贸易争端裁决小组裁决美国部分胜诉；9月份我国提出上诉，12月份最终裁决维持一审。经多轮谈判，2012年2月18日，中美双方就解决世界贸易组织电影相关问题的谅解备忘录达成协议，我国每年增加引进14部电影。

【主要法律问题】

（1）我国对视听产品及服务进口采取限制措施是否违反"条约必须信守原则"？

[①] Panel Report, China-Measures Affecting Trading Rights and Distribution Services for Certain Publications and Audiovisual Entertainment Products [EB/OL]. (2009-08-12) [2024-05-10]. http://www.wto.org/english/tratop_e/dispu_e/dispu_e.htm#disputes.

（2）如何适用公共秩序保留原则？

【主要法律依据】

（1）《对外关系法》第 30 条。

（2）《对外贸易法》第 15 条、第 25 条。

【理论分析】

1. 我国对视听产品及服务进口采取限制措施是否违反"条约必须信守原则"

2001 年 12 月我国加入 WTO 后，签署了《关税与贸易总协定》（GATT）以及《服务贸易总协定》（GATS）等文件，承诺遵守协议相关规定。本案在此问题上有三项争议点：

（1）是否违反开放贸易权的承诺。

美国指出，中国相关法规对进口院线放映用影片、视听及家庭娱乐产品、录像节目、音乐、书籍及相关出版品之贸易进口权作出限制，禁止外国投资企业及中国私人企业从事进口，仅允许中国特定企业进口系争视听产品，不符合中国于入会议定书第 5.1、5.2 段及工作组报告书第 83、84 段对开放贸易权作出的承诺，剥夺外国投资企业、外国企业与个人进口相关产品的权利，使外国企业受到歧视待遇。

但我国抗辩指出，相关法规限制文化商品的进口，目的是确保一个有效且有效率的内容审查机制，若恣意开放进口，对公共道德会有潜在性的负面冲击，应适用 GATT 第 20 条规定的一般例外原则，即"本协定的规定不得解释为阻止缔约国采用或实施以下措施，但对情况相同的各国，实施的措施不得构成武断的或不合理的差别待遇，或构成对国际贸易的变相限制：（a）为维护公共道德所必需的措施……"。而美国反驳认为，保护公共道德目的有多种替代方法，中国政府可于进口时或进口前、后皆设置内容审查机制；外国投资企业及个人亦可训练或聘请专家为其产品制定审核规范标准；并不必须给予中国国内企业垄断进口的权利，以及限制进口数量。

裁决小组认为，需对案涉限制措施的"必要性"进行审查，但其认为我国并无足够证据可证明其法规具有必要性，且美国针对保护公共道德之目的提出了替代方法，而我国无法举证此替代方法的缺点及不合理处，因此裁决我国限制措施欠缺 GATT 第 20 条（a）款保护公共道德的必要性，故违反中国入会议定书及工作组报告书贸易权开放的承诺。

（2）是否违反市场准入与 GATS 第 17 条规定的国民待遇原则。

美国指控我国相关法规禁止外国投资企业从事系争产品的总发行和总批发等相关分销业务，其对外资企业采取的不平等待遇包括审核过程、注册资本及营运条件，违反 GATS 第 16、17 条。裁决小组裁定认为，外国投资企业受到较中国企业不利的歧视待遇，违反 GATS 第 17 条规定的国民待遇原则。具有理由有：首先，中国若干法规中皆有类似规定，以出版品为例，根据《订户订购进口出版物管理办法》，中国订户若订购进口出版物须由新闻出版总署批准的进口经营单位经营，其他任何单位和个人不得从事订户订购进口出版品的经营活动，属于变相限制外国服务提供商进口。审视中国特定承诺表后，裁决小组认为中国确实已将批发配销业务列为其开放服务，但此法规对外国出版品服务提供商仍设有限制，而中国出版品服务提供商并无此种限制，构成歧视待遇。其次，在注册资本方面存在歧视，中国书籍批发商注册资本额为28万美元，但外国投资的书籍批发商注册资本额至少须达400万美元。我国表示此差别待遇并不会影响竞争能力，因为中国企业须于公司成立时足额缴纳资本金，而外国投资企业则可于公司成立后分期筹资。但经裁决小组调查后发现，我国于2005年修改法规后，中国企业与外国投资企业一样可享有分期缴纳的待遇。最后，营运年限有不平等待遇，外国投资图书、报纸、期刊的批发企业有30年营运期限的限制，年限到期后须重新申请营业许可证，中国企业则无此限制。

（3）是否违反GATT第3.4条规定的国民待遇原则。

首先，美国指控根据我国《外商投资图书、报纸、期刊分销企业管理办法》第2条的规定，在书籍及报纸杂志进口方面，外商投资企业须适用不同于国内企业的法规，该法规使外资企业受到较多限制，而企业寻找案涉产品经销商时，必定会先联系不受特定法规限制而有优势竞争力的国内经销商，使外资企业产生被排除在进口案涉产品经销商之外的潜在风险。裁决小组判决此法规构成歧视待遇，违反GATT第3.4条国民待遇原则。[①]

其次，美国指控我国对于进口音乐唱片，在转文件通过网络传输之前，必须再次经过中国文化部对其内容进行审查并核准后始可进口，增加进口负担及拖延其进货速度，系对进口音乐唱片的歧视行为。但因美国无法具体举证该措施会影响其销售情形，裁决小组认为此法规不违反GATT第3.4条国民待遇原则。

再次，针对院线放映用影片进口，须经中国国家广播电影电视总局所指定的两家国营企业进口，但我国抗辩认为仅有两家厂商控制美国影片的配销与进口，大多数中国厂商可通过向国家广播电影电视总局申请后自由经销及进口影片，只是因进口影片成本与风险过高以至于现阶段并未有厂商申请，而美国也未能举证中国有歧视性的配销寡占措施，因此裁决小组驳回美国此点主张，认为并不违反GATT第3.4条。

2. 公共秩序保留原则及其适用

我国立法早期对公共秩序保留原则的规定过于概括，一般只是简单规定优先适用国际条约，但"声明保留的条款除外"，对于条约实施过程中如何适用该原则没有具体规定，后来立法逐渐完善。根据《对外贸易法》第15条、第25条，"为维护国家安全、社会公共利益或者公共道德"，国家有权限制或者禁止有关货物、技术的进口或者出口，有权限制或者禁止有关的国际服务贸易。

---

① 2011年国家新闻出版总署、商务部颁布《出版物市场管理规定》，废止了《外商投资图书、报纸、期刊分销企业管理办法》，不再区分外商企业和内资企业，均遵守相同的出版管理制度。

"社会公共利益""公共道德"属于高度不确定法律概念,各国因其历史、政治及经济文化传统及发展水平不同,对何谓"公共道德"的认识千差万别。2003年,安提瓜与巴布达就美国禁止以互联网方式提供赌博服务向贸易争端裁决小组起诉,是世界贸易组织历史上第一个涉及"公共道德"例外的争端,2004年该案专家组和上诉机构对"公共道德"的界定对其后的案件产生影响。该案裁决认为,"公共道德"的含义应依一系列的因素,如通行的社会、文化、伦理和宗教价值,而且会随时间、地点的不同而改变;在适用类似的社会性概念时,成员方有权决定其认为合适的保护水平。因此,为证明对外国文化产品或服务进行限制或禁止的正当性,一国仍须援引一般例外条款,尤其是"公共道德"例外来寻求免责。同时,基于国家主权原则,国家拥有决定"公共道德"实质内容以及所要保护"公共道德"水平的权利,反对任何其他世界贸易组织成员方以一般性标准或"国际标准"来评判本国的"公共道德",以此才能有效维护各国的文化多元性和各自的公共道德理念。[①]

【思考题】

(1) 如何理解信守条约与公共秩序保留原则之间的关系?
(2) 如何把握公共秩序保留原则中国家安全、社会公共利益以及公共道德的内涵?

第三节 国民待遇与对等原则

国民待遇原则是国家之间基于平等互惠关系建立起来的基本原则,不仅是世界贸易组织规则的基本原则,而且也是现代国际法的基本原则。国民待遇原则,也可称同等原则,是指平等地适用涉外行政法律规范,要求本国公民、组织享有的权利,也应同等地赋予本国境内的外国人、无国籍人、外国组织或虽不在本国境内但与本国的行政管理发生关系的行政管理相对人,这是法律面前人人平等这一基本原则在涉外行政法中的体现。因此,贯彻国民待遇原则,实施差别待遇特别是歧视性待遇应当具有充分的正当性理由,受必要性、适当性和禁止过分原则的限制。《外商投资法》第4条规定:"国家对外商投资实行准入前国民待遇加负面清单管理制度。前款所称准入前国民待遇,是指在投资准入阶段给予外国投资者及其投资不低于本国投资者及其投资的待遇;所称负面清单,是指国家规定在特定领域对外商投资实施的准入特别管理措施。国家对负面清单之外的外商投资,给予国民待遇。"

国民待遇原则的内容包括:

第一,在涉外行政法的制定过程中,应给予外国人、无国籍人、外国组织享有和承担与中国公民、组织同等的权利和义务,不首先作任何限制其权利和义务的规定。

[①] 彭岳. 贸易与道德:中美文化产品争端的法律分析 [J]. 中国社会科学, 2009 (2): 136-148, 207.

根据《对外贸易法》第 6 条，我国在对外贸易方面根据所缔结或者参加的国际条约、协定，给予其他缔约方、参加方最惠国待遇、国民待遇等待遇，或者根据互惠、对等原则给予对方最惠国待遇、国民待遇等待遇。《优化营商环境条例》第 5 条规定："国家加快建立统一开放、竞争有序的现代市场体系，依法促进各类生产要素自由流动，保障各类市场主体公平参与市场竞争。"第 6 条第 2 款规定："国家进一步扩大对外开放，积极促进外商投资，平等对待内资企业、外商投资企业等各类市场主体。"

第二，在实施行政活动时，外国人、无国籍人、外国组织应享有和承担与中国公民、组织同等的权利和义务，接受同样的行政法律规范调整。《境外非政府组织境内活动管理法》第 5 条第 1 款规定："境外非政府组织在中国境内开展活动应当遵守中国法律，不得危害中国的国家统一、安全和民族团结，不得损害中国国家利益、社会公共利益和公民、法人以及其他组织的合法权益。"《行政诉讼法》第 99 条第 1 款规定："外国人、无国籍人、外国组织在中华人民共和国进行行政诉讼，同中华人民共和国公民、组织有同等的诉讼权利和义务。"

第三，有管辖权的涉外行政执法和司法机关应当平等地保护中外双方当事人的合法权利和利益，制裁不法行为。《反外国制裁法》第 12 条规定："任何组织和个人均不得执行或者协助执行外国国家对我国公民、组织采取的歧视性限制措施。组织和个人违反前款规定，侵害我国公民、组织合法权益的，我国公民、组织可以依法向人民法院提起诉讼，要求其停止侵害、赔偿损失。"

然而，在强调国民待遇原则的同时，不能忽视对等原则的存在。对等原则，也称互惠原则，是指某一主权国家的公民、法人或者其他组织的合法权益在外国受到限制或被剥夺时，该主权国家对于在本国的该外国的公民、法人或者其他组织的合法权益进行对等的限制或者剥夺。该原则是国家之间"以限制抵制限制"的对等措施的体现。目前关于对等原则的理解，仅限于法律适用时采取对等原则，即行政机关或者司法机关在适用法律时，如果某一外国对在该外国的中国人的权益进行限制和剥夺，那么司法机关、行政机关将我国法律规定的国民待遇不适用于在华的该外国的公民、法人或者其他组织，即对于我国法律所规定的国民待遇进行限制和剥夺。《对外贸易法》第 7 条规定："任何国家或者地区在贸易方面对中华人民共和国采取歧视性的禁止、限制或者其他类似措施的，中华人民共和国可以根据实际情况对该国家或者该地区采取相应的措施。"该法第 30 条更具体规定："其他国家或者地区在知识产权保护方面未给予中华人民共和国的法人、其他组织或者个人国民待遇，或者不能对来源于中华人民共和国的货物、技术或者服务提供充分有效的知识产权保护的，国务院对外贸易主管部门可以依照本法和其他有关法律、行政法规的规定，并根据中华人民共和国缔结或者参加的国际条约、协定，对与该国家或者该地区的贸易采取必要的措施。"《外商投资法》第 40 条规定："任何国家或者地区在投资方面对中华人民共和国采取歧视性的禁止、限制或者其他类似措施的，中华人民共和国可以根据实际情况对该国家或者该地区采取相应的措施。"《外国国家豁免法》第 21 条规定："外国给予中华人民共和国国家及其财产的豁免待遇低于本法规定的,中华人民共和国实行对等原则。"

但有学者认为,对等原则更重要的意义在于法律创制层面。由于各国法制发展并不平衡,当某一国家的法制和人权保障水平较低时,即使完全给予在本国的外国人以国民待遇,外国人实际所享受到的人权保障水平依然很低,甚至根本没有保障。在此种情形下强调国民待遇原则几乎没有意义。因此,对等原则旨在促使各国在创制涉外行政法时,提高对在本国的外国人合法权益的保障水平,逐步缩小各国人权保障水平之间的差距,特别是促使各国对于国际社会绝大多数国家承认的基本人权加以切实的保障。①

同时,在涉外行政诉讼中也实行对等原则。《行政诉讼法》第 99 条第 2 款规定:"外国法院对中华人民共和国公民、组织的行政诉讼权利加以限制的,人民法院对该国公民、组织的行政诉讼权利,实行对等原则。"这一方面可以维护我国的主权,另一方面也能保护我国公民在国外提起行政诉讼时的合法权益。外国法院如对我国公民、组织的行政诉讼权利加以限制,我国应采取相应的限制措施,以使我国公民、组织在他国的行政诉讼权利与他国公民、组织在我国的行政诉讼权利实现对等。有学者新近研究指出,外国人与本国人行政诉讼权利同等化已经发展为一项普遍的诉讼原则,凡是与行政纠纷具有利害关系的任何个人或组织都有权提起行政诉讼。日本、德国的行政诉讼立法均没有规定针对外国人的"对等原则",也没有专设涉外行政诉讼的规定。这些域外立法完全将外国人和本国人置于同等的诉讼地位,除非特别法另有规定。②

案例三 加拿大籍公民程某诉西双版纳傣族自治州发改委政府信息公开案③

【基本案情】

原告加拿大籍公民程某因在西双版纳国际度假区购买的房产存在问题,向被告西双版纳傣族自治州发改委申请公开国际度假区的立项批准、核准文件。原告于 2015 年 10 月 12 日通过邮寄的方式向被告提交了政府信息公开申请材料,被告于 2015 年 10 月 14 日签收了申请材料,并在 2016 年 1 月 12 日对原告作出不予受理的答复,内容为:"根据你提供的身份信息,你系加拿大籍公民。按照中华人民共和国国务院办公厅秘书局下发的《关于外国公民、法人或其他组织向我行政机关申请公开政府信息问题的处理意见》(国办秘函〔2008〕50 号)的规定,在我国境外的外国公民、法人或其他组织向我行政机关提出政府信息公开申请的,我行政机关不予受理。你作为我国政府信

---

① 应松年,蔺耀昌. 中国入世与涉外行政法 [J]. 江苏社会科学,2004 (6):39-40.
② 杨金晶. 涉外行政诉讼中被忽视的对等原则——兼论我国行政诉讼法对等原则条款被虚置问题的解决 [J]. 政治与法律,2019 (4):141-152.
③ (2015) 景行初字第 62 号行政判决书。

息公开的申请人的主体不适格，因此，我委对你提交的政府信息公开申请不予受理。"原告不服，诉至法院。法院认为，被告在 2015 年 10 月 14 日签收了原告的政府信息公开申请，2016 年 1 月 12 日才对原告作出答复，违反《政府信息公开条例》第 24 条第 2 款的规定，超出规定的答复期限，确认被告的逾期答复行为违法。同时法院认为，因行政机关对原告的申请已作答复，故对原告的其他诉求未予支持。

后来，西双版纳国际旅游度假区开发有限公司与程某达成解除购房合同。此后，程某多次向国土资源、住房和城乡建设、市场监督管理、公安消防等多个行政机关为提起信息公开诉讼案件 40 余件，所提请求事项及其理由与此前行政诉讼案件相似。最终法院认为，程某反复、大量提起与其购房权益的取得无关的行政诉讼案件，明显没有可值得保护的实际利益，裁定不予立案。

【主要法律问题】

（1）我国政府信息公开中外国公民是否享受国民待遇？
（2）如何理解运用行政诉讼中的对等原则？

【主要法律依据】

（1）《政府信息公开条例》第 1 条、第 27 条。
（2）《行政诉讼法》第 99 条。

【理论分析】

1. 外国公民是否有权申请政府信息公开

根据《政府信息公开条例》第 1 条，政府信息公开的立法目的是保障"公民、法人和其他组织"依法获取政府信息，提高政府工作的透明度，建设法治政府。其第 27 条规定，除行政机关主动公开的政府信息外，"公民、法人或者其他组织"可以向地方各级人民政府、对外以自己名义履行行政管理职能的县级以上人民政府部门申请获取相关政府信息。同时，该条例并没有规定外国公民如何申请政府信息公开的相关条款。因此，只能将其中的"公民"理解为具有我国国籍的中国公民，不包括外国公民。

国务院办公厅秘书局《关于外国公民、法人或其他组织向我行政机关申请公开政府信息问题的处理意见》（国办秘函〔2008〕50 号）规定："一、在我国境内的外国公民、法人或其他组织，因生产、生活、科研等特殊需要，向我行政机关申请获取相关政府信息，由我行政机关依照《中华人民共和国政府信息公开条例》有关规定办理。在我国境外的外国公民、法人或其他组织向我行政机关提出政府信息公开申请的，我行政机关不予受理。二、我行政机关收到在我境内的外国公民、法人或其他组织关于公开政府信息的申请后，应当对申请人的身份进行核实；对于拟提供的政府信息，要依照保守国家秘密法及其他法律法规和国家规定进行严格的保密审查。三、我行政机关向外国公民、法人或其他组织提供的政府信息一般为中文，不提供外文译本。香港特别行政区、澳门特别行政区和台湾地区居民、法人或其他组织向我行政机关申请获取政府信息事宜，参照上述意见办理。"这样，适度扩大了申请政府信息公开的主体范围，除我国公民外，还包括在我国境内的外国人，主要排除的是境外的外国人。

2. 政府信息公开诉讼中对等原则的适用问题

《行政诉讼法》第98条规定，外国人在我国提起行政诉讼适用本法。该法第99条第1款规定，外国人在我国提起行政诉讼同我国公民享有同等的诉讼权利和义务。该条第2款规定，外国法院对我国公民、组织的行政诉讼权利加以限制的，我国法院应对该国公民、组织的行政诉讼权利实行对等原则。虽然《政府信息公开条例》并未规定涉外政府信息公开规则，但个别地方立法已有具体规定。例如《广州市政府信息公开规定》第33条第2款规定："外国或地区对中华人民共和国公民、组织的政府信息公开权利加以限制的，对该国或地区公民、组织的政府信息公开权利实行对等原则。"因此，对于涉外政府信息公开行政案件，法院应当适用对等原则进行审查。[①]

本案中，法院依据《政府信息公开条例》《关于外国公民、法人或其他组织向我行政机关申请公开政府信息问题的处理意见》（国办秘函〔2008〕50号）作出了判决，但法院却忽略了原告的外国人身份，判决书全文未提及涉外行政诉讼的任何规定，更重要的是没有进行"对等原则"的审查。因为程某是加拿大公民，根据加拿大《政府信息获取法》（1983）第4条，只有加拿大公民和符合该国《移民和难民保护法》中的永久居民才享有获取政府信息的资格，明确排除了外国公民（包括我国公民）获取政府信息的可能。[②] 因此，如果本案中，加拿大公民可在我国申请政府信息公开，而我国公民在加拿大却不能获取政府信息，明显违背了"对等原则"。由此产生的问题是，我国法院此时能否援引对等原则条款不予受理或者驳回原告的起诉。本案中，程某属于在我国境外的外国公民，有权申请政府信息公开，行政机关依据国办秘函〔2008〕50号不予受理，法律适用错误。法院在没有查明加拿大政府信息公开法律是否违背对等原则情况下，仅确认违法逾期答复行为违法，也构成法律适用错误。

【思考题】

（1）如何理解国民待遇与对等原则之间的关系？

（2）请结合所学知识，总结有哪些常见的歧视性差别待遇行政管理措施？

---

① 杨金晶. 涉外行政诉讼中被忽视的对等原则——兼论我国行政诉讼法对等原则条款被虚置问题的解决[J]. 政治与法律，2019（4）：141-152. 根据该学者的研究，其检索到的涉外政府信息公开案件文书，无一例外地都没有提及"涉外行政诉讼"和对等原则条款。尽管《关于外国公民、法人或其他组织向我行政机关申请公开政府信息问题的处理意见》已经较为宽泛地赋予在华外国人提起政府信息公开的权利，但就这13份文书而言，其中有10份文书并未提及该意见的规定，完全将外国人提起政府信息公开与我国公民同等对待。对等原则条款在我国涉外行政诉讼中并没有得到有效适用。

② 加拿大2019年实行的行政命令（Access to Information Act Extension Order, No.1）对《加拿大政府信息获取法》（1983）进行调整，已将获取政府信息的主体扩展至所有在加合法居留的外国人。

第四节 比例原则

比例原则系公法的基本原则，国家立法权、行政权、司法权均需在各自领域遵守该原则。行政法上的比例原则，也称行政合理性原则，是指行政机关在行使职权时，应当全面衡量行政目标的实现和相对人权利保护之间的关系，如果为了实现行政目标所采取的措施对行政相对人造成某种不利影响或损害，应将这种不利影响或损害限制到最小的范围内，并且要与所追求的行政目的构成比例。一般认为，该原则有适当性、必要性和合比例性三个子原则构成。适当性又称妥当性，是指行政行为的作出要适合于目的的实现，不得与目的相悖离。必要性又称损害最小原则，指行政机关有多种同样能达到目的之方法时，应选择对相对人权益损害最小的措施。合比例性又称狭义比例原则，指行政权力所采取的措施与其所达到的目的之间必须合比例，达成目的所获得的利益应大于所造成的损害，不能损益失衡。比例原则的实质就是利益衡量，实现行政主体、行政相对人以及社会公共利益之间的平衡。各国法律使用的术语表述可能存在差异，但本质并无二致。

2004年国务院《全面推进依法行政实施纲要》提出了合理行政原则，明确行政机关实施行政管理"所采取的措施和手段应当必要、适当；行政机关实施行政管理可以采用多种方式实现行政目的的，应当避免采用损害当事人权益的方式"。《行政处罚法》第5条第2款规定："设定和实施行政处罚必须以事实为依据，与违法行为的事实、性质、情节以及社会危害程度相当。"《个人信息保护法》第34条规定："国家机关为履行法定职责处理个人信息，应当依照法律、行政法规规定的权限、程序进行，不得超出履行法定职责所必需的范围和限度。"该法第6条规定："处理个人信息应当具有明确、合理的目的，并应当与处理目的直接相关，采取对个人权益影响最小的方式。收集个人信息，应当限于实现处理目的的最小范围，不得过度收集个人信息。"该法第28条第2款规定："只有在具有特定的目的和充分的必要性，并采取严格保护措施的情形下，个人信息处理者方可处理敏感个人信息。"[①] 这些规定都是比例原则的体现。2023年12月29日全国人大常委会颁布的《关于完善和加强备案审查制度的决定》规定，备案时应重点审查"采取的措施与其目的是否符合比例原则"，这是我国立法层面首次使用比例原则的表述。

[①] 《个人信息保护法》第28条第1款规定："敏感个人信息是一旦泄露或者非法使用，容易导致自然人的人格尊严受到侵害或者人身、财产安全受到危害的个人信息，包括生物识别、宗教信仰、特定身份、医疗健康、金融账户、行踪轨迹等信息，以及不满十四周岁未成年人的个人信息。"

案例四 商务部否决美国可口可乐公司收购中国汇源公司案[①]

【基本案情】

2008年9月18日,美国可口可乐公司向我国商务部递交了收购中国汇源公司的申报材料。随后,美国可口可乐公司根据商务部要求对申报材料进行了补充。11月20日,商务部认为美国可口可乐公司提交的申报材料达到了《反垄断法》规定的经营者集中标准,对此项申报进行立案审查,并通知了美国可口可乐公司。商务部从市场份额及市场控制力、市场集中度、集中对市场进入和技术进步的影响、集中对消费者和其他有关经营者的影响及品牌对果汁饮料市场竞争产生的影响等方面进行了审查。由于此项集中规模较大、影响复杂,2008年12月20日,初步阶段审查工作结束后,商务部决定实施进一步审查,书面通知了美国可口可乐公司。在进一步审查过程中,商务部对集中造成的各种影响进行了评估,并于2009年3月20日前完成了审查工作。

立案后,商务部对此项申报依法进行了审查,对申报材料进行了认真核实,对此项申报涉及的重要问题进行了深入分析,并通过书面征求意见、论证会、座谈会、听证会、实地调查、委托调查以及约谈当事人等方式,先后征求了相关政府部门、相关行业协会、果汁饮料企业、上游果汁浓缩汁供应商、下游果汁饮料销售商、集中交易双方、美国可口可乐公司中方合作伙伴以及相关法律、经济和农业专家等方面意见。为了减少审查中发现的不利影响,商务部与美国可口可乐公司就附加限制性条件进行了商谈。商谈中,商务部就审查中发现的问题,要求美国可口可乐公司提出可行解决方案。美国可口可乐公司对商务部提出的问题表述自己的看法,并先后提出了初步解决方案及其修改方案。经过评估,商务部认为美国可口可乐公司针对影响竞争问题提出的救济方案,仍不能有效减少此项集中产生的不利影响。2009年3月18日,商务部认为美国可口可乐公司收购中国汇源公司案将对竞争产生不利影响,因此作出禁止此项收购的决定。商务部反垄断局负责人表示,反垄断审查的目的是保护市场公平竞争,维护消费者利益和社会公共利益。自2008年8月《反垄断法》实施以来,商务部共收到40起包括合并、收购在内的经营者集中申报,美国可口可乐公司收购中国汇源公司案是第一个未获通过的案例。

【主要法律问题】

(1) 审查经营者集中应当考虑哪些因素?
(2) 商务部作出禁止收购的决定是否符合比例原则?

[①] 中华人民共和国商务部. 商务部关于禁止可口可乐公司收购中国汇源公司审查决定的公告(公告2009年第22号)[EB/OL]. (2009-03-18). [2024-05-10]. http://www.mofcom.gov.cn/article/b/c/200903/20090306108617.shtml.

【主要法律依据】

(1)《行政许可法》第5条。

(2)《反垄断法》第33条、第34条。

【理论分析】

1. 审查经营者集中考虑因素

经营者集中,是指两个或者两个以上的企业相互合并,或者一个或多个个人或企业对其他企业全部或部分获得控制,从而导致相互关系上的持久变迁的行为。经营者集中的后果是双重的。一方面,有利于发挥规模经济的作用,提高经营者的竞争能力;另一方面,过度集中又会产生或加强市场支配地位,限制竞争,损害效率。如果过度集中,形成损害竞争的垄断结构,就应受到反垄断法的调整。根据《反垄断法》第25条,经营者集中包括经营者合并、经营者通过取得股权或者资产的方式取得对其他经营者的控制权、经营者通过合同等方式取得对其他经营者的控制权或者能够对其他经营者施加决定性影响等情形。

对于经营者集中申报程序,国家市场监督管理总局《经营者集中审查规定》第8条规定:"经营者集中达到国务院规定的申报标准的,经营者应当事先向市场监管总局申报,未申报或者申报后获得批准前不得实施集中。经营者集中未达到申报标准,但有证据证明该经营者集中具有或者可能具有排除、限制竞争效果的,市场监管总局可以要求经营者申报并书面通知经营者。集中尚未实施的,经营者未申报或者申报后获得批准前不得实施集中;集中已经实施的,经营者应当自收到书面通知之日起一百二十日内申报,并采取暂停实施集中等必要措施减少集中对竞争的不利影响。是否实施集中的判断因素包括但不限于是否完成市场主体登记或者权利变更登记、委派高级管理人员、实际参与经营决策和管理、与其他经营者交换敏感信息、实质性整合业务等。"

《行政许可法》第5条规定:"设定和实施行政许可,应当遵循公开、公平、公正、非歧视的原则。……符合法定条件、标准的,申请人有依法取得行政许可的平等权利,行政机关不得歧视任何人。"《反垄断法》第33条具体规定了审查经营者集中应当考虑的因素,包括:(1)参与集中的经营者在相关市场的市场份额及其对市场的控制力;(2)相关市场的市场集中度;(3)经营者集中对市场进入、技术进步的影响;(4)经营者集中对消费者和其他有关经营者的影响;(5)经营者集中对国民经济发展的影响;(6)国务院反垄断执法机构认为应当考虑的影响市场竞争的其他因素。《经营者集中审查规定》第32条至第37条进一步具体化了审查要素:(1)评估经营者集中的竞争影响,可以考察相关经营者单独或者共同排除、限制竞争的能力、动机及可能性;综合考虑集中对公共利益的影响、参与集中的经营者是否为濒临破产的企业等因素。集中涉及上下游市场或者关联市场的,可以考察相关经营者利用在一个或者多个市场的控制力，排除、限制其他市场竞争的能力、动机及可能性。（2）评估对市场的控制力，可以考虑参与集中的经营者在相关市场的市场份额、产品或者服务的替代程度、控制销售市场或者原材料采购市场的能力、财力和技术条件、掌握和处理数据的能力，以及相关市场的市场结构、其他经营者的生产能力、下游客户购买能力和转换供应商的能力、潜在竞争者进入的抵消效果等因素。（3）评估相关市场的市场集中度，可以考虑相关市场的经营者数量及市场份额等因素。（4）对市场进入的影响，可以考虑经营者通过控制生产要素、销售和采购渠道、关键技术、关键设施、数据等方式影响市场进入的情况，并考虑进入的可能性、及时性和充分性。（5）对技术进步的影响，可以考虑经营者集中对技术创新动力和能力、技术研发投入和利用、技术资源整合等方面的影响。（6）对消费者的影响，可以考虑经营者集中对产品或者服务的数量、价格、质量、多样化等方面的影响。（7）对其他有关经营者的影响，可以考虑经营者集中对同一相关市场、上下游市场或者关联市场经营者的市场进入、交易机会等竞争条件的影响。（8）对国民经济发展的影响，可以考虑经营者集中对经济效率、经营规模及其对相关行业发展等方面的影响。

经商务部全面评估，确认美国可口可乐公司收购中国汇源公司将产生如下不利影响：首先，收购完成后，美国可口可乐公司有能力将其在碳酸软饮料市场上的支配地位传导到果汁饮料市场，对现有果汁饮料企业产生排除、限制竞争效果，进而损害饮料消费者的合法权益。其次，品牌是影响饮料市场有效竞争的关键因素，收购完成后，美国可口可乐公司通过控制"美汁源"和"汇源"两个知名果汁品牌，对果汁市场控制力将明显增强，加之其在碳酸饮料市场已有的支配地位以及相应的传导效应，集中将使潜在竞争对手进入果汁饮料市场的障碍明显提高。最后，该收购挤压了国内中小型果汁企业生存空间，抑制了国内企业在果汁饮料市场参与竞争和自主创新的能力，给中国果汁饮料市场有效竞争格局造成不良影响，不利于中国果汁行业的持续健康发展。

2. 商务部禁止收购决定合理性分析

根据《反垄断法》第34条、第35条，对于经营者集中申报，监管机关可以作出三种处理决定：第一，不存在排除、限制竞争效果的，同意经营者集中；第二，具有或者可能具有排除、限制竞争效果，但是经营者能够证明该集中对竞争产生的有利影响明显大于不利影响，或者符合社会公共利益的，可以决定附加减少集中对竞争产生不利影响的限制性条件，作出对经营者集中不予禁止的决定；第三，具有或者可能具有排除、限制竞争效果的，且经营者不能证明该集中对竞争产生的有利影响明显大于不利影响，或者符合社会公共利益的，应当作出禁止经营者集中的决定。

本案中，商务部作出禁止收购决定符合比例原则。首先，目的具有适当性。商务部经认真审查，已确认美国可口可乐公司收购中国汇源公司会产生排除、限制竞争效果，将对中国果汁饮料市场有效竞争和果汁产业健康发展产生不利影响。其次，手段具有必要性。商务部在确认，并没有直接作出禁止收购的决定，而是为了减少收购对竞争产生的不利影响，与美国可口可乐公司就附加限制性条件进行了商谈，要求其提出可行的解决方案，但美国可口可乐公司应商务部要求提交的修改方案仍不能有效减少此项收购对竞争产生的不利影响。最后，手段和效果具有合比例性。鉴于美国可口可乐公司没有提供充足的证据证明集中对竞争产生的有利影响明显大于不利影响或者符合社会公共利益，在规定的时间内也没有提出可行的减少不利影响的解决方案，因此商务部才决定禁止此项经营者集中。该决定是监管机关衡量美国可口可乐公司等相关当事人利益以及公共利益后，作出的最后的、必要手段，所采取的措施与其目的符合比例原则。

【思考题】

（1）处理涉外行政争议时如何正确理解适用比例原则？
（2）行政机关如何证明其在适用比例原则时已经充分考虑了相关各方利益？

第三章
涉外行政许可

本章知识要点

（1）作为一项有效的行政管理手段，行政许可在我国的作用举足轻重，行政许可的设定、实施、程序及监督均是行政许可的重点。（2）行政许可，是指行政机关根据公民、法人或者其他组织的申请，经依法审查，准予其从事特定活动的行为。（3）《行政许可法》第22条至第24条规定了行政许可的实施主体，分别包括具有行政许可权的行政机关、法律法规授权的组织以及受委托的行政机关。（4）行政许可依据申请人的申请启动。申请人从事特定的活动，需要向实施行政许可的机关提出申请。（5）行政许可监督检查包含两个方面：一是上级行政机关对下级行政机关实施行政许可活动的监督；二是行政许可决定机关对被许可人从事行政许可事项活动的监督检查。

行政许可是行政主体应行政相对方的申请，通过颁发许可证、执照等形式，依法赋予行政相对方从事某种活动的法律资格或实施某种行为的法律权利的行政行为。[1] 行政许可是政府干预市场运行、调控经济活动的重要手段之一，是通过颁发许可证或执照等形式，依法赋予特定的行政相对人从事某种活动或实施某种行为的权利或资格的行政行为。行政许可的制度化、规范化和法治化水平，在很大程度上决定着我国依法行政乃至法治政府建设的水平。[2] 在现代社会，行政许可作为公共行政的典型治理手段，已经完全渗透到行政领域的每一个角落。[3]

行政许可制度，作为一项十分有效的行政管理手段，在世界各国得到了广泛应用。关于国外的行政许可制度，主要有以德、日为代表的大陆法系国家的行政许可制度和以英、美为代表的英美法系国家的行政许可制度。德国的行政许可是命令性行政行为、组织性行政行为、宣告性行政行为，属于行政行为的一种方式，遵循《德国行政程序法》的基本程序，主要包括非正式程序、调查程序、听证程序、当事人审查记录程序、

---

[1] 罗豪才. 行政法学 [M]. 北京：北京大学出版社，2000：151.
[2] 湛中乐. 行政许可制度教程 [M]. 北京：中国法制出版社，2023：前言.
[3] 胡建淼，汪成红. 论行政机关对行政许可申请的审查深度 [J]. 浙江大学学报（人文社会科学版），2008（6）：84.

通知或告知程序等，具体制度主要包括计划和规划中的许可、道路和交通中的许可、职业教育中的许可、外国投资和外贸管理中的许可。日本的行政许可是指对法律规定的一般禁止的行为，在特定场合、对特定的人解除其禁止的行政行为，人们从事某种行为，必须经行政机关的许可，否则将会受到不同程度的处罚。日本行政许可主要分为对人的许可、对物的许可和对营业的许可，主要使用领域包括警察领域、进出口领域、公共企业领域、特定自然资源领域、医疗卫生领域等。美国的行政许可按照其申请或者撤销是否适用于正当程序而分为权利性许可和特权性许可（20世纪60年代以后，特权许可因遭受到诸多批评而导致范围越来越小），州议会决定哪些行业、职业和产品需要实行行政许可证管理；联邦政府对移民等涉外事项和其他涉及全国性的重大事项进行行政许可证管理，程序必须遵循《美国联邦行政程序法》关于行政许可的规定。随着经济的发展，上述国家实行许可的领域尤其是实行营业许可的领域有所减少，一些领域设立的行政制度陆续转为实行登记制度，许可管制对公民权利和自由的限制程度总体上有所减弱。[1]

中华人民共和国成立后的相当长一段时间里，我国照搬苏联计划经济模式，不仅在政治上集权，而且在经济上也高度集中；作为计划经济的一个重要特征，行政审批事项十分繁杂且领域广泛。十一届三中全会以后，随着经济体制改革的日渐深入，依附于计划经济的行政审批制度开始暴露其弊端。特别是在我国市场经济建设过程中，现有行政审批制度暴露出的问题越来越多，既极大地阻碍了市场经济的发展，又滋生了大量的腐败现象，进而影响了政府及其公务人员的形象，激化了干群矛盾，使行政审批的负面影响由经济领域渗透进政治领域，成为一个严重的社会问题。有鉴于此，国家在推进经济体制改革的同时，也着重进行了转变政府职能的行政体制改革，其中一个重要举措就是大力推进行政审批制度改革。事实上，全国人大常委会法工委从1996年就着手行政许可法的调研、起草工作，形成了《行政许可法（征求意见稿）》。[2] 从开始起草到审议通过，《行政许可法》历时七年最终在2003年8月27日第十届全国人民代表大会常务委员会第四次会议审议通过，2004年7月1日起实施，该法是继《行政诉讼法》《行政处罚法》等法律之后又一部规范行政行为的非常重要的法律，也是我国依法行政建设历程中具有里程碑式意义的一个重要进步。《行政许可法》的立法目的是巩固行政审批制度改革成果，履行我国对外承诺，推进行政管理体制改革，从源头上预防和治理腐败。通过限制政府规制范围、限制部门和地方许可设定权力，确立许可实施的公开公平公正原则与程序，规定方便申请人获得许可的方式与制度等，助力法治政府建设。[3]

为了发展对外贸易、促进社会主义市场经济健康发展，1994年我国通过《对外贸

---

[1] 应松年，杨解君. 行政许可法的理论与制度解读 [M]. 北京：北京大学出版社，2004：15-23.
[2] 应松年，杨解君. 行政许可法的理论与制度解读 [M]. 北京：北京大学出版社，2004：44.
[3] 徐继敏. 数字法治政府建设背景下《行政许可法》的修改 [J]. 河南社会科学，2022（11）：20.

易法》，缩小了进出口许可制度的适用范围，并通过《中华人民共和国加入世界贸易组织议定书》明确限定了许可程序和许可原则，以使行政许可具有公开化、透明化和简易化以及统一性、非歧视性。2019年3月15日由中华人民共和国第十三届全国人民代表大会第二次会议通过的《外商投资法》，自2020年1月1日起施行。为了配合该法的实施，2019年4月23日第十三届全国人民代表大会常务委员会第十次会议修正了《行政许可法》，增加了实施行政许可的非歧视原则，细化了行政机关的保密义务等，这是《行政许可法》自实施以来的第一次修正。

但是，总体来说，《行政许可法》并没有专门针对外国人、外国企业等涉外主体进行规定，关于涉外主体的行政许可制度散见在《外商投资法》《外国人入境出境管理法》《外商投资电信企业管理规定》《外国人在中国就业管理规定》等规定中。本章根据我国现行行政许可制度，结合涉外主体涉及的行政许可制度，进行综合分析介绍。

第一节 行政许可概述

我国现行《行政许可法》第2条规定："本法所称行政许可，是指行政机关根据公民、法人或者其他组织的申请，经依法审查，准予其从事特定活动的行为。"行政许可的核心是"一般禁止的解除"，是行政机关赋予行政相对人从事特定活动的授益性行政行为，因此行政许可的设定和实施与公民权利密切相关。[①]

关于涉外行政许可的趋势，世界贸易组织要求各国政府保证市场机制的充分发挥。过多的管制，束缚了公民和企业的自由和企业家精神；过多的管制，往往牺牲了社会利益，保护了垄断者的利益，保护了特殊集团的利益；过多的管制，不符合法治精神；过多的管制，束缚了经济的活力。在放松管制理论和政策思想的影响下，自20世纪70年代末开始，美国政府就开始了大规模的放松管制的改革。行政审批项目大幅度减少，行政审批程序进一步简化，在许多管制领域引入了市场机制。这一改革也有一些消极的效应，但总的来说，其效果非常显著。有人估计，美国完全取消了航空领域的管制，部分取消了汽车运输、天然气领域的管制，大量取消了铁路和电信的管制，加上有线电视、经纪业等领域的改革，放松管制改革的收益每年估计在358亿到462亿美元之间，而未实现的收益也有200多亿美元。20世纪90年代美国经济持续高速增长，这有许多原因，放松管制、改革行政审批制度，可以说是其中非常重要的因素。因此，我国应当遵循限制行政许可的原则，一切行政许可均由法律和地方性法规规定，在没有法律明确授权下，任何政府不得设定行政许可。行政许可仅是一种行政管理的手段，在应对世界贸易组织规则时，行政机关完全可用替代行政许可的手段如行政指导、行政合同、行政规划等来行使行政权，以达到维护公民健康、公共利益以及国家安全的

---

① 湛中乐. 行政许可制度教程［M］. 北京：中国法制出版社，2023：20.

目的。①

为了适应经济的不断发展，党中央、国务院近年来一直不断在进行行政审批改革，国务院各部门及各个省市等地方人民政府先后展开了行政审批制度的改革，分批取消了很多行政许可、行政审批事项，规范和优化了行政审批程序，取得了一定的成效。下面部分列举国务院近年来分批次取消的部分关于涉外主体的行政许可事项的规定，帮助了解我国涉外行政许可制度的改革。

案例一　国务院取消、下放涉外行政许可事项

【基本案情】

2018年8月3日，国务院颁布《国务院关于取消一批行政许可等事项的决定》（国发〔2018〕28号），决定取消11项行政许可等事项，现将与涉外投资有关的取消许可事项摘录如下（见表3-1）：②

表3-1　2018年国务院决定取消的行政许可等事项目录（涉外部分）

序号	项目名称	审批部门	设定依据	加强事中事后监管措施
4	外商投资道路运输业立项审批	省级交通运输行政主管部门	《国务院关于取消和下放一批行政审批项目的决定》（国发〔2013〕44号）	取消审批后，交通运输部要督促地方交通运输主管部门通过以下措施加强事中事后监管：1.外商投资道路运输业享受国民待遇，严格按照国内道路运输经营相关规定进行管理，依法办理"道路旅客运输经营许可""道路货运经营许可"等相关行政许可事项。2.完善道路运输安全相关规定，加强安全检查，对违法违规行为，依法进行处罚
8	国内企业在境外投资开办企业（金融企业除外）核准初审	省级商务主管部门	《境外投资管理办法》（商务部令2014年第3号）	取消地方初审后，由商务部直接受理审批。商务部通过以下措施加强事中事后监管：采取重点督查和"双随机、一公开"检查等方式加强监管
10	外商投资合伙企业设立、变更、注销分支机构备案	省级及以下工商行政管理部门	《外商投资合伙企业登记管理规定》（原工商总局令2014年第63号）	取消该事项后，工商和市场监管部门通过以下措施加强事中事后监管：建设维护好信息系统，完善规章制度，明确分支机构设立、变更、注销信息要及时推送、及时更新、及时掌握，加强部门协同监管

---

① 沈岿和. WTO规则与我国行政许可原则的确立［J］. 华东经济管理，2003，17（5）：148.
② 湖南省市场监督管理局. 国务院关于取消一批行政许可等事项的决定（国发〔2018〕28号）［EB/OL］.（2018-09-26）［2024-05-21］. http://amr.hunan.gov.cn/amr/zwx/xxgkmlx/sszdggx/wjfbx/201912/t20191224_10999209.html.

2020年9月21日,国务院颁布国发〔2020〕13号《国务院关于取消和下放一批行政许可事项的决定》,决定取消29项行政许可事项,下放4项行政许可事项的审批层级,其中关于涉外行政许可事项的目录摘录如下(见表3-2、表3-3):①

表3-2 2020年国务院决定取消的行政许可事项目录(涉外部分)

序号	事项名称	审批部门	设定依据	加强事中事后监管措
1	外商投资经营电信业务审定意见书核发	工业和信息化部	《外商投资电信企业管理规定》	取消许可后,工业和信息化部、省级通信管理局要通过以下措施加强监管: 1. 在办理"电信业务经营许可"时,对外商投资电信企业落实股比限制要求情况进行严格把关。 2. 加强对外商投资电信企业日常经营活动的监测,督促其按要求报送有关信息。 3. 通过"双随机、一公开"监管等方式加强监管,发现违法违规行为要依法查处并向社会公开结果。 4. 依法实施信用监管,如实记录违法失信行为,实施差异化监管等措施
14	出口食品生产企业备案核准	直属海关、隶属海关	《中华人民共和国食品安全法》	取消许可,改为备案。海关要通过以下措施加强监管: 1. 健全出口食品生产企业备案制度,实现网上备案,方便企业办事。 2. 加强海关与市场监管等部门之间的信息共享,充分利用海关通关数据和相关部门数据对备案信息进行校验核查。 3. 做好与出口目的地国指定主管部门的衔接配合,通过"双随机、一公开"监管、信用监管等方式加强监管
15	从事进出境动植物检疫处理业务的人员资格许可	直属海关、隶属海关	《中华人民共和国进出境动植物检疫法实施条例》	取消许可后,海关要通过以下措施加强监管: 1. 压实从事进出境动植物检疫处理业务单位的主体责任,由单位负责对从业人员进行培训和考核,确保从业人员掌握熏蒸、消毒技术规范和操作规程后方可上岗。 2. 严格执行有关法律法规和标准,对检疫处理过程加强监督和指导,并出具相关证书。 3. 依法实施信用监管,如实记录违法失信行为,实施差异化监管等措施,对发生严重违法行为的单位和人员实行行业禁入

---

① 中华人民共和国中央人民政府. 国务院关于取消和下放一批行政许可事项的决定(国发〔2020〕13号)[EB/OL]. (2020-09-21)[2024-05-21]. https://www.gov.cn/zhengce/content/2020/09/21/content_5545345.htm.

续表

序号	事项名称	审批部门	设定依据	加强事中事后监管措
21	草种进出口经营许可证审核（初审）	省级林草部门	《中华人民共和国种子法》	取消初审后，林草部门要通过以下措施加强监管： 1. 国家林草局严格实施"草种进出口经营许可证核发"，重新公布审批服务指南，推动实现网上办理，方便企业办事。 2. 开展"双随机、一公开"监管，督促草种进出口企业落实标签、档案、质量管理等制度，畅通投诉举报渠道，发现违法违规行为要依法查处并向社会公开结果。 3. 依法实施信用监管，如实记录违法失信行为，实施差异化监管等措施
22	外国人进入国家级环境保护自然保护区审批	省级林草部门	《中华人民共和国自然保护区条例》	取消许可后，林草部门要通过以下措施加强监管： 1. 加强对国家级自然保护区的日常监管，指导国家级自然保护区管理机构对进入保护区的外国人加强管理。发现违法违规行为要依法查处并向社会公开结果，发现涉嫌犯罪活动要及时移交有关机关处理。 2. 严格实施猎捕野生动物、采伐或采集野生植物、出口野生动植物及其产品等方面的许可管理，防止资源流失
23	外国人进入国家级海洋自然保护区审批	省级林草部门	《中华人民共和国自然保护区条例》	取消许可后，林草部门和有关单位要通过以下措施加强监管： 1. 加强对国家级自然保护区的日常监管，指导国家级自然保护区管理机构对进入保护区的外国人加强管理。发现外国人进入国家级海洋自然保护区从事违法违规活动的，由林草部门、中国海警局按职责分工依法查处并向社会公开结果，发现涉嫌犯罪活动要及时移交有关机关处理。 2. 严格实施猎捕野生动物、采伐或采集野生植物、出口野生动植物及其产品等方面的许可管理，防止资源流失
24	外国人进入国家级渔业自然保护区审批	省级林草部门	《中华人民共和国自然保护区条例》	取消许可后，林草部门要通过以下措施加强监管： 1. 加强对国家级自然保护区的日常监管，指导国家级自然保护区管理机构对进入保护区的外国人加强管理。发现违法违规行为要依法查处并向社会公开结果，发现涉嫌犯罪活动要及时移交有关机关处理。 2. 严格实施猎捕野生动物、采伐或采集野生植物、出口野生动植物及其产品等方面的许可管理，防止资源流失

表 3-3 2020 年国务院决定下放审批层级的行政许可事项目录（涉外部分）

序号	事项名称	审批部门	设定依据	下放后审批部门	加强事中事后监管措施
1	出口国家重点保护的农业野生植物或进出口中国参加的国际公约限制进出口的农业野生植物审批	农业农村部	《中华人民共和国野生植物保护条例》	省级农业农村部门	下放后，取消省级农业农村部门负责实施的初审。农业农村部门要通过以下措施加强监管： 1. 省级农业农村部门严格实施许可，加强对出口国家重点保护的农业野生植物和进出口我国参加的国际公约限制进出口的农业野生植物的监管。农业农村部要加强对省级农业农村部门有关工作的指导和监督。 2. 加强跨部门、跨层级的信息共享，省级农业农村部门要及时将许可信息推送至农业农村部、国家林草局（国家濒危物种进出口管理机构）、海关等部门。 3. 通过"双随机、一公开"监管、信用监管等方式加大执法监督力度，发现违法违规行为要依法查处并向社会公开结果

【主要法律问题】

（1）行政许可的原则有哪些？

（2）可以设定行政许可的事项有哪些？

（3）行政许可的设定权限是如何配置的？

【主要法律依据】

《行政许可法》第 4—17 条。

【理论分析】

1. 行政许可的原则

现行《行政许可法》第 4 条规定了行政许可法定原则；第 5 条规定了公开、公平、公正、非歧视原则；第 6 条规定了便民原则；第 7 条规定了陈述权、申辩权和救济权原则；第 8 条规定了信赖保护原则；第 9 条规定了行政许可不得转让原则；第 10 条规定了行政许可监督原则；第 11 条规定了行政许可的设定原则，即遵循经济和社会发展规律原则、行为激励原则、维护公共利益原则和协调发展原则。

2. 可以设定行政许可的事项

现行《行政许可法》第 12 条罗列了可以设定行政许可的具体事项，第 13 条明确了可以不设定行政许可的具体事项，这两条共同组成了行政许可的基本范围。第 12 条第 1 项"直接涉及国家安全、公共安全、经济宏观调控、生态环境保护以及直接关系人身健康、生命财产安全等特定活动，需要按照法定条件予以批准的事项"为普通许可，主要特征：一是对相对人行使法定权利或者从事法律没有禁止但附有条件的活动的准许，也就是通常所说的禁止的解除；二是一般没有数量限制；三是行政机关实施这些行政许可一般没有自由裁量权，符合条件即应当予以许可。第 12 条第 2 项"有限自然资源开发利用、公共资源配置以及直接关系公共利益的特定行业的市场准入等，需要赋予特定权利的事项"为特许，主要特征：一是相对人取得特许权一般要支付一定费用；二是一般有数量限制；三是行政机关实施这类许可一般都有自由裁量权；四是申请人获得这类许可要承担很大的公益义务，如提供普遍服务的义务，不得擅自停止从事活动等。第 12 条第 3 项"提供公众服务并且直接关系公共利益的职业、行业，需要确定具备特殊信誉、特殊条件或者特殊技能等资格、资质的事项"为认可，比如法律职业资格、注册会计师资格等，主要特征：一是一般都需要通过考试方式并根据考试结果决定是否认可；二是这类许可往往与人的身份、能力有关；三是没有数量限制，符合标准（包括考试成绩）的都要予以认可；四是行政机关实施这类许可一般没有自由裁量权。第 12 条第 4 项"直接关系公共安全、人身健康、生命财产安全的重要设备、设施、产品、物品，需要按照技术标准、技术规范，通过检验、检测、检疫等方式进行审定的事项"为核准，主要特征：一是依据的主要是技术标准、技术规范，具有很强的专业性、技术性、客观性；二是一般需要根据实地检测、检验、检疫作出规定；三是没有数量限制，凡是符合技术标准、技术规范的，都要予以核准；四是行政机关实施这类许可没有自由裁量权。第 12 条第 5 项"企业或者其他组织的设立等，需要确定主体资格的事项"，为登记，主要特征：一是未经合法登记取得特定主体资格或者身份，从事涉及公众关系的经济、社会活动是非法的；二是没有数量限制，凡是符合条件、标准的许可申请都要准予登记；三是对申请材料一般只作形式审查，通常可以当场作出是否准予登记的决定；四是行政机关实施登记没有自由裁量权。第 12 条第 6 项"法律、行政法规规定可以设定行政许可的其他事项"的规定主要有三个目的，一是现行法律、行政法规对其他行政许可事项的规定仍然保留、有效；二是以后的法律、行政法规还可以根据实际情况在行政许可法明确规定的上述五类行政许可事项外设定其他行政许可事项；三是地方性法规、地方性规章、国务院决定都不得设定上述五类许可事项以外的行政许可，已经设定的，要予以清理。[1]

3. 行政许可的设定权限

现行《行政许可法》第 14 条规定了"法律、行政法规、国务院决定的行政许可设定权"、第 15 条规定了"地方性法规、省级政府规章的行政许可设定权"、第 16 条规定了"行政许可规定权"、第 17 条规定了"其他规范性文件不得设定行政许可"。不同

---

[1] 中华人民共和国行政许可法注解与配套［M］.北京：中国法制出版社，2023.7：13-14.

于《行政处罚法》明确列举法律、行政法规、地方性法规和规章可以设定行政处罚的权力，《行政许可法》未明确划分不同层级法律规范设定行政许可的权限，而是赋予下位法补充设定行政许可权。尚未制定法律的，行政法规可以设定行政许可；尚未制定法律、行政法规的，地方性法规可以设定行政许可；尚未制定法律、行政法规和地方性法规的，省级人民政府规章可以设定有效期为一年的临时性行政许可。《行政许可法》实际限制行政法规、地方性法规和规章设定行政许可，体现了行政许可主要由国家权力机关设定的精神，有利于建立全国统一适用的行政许可制度。[①]

【思考题】

国务院取消和下放行政许可事项的原因是什么？

第二节　行政许可的实施主体

《行政许可法》第22条至第24条规定了行政许可的实施主体，分别包括具有行政许可权的行政机关、法律法规授权的组织以及受委托的行政机关。根据"法无授权不得为之"的基本原则，行政机关实施行政许可必须有法律法规的明确授权。根据《行政许可法》第23条之规定，法律、法规授权的具有管理公共事务职能的组织，在法定授权范围内，以自己的名义实施行政许可。根据《行政许可法》第24条之规定，行政机关在其法定职权范围内，依照法律、法规、规章的规定，可以委托其他行政机关实施行政许可。委托机关应当将受委托行政机关和受委托实施行政许可的内容予以公告。

为了更好适应市场经济的发展，简化行政许可的办理，提高行政机关的效率，现行《行政许可法》第25条和第26条分别规定了相对集中行政许可权、一个窗口对外、统一办理或者联合办理、集中办理行政许可，其中，第25条规定："经国务院批准，省、自治区、直辖市人民政府根据精简、统一、效能的原则，可以决定一个行政机关行使有关行政机关的行政许可权。"第26条规定："行政许可需要行政机关内设的多个机构办理的，该行政机关应当确定一个机构统一受理行政许可申请，统一送达行政许可决定。行政许可依法由地方人民政府两个以上部门分别实施的，本级人民政府可以确定一个部门受理行政许可申请并转告有关部门分别提出意见后统一办理，或者组织有关部门联合办理、集中办理。"上述规定在《行政许可法》2004年施行之初也进行了规定，目的就是适应我国加入世界贸易组织以后，政府由管理职能向服务职能转变，按照市场化、国际化和高效化的方向进行改变。在各地行政审批制度改革实践中，较有代表性的是深圳市，其于1995年成立了外商投资联合审批服务中心，首次把与外商投资项目审批有关的18个政府部门集中起来成立专业性联合审批服务中心，是国内专

---

① 徐继敏. 数字法治政府建设背景下《行政许可法》的修改［J］. 河南社会科学，2022，30（11）：23.

业性行政服务中心的雏形。1999年，浙江省金华市46个具有行政审批权的部门的审批办证窗口全部集中到政府办事大厅，建成了全国首家综合行政审批办证中心，实行"一站式"办公和"一个窗口受理、一次性告知、一条龙服务、一次性收费、限时办结"的运行模式。2003年颁布的《行政许可法》第26条的规定可视为对行政审批服务中心模式的立法确认，也为后续各地的普遍推广确立了法定基础。① 这是最初的行政审批服务中心模式的改革。另外，近年部分省市推行行政审批局体制、全域一张网办理及审批一体化改革的实践证明了纵向、横向集中行政许可体制的可行性。如四川省建设省、市、县"一张网"交通运输网上行政审批服务平台，全省交通运输行政审批实现网上申报、协同审批、在线打证和审批监督，解决了交通运输行业跨省、跨市县异地审批、多次往返多个审批部门的问题，实现"一网通办""最多跑一次"。又如，嘉兴市2013年在全国率先开展行政审批层级一体化改革，将市、县（市、区）两级政府及其职能部门置于同一个体系内推动改革，省、设区的市依法授权或者委托县级政府直接实施行政审批，向县级政府全面放权，减少行政审批层级，采用横向一站式服务体系、一个窗口全程办理、一系列集成化审批、一张网办理、一条零距离服务链、一套标准化审批服务规范的行政审批集成化运行模式以及事中事后立体监督机制。② 这是行政审批局模式的改革。2019年7月，上海市浦东新区率先推出"一业一证"改革，把一个行业准入涉及多张许可证整合为一张"行业综合许可证"，2020年11月，《国务院关于上海市浦东新区开展"一业一证"改革试点大幅降低行业准入成本总体方案的批复》明确，依据《行政许可法》第25条规定，聚焦市场准入多头审批、市场主体关注度高的行业，在浦东新区开展"一业一证"改革试点。通过对传统许可程序的整合再造，推动审批管理服务从"政府部门供给为中心"向"市场主体需求为中心"转变，走出一条照后减证和简化审批新路径。从实践情况来看，已取得较为明显的成效。③

案例二　万某就业许可案④

【基本案情】

外国人万某具有外国专家证，并持有2010年7月1日至2015年7月1日的外国专家来华工作许可证。2010年9月，万某、某机械公司签订聘用协议，由该公司聘用万

---

① 湛中乐. 行政许可制度教程[M]. 北京：中国法制出版社，2023：95.
② 徐继敏. 数字法治政府建设背景下《行政许可法》的修改[J]. 河南社会科学，2022，30（11）：25.
③ 俞四海. 相对集中行政许可权模式革新与立法进路——以浦东新区"一业一证"改革为例[J]. 东方法学，2022（5）：179.
④ 北大法宝. 扬州中院发布劳动争议十大典型案例[EB/OL]. (2016-05-05)[2024-05-27]. https://pkulaw.com/pal/a3ecfd5d734f711de272e125f16c8ddbc99f414735840ec4bdfb.html.

某担任总工程师。万某、某机械公司一致确认于2014年7月8日解除劳动关系,但均认为是对方首先提出。万某于2014年9月向劳动人事争议仲裁委员会申请仲裁,要求某机械公司支付拖欠的2013年9月13日自2014年6月30日的薪酬及利息并支付违法解除赔偿金。仲裁委同日作出决定,认为万某提供的证明双方存在劳动关系的证据不足,不予受理。后万某向法院起诉,要求某机械公司给付加班费和违法解除赔偿金。

法院审理认为,万某持有外国专家证和外国专家来华工作许可证,与某机械公司建立有用工关系,双方之间可以认定为劳动关系。万某、某机械公司签订的聘用协议是双方真实意思表示,不违反法律、法规的强制性规定,依法应当确认合法有效。故对万某要求某机械公司支付劳动报酬及逾期利息的诉讼请求,依法应予支持。

【主要法律问题】

外国人在内地就业是否必须取得就业许可证?

【主要法律依据】

《外国人在中国就业管理规定》第5条、第23条。

【理论分析】

我国关于外国人在内地就业的相关法律规定。外国人就业管理工作主要包括行政许可、登记备案和日常监管,涉及国家的多项法律法规,是一项重要的涉外管理工作,不同于劳动保障部门的其他管理职能,不仅关系维护国内劳动力市场秩序,保障我国公民的就业权益,而且关系国家主权、安全和稳定,关系我国政府的国际形象和地位。许多环节和程序涉及公安、外事、工商、卫生检疫以及国家安全等多个部门的紧密联系与协调配合,具有很强的政策性、特殊性、严肃性和保密性。因此,必须严格遵守专门的制度和要求。此项管理工作依据的是《外国人在中国就业管理规定》。依据上述法律规定,我国对外国人在内地就业实行就业许可制度和登记备案制度。外国人就业,必须持有《中华人民共和国外国人就业证》《中华人民共和国外国人居留证》和职业签证。

外国人在内地就业必须取得就业证,未取得就业证,不能成为劳动法意义上的适格主体,其与用人单位之间的关系应认定为劳务关系而非劳动关系,不享有劳动者的相关权益,不受相关劳动法律的保护。《外国人在中国就业管理规定》第5条规定:"用人单位聘用外国人须为该外国人申请就业许可,经获准并取得《中华人民共和国外国人就业许可证书》后方可聘用。"第23条第1款规定:"外国人在中国就业的用人单位必须与其就业证所注明的单位相一致。"外国人在内地就业实行就业许可制度,只有经许可并取得就业证的才受法律保护,且就业许可证上的就业单位与实际用人单位一致,才属于在中国境内合法就业。未取得就业证的,其作为劳动法意义上的劳动者,主体不适格,不能确认其与用人单位之间存在劳动关系,不享有劳动法意义上的劳动者的相关权益。

【思考题】

在保护我国市场经济秩序合法有序发展、保护国家安全及我国劳动者权利竞争的情形下，外国人在内地就业将来能否像台、港、澳人员就业一样，不再实行就业许可制度？

第三节 行政许可的实施程序

行政程序是行政法治实现的重要前提。行政程序的发达程度是衡量一国行政法治程度的重要标识。行政程序在现代行政法中具有极其重要的法律地位。[①] 行政许可一般是依据申请人的申请启动，申请人从事特定的活动，需要向实施行政许可的机关提出申请。《行政许可法》第 29 条至第 50 条规定了行政许可的实施程序，主要包括行政许可的申请与受理、行政机关的审查与决定、审查的期限、听证程序以及行政许可变更与延续程序、特别规定。归纳起来有如下特点：第一，所有许可程序都是必经程序。第二，采用线下模式申请和办理许可。第三，申请人承担许可条件事实的证明责任。第四，行政许可程序封闭运行，行政机关之间基本不共享数据资源、业务不协同。[②] 其中，关于行政许可的审查，《行政许可法》第 34 条规定了"审查行政许可材料"、第 35 条规定了"多层级行政机关实施行政许可的审查程序"、第 36 条规定了"直接关系他人重大利益的行政许可审查程序"。但是，在如今数字法治政府的背景和要求下，数字法治政府对行政许可程序的帮助就体现在：其一，利用全国一体在线政务服务平台身份认证系统对申请人身份证自动认证及识别，可以有效避免冒用他人身份行为的发生。其二，利用数据平台提供的数据资源帮助行政机关审查判断申请人提供材料的真实性、合法性与关联性，确保许可机关认定事实更接近客观事实。其三，智慧系统将不同层级、不同类型行政机关连为一体，实现多机关联合、协作审查判断证据材料，如公安机关协助审查公共安全领域证据材料，市场监督管理机关协助审查工商登记材料等，有利于识别虚假证据材料。[③] 大多数国家目前都对电子政务进行了分散立法，使电子政务有法可依。例如，法国内阁于 2001 年 6 月 23 日颁布的《法国社会信息法草案》，就对公民获得数字化信息的权利、政府如何保障公民在线交流自由等内容作出了规定。美国是最早对电子政务进行统一立法的国家，其于 2002 年 12 月 7 日通过的《美国电子政府法》，对电子政务的主管部门、信息安全保障、经费保障等内容作出了规

---

① 姜明安. 行政法与行政诉讼法 [M]. 北京：北京大学出版社，1999：260.
② 徐继敏. 数字法治政府建设背景下《行政许可法》的修改 [J]. 河南社会科学，2022，30（11）：25.
③ 徐继敏. 数字法治政府建设背景下《行政许可法》的修改 [J]. 河南社会科学，2022，30（11）：26.

定。我国的电子政务尚处于探索与逐步推进阶段。[①]

案例三 宏智公司与武汉市商务局行政许可案[②]

【基本案情】

原告宏智公司系 1986 年 4 月 17 日在台湾地区注册成立的股份有限公司。1992 年 12 月 4 日，原告宏智公司与案外人武汉友谊公司在湖北省武汉市经批准共同投资设立台商投资经营企业特康公司。2000 年 7 月，原告宏智公司通过受让方式取得第三人特康公司 100% 股权，成为第三人特康公司的唯一股东。2009 年 2 月 14 日，原告宏智公司的法定代表人丁某与第三人陈某（台湾自然人）签订《股权转让协议》一份，约定转让方（甲方）为原告宏智公司，法人代表为丁某，受让方（乙方）为陈某，根据原告宏智公司全体股东会议，甲方愿意将特康公司 100% 股权美金 47 万元出资转让给乙方，乙方愿意接受上述股权出资并已支付。因对上述《股权转让协议》的履行产生纠纷，第三人陈某向武汉市中院提起民事诉讼，要求丁某、原告宏智公司及特康公司在一定期限内履行《股权转让协议》中约定的报批义务。武汉市中院于 2012 年 8 月 3 日作出〔2011〕武民商外初字第 1 号民事判决书，判决驳回陈某的诉讼请求，确认丁某与陈某于 2009 年 2 月 14 日签订的《股权转让协议》无效。因对上述判决不服，陈某上诉至武汉高院，武汉高院于 2013 年 12 月 19 日作出〔2012〕鄂民四终字第 139 号民事判决书，判决撤销武汉市中院的民事判决主文，确认丁某与陈某于 2009 年 2 月 14 日签订的《股权转让协议》成立未生效，原告宏智公司、特康公司于判决生效之日起十五日内共同办理特康公司股权转让的报批手续，逾期未办理的，陈某有权自行报批，并于 2014 年 1 月 8 日将上述判决书向各方当事人进行了送达。当日，第三人陈某持武汉高院判决书及相关股权转让协议向被告武汉市商务局（以下简称市商务局）咨询办理股权转让变更事宜，被告市商务局告知第三人陈某按照生效判决书的判项，该局在 2014 年 1 月 23 日前不予受理其单方报批，并告知其应代为告知原告宏智公司、第三人特康公司在法院生效判决期限内及时履行办理股权转让报批手续，还建议第三人陈某在法院判决的时限内多与原告宏智公司及第三人特康公司沟通协商，尽量和谐解决股权转让事宜。2014 年 1 月 13 日，第三人陈某与湖北省武汉市楚信公证处工作人员一起到武汉市武昌区水果湖邮政局，在上述公证人员的现场监督下采用邮政特快专递的方式分别向原告宏智公司及第三人特康公司寄送了《催告函》及外商投资企业股权变更所需提交的材料。同年 1 月 24 日，第三人陈某向被告市商务局提交股权变更报批的申请书及相关材料，同时提交了其单方申请报批的《情况说明》。同年 1 月 26 日，被告

[①] 应松年，杨解君. 行政许可法的理论与制度解读 [M]. 北京：北京大学出版社，2004：225.

[②] （2014）鄂江岸行初字第 00114 号行政判决书。

市商务局向第三人特康公司作出《变更批复》，同意该公司投资方原告宏智公司将其持有的 100% 的股权转让给陈某，股权转让后，陈某持有公司 100% 股权。并同意该公司执行董事、法定代表人及监事备案，同意该公司 2014 年 1 月 24 日新签章程。原告宏智公司认为其作为被告市商务局作出的《变更批复》的利害关系人，该局未向该公司履行相应的告知义务，亦未依法举行听证程序，在《变更批复》作出后亦未向原告宏智公司进行送达，且该批复内容违法，故诉至法院要求撤销被告市商务局作出的《变更批复》。最终法院认定，被告市商务局在受理及审核涉案股权转让行为时，认定事实清楚，程序合法，适用法律法规正确，驳回了原告宏智公司的诉讼请求。

【主要法律问题】

（1）原告宏智公司是不是被告市商务局作出《变更批复》的利害关系人，被告市商务局是否应当告知其陈述、申辩及听证的权利？

（2）被告市商务局作出《变更批复》时审查的相关文件是否齐全？

（3）被告市商务局作出《变更批复》时对《股权转让协议》的效力是否依法进行了审查？

【主要法律依据】

（1）《外资企业法》第 10 条（该法被 2020 年 1 月 1 日起施行的《外商投资法》废止）。

（2）《外资企业法实施细则》第 7 条、第 22 条（该法被 2020 年 1 月 1 日起施行的《外商投资法实施条例》废止）。

（3）《国务院关于第五批取消和下放管理层级行政审批项目的决定》。

（4）《外商投资企业投资者股权变更的若干规定》第 9 条（该规定被商务部令 2019 年第 3 号《商务部关于废止部分规章的决定》决定自 2020 年 1 月 1 日起废止）。

（5）《行政许可法》第 36 条、第 47 条。

【理论分析】

针对原告宏智公司是不是被告市商务局作出《变更批复》的利害关系人及是否应当告知其陈述、申辩及听证权利的问题，法院认为，在原告宏智公司与第三人陈某之间的股权纠纷案件经二审法院（武汉高院）终审判决后，因原告宏智公司及第三人特康公司在判决书指定的时间内未履行股权转让的报批义务，第三人陈某依据生效判决书的规定，单方向被告市商务局申请办理股权变更的报批手续符合程序规定。被告市商务局在受理第三人陈某的单方申请前，依据生效的判决内容，要求第三人陈某在公证机关的公证下，向原告宏智公司及第三人特康公司就办理股权变更报批事宜进行催告，已履行了合理的告知义务。原告宏智公司主张因被告市商务局作出的《变更批复》关系该公司的重大利益，被告市商务局应认定该公司为利害关系人，且在作出《变更审批》前，应依照《行政许可法》第 36 条及第 47 条的规定，向原告宏智公司告知陈述、申辩及听证的权利。但《行政许可法》上述规定的目的是针对不知晓行政许可事项内容的利害关系人，保障其相应的合法权益不受侵害。本案中，原告宏智公司与第三人陈某之间的股权纠纷已经过武汉市中院及武汉高院两级法院审理终结，人民法院在生效的判决书中也确定了该公司在一定期限内与第三人特康公司共同办理股权转让报批手续的法定义务，原告宏智公司对于股权转让变更事宜以及其在生效判决书规定的期限内逾期未办理报批事项时第三人陈某有权自行报批是清楚知晓的。原告宏智公司在《变更批复》办理过程中原本的地位应当是申请人，在其放弃了申请人地位时，不应将其认定为利害关系人。故被告市商务局在作出《变更批复》时未向该公司告知陈述、申辩及听证并无不妥。

针对被告市商务局作出《变更批复》时审查的相关文件是否齐全的问题，法院认为，《外商投资企业投资者股权变更的若干规定》第9条规定了办理股权变更时需要提交的有关材料。本案中，因原告宏智公司与第三人特康公司逾期未执行生效法律文书确定的共同办理股权转让报批手续的法定义务，故第三人陈某依据生效法律文书赋予其法定权利自行向被告市商务局进行报批，且进行申报时提交了《情况说明》，就其不能提供完整的申报资料的原因作出了说明。被告市商务局依据生效法律文书中认定的事实及赋予第三人陈某的法定权利，依法审查后作出《变更批复》并无不妥。

针对被告市商务局作出《变更批复》时是否对《股权转让协议》效力依法进行审查的问题，原告宏智公司主张生效法律文书仅认定《股权转让协议》成立但未生效，故被告市商务局在进行审批时对该《股权转让协议》的效力应当依据申请人提交的资料依法作出判断，被告市商务局直接依据武汉高院的生效法律文书作出《变更批复》违反了法定程序。法院认为，根据《外商投资企业投资者股权变更的若干规定》第3条规定，企业投资者股权变更应遵守有关法律、法规，并按照本规定经审批机关批准和登记机关变更登记。未经审批机关批准的股权变更无效。《最高人民法院关于审理外商投资企业纠纷案件若干问题的规定（一）》第1条规定，当事人在外商投资企业设立、变更等过程中订立的合同，依法律、行政法规的规定应当经外商投资企业审批机关批准后才生效的，自批准之日起生效；未经批准的，人民法院应当认定该合同未生效。因本案涉及的是外资企业的股权转让，股权转让协议未经审批机关审批前，人民法院在查明事实的基础上只能认定协议成立但未生效，审批机关的批准行为是协议生效的要件。被告市商务局在对股权转让行为进行审批时，应当对股权转让行为的真实性以及股权转让后股权结构是否符合《外商投资产业指导目录》进行审核。本案中，股权转让双方签订的《股权转让协议》的真实性已由生效法律文书认定，故仅需对股权转让后股权结构是否符合产业政策进行审核，并非对《股权转让协议》的效力进行审核，其审核的结果将导致《股权转让协议》生效。

【思考题】

外资企业股权转让时签订的《股权转让协议》的生效条件是什么？是否必须经过

商务部门的审批?

第四节 行政许可的监督检查

《行政许可法》通过确立行政许可的监督制度,来规范政府依法行政,建设法治政府。从理论上来讲,行政许可监督检查的概念有广义和狭义之分。广义的行政许可监督检查是指有权机关对行政许可决定机关的许可行为和被许可人从事行政许可事项活动的监督检查。狭义的行政许可监督检查仅指行政许可机关对被许可人实施行政许可的行为进行监管。《行政许可法》第六章规定的行政许可监督检查则是广义上的监督检查。其包括两方面内容:一是上级行政机关对下级行政机关实施行政许可活动的监督;二是行政许可决定机关对被许可人从事行政许可事项活动的监督检查。前者是行政机关内部的层级监督,后者主要是对被许可人是否依法在行政许可的条件和范围内从事许可事项进行的监督。[①] 行政许可中行政机关内部层级监督主要体现在《行政许可法》第60条规定的"上级行政机关应当加强对下级行政机关实施行政许可的监督检查,及时纠正行政许可实施中的违法行为",而对被许可人是否依法在行政许可的条件和范围内从事许可事项进行的监督主要体现在《行政许可法》第61条规定的"书面检查原则"、第62条规定的"抽样检查、检验、检测和实地检查、定期检验权适用的情形及程序"、第63条规定的"行政机关实施监督检查时应当遵守的纪律"、第64条规定的"行政许可监督检查的属地管辖与协作"、第65条规定的"个人、组织对违法从事行政许可活动的监督"、第66规定的"行政机关监督被许可人依法履行开发利用有限自然资源、公共资源义务"、第67条规定的"行政机关监督取得直接关系公共利益的特定行业市场准入行政许可的被许可人履行义务"、第68条规定的"行政机关督促重要设备、设施的设计、建造、安装和使用单位建立自检制度并对监督检查中发现的安全隐患及时采取措施"、第69条规定的"撤销行政许可的情形"、第70条规定的"注销行政许可的情形"。但是,上述规定中上级行政机关监督下级行政机关实施许可,未明确是同级人民政府还是上级主管行政机关;亦未明确对被许可人实施监督检查的行政机关是实施行政许可的机关还是其他负有法定职责的行政机关,笔者认为应当是实施行政许可的行政机关。因为,许可机关承担监督检查职责,提现了"谁审批、谁监管"的精神,方便许可机关综合使用撤销、撤回、吊销、注销等手段实现监管目标。但我国不少地方推行行政审批局改革,将各类行政许可权统一集中至行政审批局行使,带来管理、监管与许可职责分离,国家致力于推进的跨省市许可及"一网通办"也带来监管与许可职责在地域、行政层级两个维度的分离,且数字法治政府建设加快了集中许可、"一网通办"的进程。数字法治政府建设改变了行政许可监督检查的体制环境,

---

① 湛中乐. 行政许可制度教程 [M]. 北京: 中国法制出版社, 2023: 182.

改变许可监督检查体制成为必然。[1]

另外,2001年我国加入世界贸易组织(WTO),按照世界贸易组织协定的要求和我国的对外承诺,行政许可应当以透明和规范的方式实施,行政许可的条件和程序对贸易的限制不能超过必要的限度。[2]中国加入世界贸易组织工作组报告书特别对我国开放服务市场的行政许可制度提出了明确要求,我国政府对此作出以下主要承诺:第一,许可程序、条件以及有关政府主管机关对许可申请进行审查与作出决定的期限应当在实施前公布;第二,申请人不经单独邀请即可提出行政许可申请;第三,行政许可中的有关收费应当与处理行政许可申请所需的行政费用相当,除非该费用是通过拍卖或者招投标等竞争性方式确定的;第四,政府主管机关收到行政许可申请后,应当告知当事人其申请材料是否完备,如申请材料不完备,应当明确告知当事人需要补正的内容,并给予其补正的机会;第五,政府主管机关应当对所有行政许可申请及时作出审查决定;第六,如行政许可申请未获批准,政府主管机关应当立即书面告知申请人未予批准的原因,申请人有权自行决定是否重新提出申请;第七,准予行政许可后,政府主管机关应当立即书面通知当事人;第八,如果专业人员需要通过考试才能获得某种许可,那么该考试的举行应当有合理的时间间隔。[3]另外,世界贸易组织有两个非常重要的原则,一是法律、法规要统一实施;二是实行非歧视原则,世界贸易组织规则不允许利用行政审批进行地方保护、行业垄断和市场分割,以保证全球化背景下的统一市场的形成与完善。我国已承诺以修改现行法律和制定新的法律方式全面履行世界贸易组织协定的义务,其中有许多义务带有强制性,我国政府必将采用统一、公正和合理的方式适用和实施法律。[4]事实上,我国近年来的确履行了上述承诺,从党中央、国务院到地方政府,已经分批进行行政审批改革(包括涉外行政许可),取消多项审批事项,转变政府职能,推动我国市场经济的发展,并取得了很好的效果。

案例四 利马格兰欧洲与黑龙江阳光种业公司等植物新品种追偿权纠纷案[5]

【基本案情】

玉米品种"利合228"由利马格兰欧洲培育,2015年1月,利马格兰欧洲向我国

---

[1] 徐继敏. 数字法治政府建设背景下《行政许可法》的修改[J]. 河南社会科学, 2022, 30 (11): 27.
[2] 张朝霞.《行政许可法》的立法背景、价值取向与实施阻力[J]. 西北民族大学学报(哲学社会科学版), 2004 (3).
[3] 张春生, 李飞. 中华人民共和国行政许可法释义[M]. 北京: 法律出版社, 2003: 364-365.
[4] 张朝霞.《行政许可法》的立法背景、价值取向与实施阻力[J]. 西北民族大学学报(哲学社会科学版), 2004 (3).
[5] (2018) 甘民终第695号民事判决书。

农业部提出对该品种的植物新品种保护申请,农业部于 2015 年 5 月予以公告,并于 2018 年 1 月 2 日对该品种授予植物新品种权,品种权证书载明品种权人为利马格兰欧洲。黑龙江阳光种业公司、黑龙江省农业科学院玉米研究所向黑龙江省农作物品种审定委员会申请玉米品种审定,并于 2015 年 5 月通过审定,审定证书记载,品种名称:哈育 189,原代号:黑 450,申请者及育种者:黑龙江省农业科学院玉米研究所、黑龙江阳光种业公司。另,黑龙江阳光种业公司、黑龙江省农业科学院玉米研究所曾对"哈育 189"向农业部提出植物新品种保护申请,后经农业部植物新品种保护办公室审查,因"哈育 189"与在先申请的利马格兰欧洲玉米品种"利合 228"相比不具备特异性,被驳回品种权申请。"哈育 189"通过品种审定后,黑龙江阳光种业公司即对该品种进行生产、销售。利马格兰欧洲认为其对黑龙江阳光种业公司生产、销售行为享有追偿权,故提起了追偿之诉。张掖市中级人民法院(2017)甘 07 民初 94 号民事判决书判决:支持利马格兰欧洲诉请的追偿费 3637500 元,驳回其他诉请。甘肃省高级人民法院于 2018 年 11 月 28 日判决:除支持一审判决的追偿费外,还支持利马格兰欧洲诉请申请更改"哈育 189"名称和育种者名称的诉请。

【主要法律问题】

(1)什么是植物新品种权、品种审定?二者的权利性质、法律效力及关系是什么?
(2)外国公司是否与我国公司一样有权获得植物新品种权?

【主要法律依据】

(1)《植物新品种保护条例》第 6 条、第 29 条、第 31 条、第 33 条。
(2)《种子法》第 27 条第 1 款、第 3 款。
(3)《农业植物品种命名规定》第 16 条。

【理论分析】

植物新品种权属于知识产权的范畴,是一种类似于物权的绝对权利,其中,授权品种的独占排他使用权包括了授权品种种子的生产、销售行为。品种审定实质是一种行政许可行为,只有通过品种审定,才能合法在审定的种植范围内进行推广、生产、销售。取得新品种权的主要农作物品种,必须通过品种审定,才可以在审定区域进行种子的生产、销售等行为。一般情况下,农作物品种的审定申请人应该与授权品种权人一致,即使不一致,也应是经过了授权品种权人相应的授权或同意。之所以出现本案这种情况,除审定申报不真实、审定不严格,还源于我国《种子法》并未规定申请审定的品种必须经过新品种授权。由于我国实行植物新品种保护制度,本案涉及的追偿权包括在新品种权中,因此,利马格兰欧洲依据其取得的"利合 228"玉米新品种权来行使追偿权理应得到法律的保护。但需要说明的是,如果涉案品种权已进入宣告无效程序或者权属发生争议,可能会影响案件处理结果,因此,案件审理需要对该情况予以审查。

本案中，利马格兰欧洲虽是外国公司，但其依照我国法律申请并取得了植物新品种权，也授权国内关联公司通过品种审定进行"利合228"玉米品种的推广、生产和销售，故其合法权利应当保护，此时该公司与我国公司一样，只要依法取得植物新品种权，都是受我国法律保护的。

本案中，除了我国《种子法》并未规定申请审定的品种必须经过新品种授权，存在制度上的缺陷，在品种审定这个行政许可程序中，还存在审定申报不真实、审定不严格。品种审定许可行政机关缺少对被许可人是否依法在行政许可的条件和范围内从事许可事项进行的事后监督，是否属于《行政许可法》第69条规定的"撤销行政许可的情形"、第70条规定的"注销行政许可的情形"的监督，故应当进行自我纠错、承担监督检查职责，体现了"谁审批、谁监管"的精神，方便许可机关综合使用撤销、撤回、吊销、注销等手段实现监管目标。也可以参考我国不少地方推行的行政审批局改革，将各类行政许可权及涉及相关比如本案品种审定关联到的新品种授权的查询，统一集中至行政审批局行使，加快集中许可、"一网通办"的进程，以此改变行政许可监督检查的体制环境。

【思考题】

鉴于保证新品种权人与品种审定申请人及品种的一致性，能否在立法中将植物新品种申请权、品种审定申请权明确为一种法定权利；或者将已取得新品种权或者至少已经申请植物新品种权作为审定的前提条件？

第四章
涉外行政强制

> **本章知识要点**
>
> （1）行政强制为复合性概念，指行政主体为实现特定行政管理目的或某种行政管理常态，运用行政权力对有关行政相对人的人身自由、财产、行为采取强行限制措施的行政行为及相关法律原则的总称，包括行政强制措施和行政强制执行。（2）行政强制措施，是指行政机关在行政管理过程中，为制止违法行为、防止证据损毁、避免危害发生、控制危险扩大等情形，依法对公民的人身自由实施暂时性限制，或者对公民、法人或者其他组织的财物实施暂时性控制的行为。（3）行政强制执行，是指行政机关或者行政机关申请人民法院，对不履行行政决定的公民、法人或者其他组织，依法强制履行义务的行为。

第一节 行政强制概述

关于行政强制的概念，学界有不同理解和认识，曾依据包括行政强制执行、行政上的即时强制和行政调查中的强制的"三行为说"和包括行政强制执行和行政强制措施的"二行为说"形成过不同的行政强制概念。[①] 前者借鉴日本行政法通说，强调行政强制以行政目的的实现为要求，关注行政强制行为的紧急性、临时性；后者借鉴德国行政法通说，注重行政强制在具体行政行为内容实现上的作用。在我国 2012 年实施《行政强制法》中，对行政强制的概念采用了"二行为说"，其第 2 条第 1 款明确规定，"本法所称行政强制，包括行政强制措施和行政强制执行"，并以第 2 款和第 3 款为概念条款，分别对行政强制措施和行政强制执行概念作出界定。综上，可以对行政强制作出一般意义上的理解，行政强制为复合性概念，指行政主体为实现特定行政管理目的或某种行政管理常态，运用行政权力对有关行政相对人的人身自由、财产、行为采取强行限制措施的行政行为及相关法律原则的总称。[②]

---

① 袁曙宏. 行政强制法教程 [M]. 北京：中国法制出版社，2011：10.
② 莫于川. 案例行政法教程 [M]. 北京：中国人民大学出版社，2009：170.

行政强制作为典型的高权行为，以行政强制权这一国家公权力为保障，是对公民、法人和其他组织的权益影响最为直接的行政执法方式。但也以其强制性、高效性，成为国家实现有效行政管理，维护公共利益和社会秩序的重要途径之一。

涉外行政强制指行政强制行为所作用的行政法律关系具备涉外因素，即出现了以下三种情形：其一，行政强制的行政相对人或第三人为外国人、无国籍人、外国法人以及外国组织；其二，行政强制的措施作用对象或者执行对象位于中国管辖领域之外；其三，产生、变更或者消灭行政强制法律关系的法律事实发生于中国管辖领域外。此时，行政强制并不因涉外因素的存在而发生不适用或者不直接适用的效果，毕竟行政强制的目的在于维护本国的公共利益和本国内的社会秩序。具体到法律适用问题，遍稽我国现行行政法律规范，尚未有针对涉外行政强制的专门立法，对于外国人、无国籍人、外国法人以及外国组织的行政强制规范散见于部分具有涉外因素的法律中，如《出境入境管理法》，其中有专门适用于外国人的行政强制措施规定；如《领海及毗连区法》《专属经济区和大陆架法》，在领海、毗连区、专属经济区和大陆架，相关行政主体可以针对涉外情形行使行政强制权，维护国家安全和海洋权益。此外，一些行政法规和部门规章中，也有特定情形下对于外国人、无国籍人、外国法人以及外国组织使用行政强制的笼统性规定，如《境内外国人宗教活动管理规定》中规定："外国人违反本规定进行宗教活动的，县级以上人民政府宗教事务部门和其他有关部门应当予以劝阻、制止。"《管辖海域外国人、外国船舶渔业活动管理暂行规定》中规定："中华人民共和国渔政渔港监督管理机构及其检查人员在必要时，可以对外国船舶采取登临、检查、驱逐、扣留等必要措施，并可行使紧追权。"另有若干司法解释涉及涉外行政强制的规定，如《最高人民法院、最高人民检察院、公安部、外交部、司法部、财政部关于强制外国人出境的执行办法的规定》中，规定了对外国人、无国籍人适用"遣送出境""限期出境""驱逐出境"等行政强制措施或行政强制执行的适用范围、执行机关、具体程序以及执行期限等。

总体而言，以上法律、行政法规、部门规章以及司法解释等有适用的特定领域、特定情形，适用范围较窄，多数情况下，当行政强制涉及涉外因素时，大多还是直接适用国内相关行政强制法律规范。在以往涉外行政强制适用情况不多、情形不复杂时，直接适用国内相关行政法律规范的具体操作尚可应对，但在涉外法治持续推进的当下，需要确立并实施明确的实体法律标准、形成并坚持妥当法律程序的体系和进程。[①] 因此，要在涉外法治发展进程中，推动行政强制的涉外适用和涉外拓展，对行政强制中的涉外关系形成规范导向，以体现本土法治的国际影响。[②] 此外，还要关注国外行政强制对于我国公民、法人或者其他组织的适用情况，研究和总结其行政强制权限、适用情形、种类方式以及具体程序等，分析和探究具体适用实践所体现的理论逻辑，在切

[①] 张文显. 习近平法治思想的理论体系 [J]. 法制与社会发展, 2021 (1): 5-54.
[②] 何志鹏. 涉外法治：开放发展的规范导向 [J]. 政法论坛, 2021 (5): 177-191.

实保护我国公民、法人或者其他组织合法权益的同时，实现国家法治的本土适应与有效衔接。

案例一　何某某与青岛市即墨区政府、鳌山卫街道和南选村委会行政强制执行和解案[①]

【基本案情】

何某某系美籍华人，其在青岛市即墨区有一处三层房屋，该房屋地处青岛城际轨道交通项目范围之内。因该房屋于2017年6月19日被强拆，何某某将即墨区政府、鳌山卫街道和南选村委会诉至青岛市中级人民法院。

由于本案具有涉外因素且标的额较大，关系到城市重点项目建设，简单裁判不利于矛盾实质性化解，故青岛市中级人民法院将案件导入和解中心进行和解。和解中心在准确把握案件事实的基础上，向各方释明了解决类似行政争议的裁判标准，各方均同意寻求更优途径解决行政争议。最终当事人之间就强拆房屋的有关事项达成和解协议，何某某申请撤回起诉。

【主要法律问题】

（1）涉外行政强制执行应遵循哪些原则？
（2）法院是否可以将涉外行政强制案件以和解结案？

【主要法律依据】

（1）《行政强制法》第4条、第5条、第6条、第42条。
（2）《最高人民法院关于适用〈中华人民共和国行政诉讼法〉的解释》第5条第1款第2项。
（3）《行政诉讼法》第15条第1款第3项、第62条。

【理论分析】

1. 行政强制的特征

首先，行政强制是行政行为的一种，具备行政行为的主体要素、职权要素以及法律效果要素，即由享有相应职权的行政主体作为行为发出或发起者，对行政相对人作出的产生法律意义和法律效果的行为。其次，行政强制是依职权行政行为的一种，与依申请行政行为相对，表现为行政主体作出行政行为的直接性、主动性以及效率性，

[①] 澎湃新闻. 山东高院发布行政案件司法审查报告暨行政争议审前和解中心十大典型案［EB/OL］.（2020-07-01）［2024-05-27］. https://www.thepaper.cn/newsDetail_forward_8067621.

也因此具有更严格的法定性要求,行政主体必须在法定的职权范围内,依照法定的程序进行。再次,行政强制是侵益性行政行为的一种,是对公民的人身自由以及公民、法人或者其他社会组织的财物施加限制或控制的行为,若强制行为或强制执行行为不当,将会给公民、法人或者其他社会组织带来巨大的权益损失,因此,也更加注重救济途径的完备性。最后,行政强制具有不同于其他行政行为的强制性要求,此即行政强制的最根本特征,相较于行政命令、行政处罚、行政征收/征用等行为,行政强制的强制性意味更为直接和明显,以特定情形下行政相对人的违法性行为(作为或者不作为)为行政强制行为触发前提,相关主体可直接对行政相对人的人身、财产以及行为采取法定的行政强制措施或者行政强制执行,以保障行政决定的顺畅执行、行政目的的顺利实现。

2. 行政强制的基本原则

行政强制的基本原则是行政强制法律规范的基础性、根本性准则,发挥着指导具体法律规则制定的统领作用和指导执法主体实施法律规则的基准作用,贯穿行政强制施行的全过程。《行政强制法》第4条、第5条、第6条、第7条和第8条依次规定了行政强制法定原则、行政强制适当原则、教育与强制相结合原则、谋利禁止原则以及合法权益保护和权利救济原则。有学者认为,除上述由《行政强制法》明确规定的基本原则外,还有虽未明确规定,但在整个法律文本中有所体现的原则,如平衡原则和正当法律程序原则。[①] 还有学者认为,行政强制还应当遵循其他法律或法理确定的相关原则,如及时准确手段正当原则、强制标的有限原则、强制与预防相结合原则、协助强制原则以及行政强制的和解等。[②]《行政强制法》中以条文形式确定的行政强制基本原则包括:

第一,行政强制法定原则。《行政强制法》第4条规定,行政强制的设定和实施,应当依照法定的权限、范围、条件和程序,此即依法行政原则在行政强制领域的延伸和具体表现。如上文所述,行政强制作为典型的依职权行政行为、侵益性行政行为,会对公民、法人或者其他社会组织的权益产生具体影响,因此,行政强制权如何设定,包括权限、范围、条件以及种类等;行政强制行为如何实施,包括程序、步骤等,都需由法律规定,行政法规、地方性法规以及规章都不得与之相抵触,即应遵守法律优位要求。此外,为保障公民的基本权利不受来自行政立法的侵害,《立法法》确定了法律保留事项,行政强制中的部分措施也属于其中的明示范围,即"对公民政治权利的剥夺、限制人身自由的强制措施和处罚",只能制定法律。[③]

第二,行政强制适当原则。《行政强制法》第5条规定,"行政强制的设定和实施,

---

① 姜明安.《行政强制法》的基本原则和行政强制设定权研究 [J]. 法学杂志,2011(11):6-11+144.
② 姜明安. 行政法与行政诉讼法 [M]. 6版. 北京:北京大学出版社,2015:290-291.
③ 刘连泰. 评我国《立法法》第八条、第九条关于"法律保留"制度 [J]. 河南省政法管理干部学院学报,2003(3):102-107.

应当适当。采用非强制手段可以达到行政管理目的的，不得设定和实施行政强制"，此即比例原则在行政强制领域的转化表现。比例原则是对限制公民权利的国家权力予以限制，所保护的是一种相对权利，审查的是国家权力行使的合理性问题，致力于在目的实现的前提下，选择合适的行为方式和手段，达到法意均衡的状态。[1] 该原则要求行政机关设定行政强制权必须为了公共利益所必须，对公民设定行政强制义务应当适当，不能超出必要的限度。[2]

第三，教育与强制相结合原则。《行政强制法》第 6 条规定，"实施行政强制，应当坚持教育与强制相结合"，蕴含了以人为本的立法、执法价值取向。其中，"教育与强制相结合"即蕴含"先教育、后强制"的行为指引，要求行政主体在实施行政强制之前，应先借由教育的方式，促使行政相对人形成内心认同和接受心理，自觉履行其所负担的行政义务，如此，就可以不使用行政强制措施或不进行行政强制执行，但如果教育的效果不佳或收效甚微，就要及时通过强制手段督促行政相对人履行相应的行政义务。需要注意的是，教育可以贯彻行政强制的事前、事中、事后的整个过程。[3]

第四，谋利禁止原则。《行政强制法》第 7 条规定，"行政机关及其工作人员不得利用行政强制权为单位或者个人谋取利益"，体现了防止权力滥用的规范意义和制约行政强制权的法定要求。具体来说，谋利禁止原则指向行政机关及其工作人员的具体行为，具象化为行政强制中行政主体的行为禁止，即不得以谋取单位或个人利益为目的，滥用行政强制权，以免因错误或偏颇行为对公民、法人或者其他组织产生相当大程度上的利益伤害与权益剥夺。

第五，合法权益保护和权利救济原则。《行政强制法》第 8 条规定："公民、法人或者其他组织对行政机关实施行政强制，享有陈述权、申辩权；有权依法申请行政复议或者提起行政诉讼；因行政机关违法实施行政强制受到损害的，有权依法要求赔偿。公民、法人或者其他组织因人民法院在强制执行中有违法行为或者扩大强制执行范围受到损害的，有权依法要求赔偿。"其中，陈述权和申辩权的设置在于凸显正当法律程序原则的价值要求，"任何人或团体在行使权力可能使别人受到不利影响时必须听取对方的意见，每个人都有为自己辩护和防卫的权利"[4]。申请行政复议、提起行政诉讼以及要求赔偿均为对行政强制的救济途径，允许行政相对人认为其合法权益因行政强制行为受到损害时，寻求必要的法律救济。因行政强制行为具有直接侵益性，对于行政强制行为的救济也强调全面性，既包括事前救济和事后救济，也包括内部救济和外部救济；在赔偿义务机关方面，既包括实施行政强制措施和行政强制执行行为的行政机关，还包括实施行政强制执行行为的司法机关。

---

[1] 梅扬. 比例原则的适用范围与限度 [J]. 法学研究, 2020 (2): 57-70.
[2] 袁曙宏. 行政强制法教程 [M]. 北京: 中国法制出版社, 2011: 15.
[3] 应松年. 行政法与行政诉讼法 [M]. 3 版. 北京: 中国政法大学出版社, 2017: 173.
[4] 威廉·韦德. 行政法 [M]. 徐炳译, 译. 北京: 中国大百科全书出版社, 1997: 95.

3. 行政强制执行和解

传统行政管理方式以政府为中心、以行政权力为本位，行政机关主要运用强制手段对社会事务进行全方位的管制，以单方性、命令性、强制性和封闭性为基本特征。[1] 如果法律规范规定或行政决定设定了行政义务，行政义务承担人只有唯一选择，即完全履行其行政义务，不存在对于行政义务予以免除或进行变更的情形。而相应地，行政机关必须依法行使职权，不得放弃或自由处置。[2] 归根结底，在于传统行政法理论并未认可行政主体的职权处分权，该理念在行政强制领域表现为，在立法中对于行政强制执行和解规定曾持保留态度。随着现代行政法治、行政善治的发展，行政管理方式以及行政权运行方式都发生了巨大变化，行政机关注重在行政过程中遵循正当法律程序，积极采用弹性、柔和的行政手段实现行政管理目标。对于行政强制执行而言，与行政处罚的惩戒性要求不同，其设置目的在于督促行政义务承担人履行其义务，以实现行政义务所承载的相应行政管理要求，是一种手段或者方式。《行政强制法》规定了行政强制适当原则和教育与强制相结合原则，以上原则的确定体现了行政强制理念的变迁，在确保执行目的和执行效果实现的基础之上，尽量选择非强制性手段，采取柔性方式，打破行政主体和行政义务承担人之间相互对立的格局，使行政义务承担人能够尽可能地自行履行行政义务。行政强制执行和解即为以上精神和原则的具体体现，其作为"一种相对柔软性的法律行为"[3]，在不损害公共利益和他人合法权益的情况下，行政主体和行政义务承担人就行政强制执行目的的实现达成协议，消解了传统固有观念中"管理者"与"被管理者"之间的管理张力，使权力和权利之间围绕同一价值目标形成良性互动。

本案既为涉外行政案件，要考虑涉外行政相对人对于行政强制法律规范的理解和认识，也涉及国家重点项目建设，简单裁判易形成诉累，影响经济社会发展。通过行政强制执行和解方式予以化解，并未克减行政主体所设定的行政义务，也未扣除行政义务承担人对本应履行的行政义务，是通过行政强制执行和解方式的应用，谋求更好的问题解决路径，既减轻了涉外当事人的诉讼成本，维护了涉外当事人合法权益，也保障了国家重点项目建设的顺利进行。

【思考题】

在涉外行政强制法律规范缺少时，应该如何实施行政强制行为？

---

[1] 石佑启. 论法治视野下行政管理方式的创新 [J]. 广东社会科学，2009 (6)：171-179.
[2] 张正钊. 行政法与行政诉讼法 [M]. 北京：中国人民大学出版社，1999：145.
[3] 关保英. 行政强制执行和解协议研究 [J]. 中州学刊，2013 (8)：48-54.

第二节　行政强制措施

行政强制措施是中国行政法总论上的一个独特概念，也为《行政强制法》所固化，与行政强制执行并列成为《行政强制法》上的两大基本概念。[①] 根据《行政强制法》第2条第2款的规定，行政强制措施，是指行政机关在行政管理过程中，为制止违法行为、防止证据损毁、避免危害发生、控制危险扩大等情形，依法对公民的人身自由实施暂时性限制，或者对公民、法人或者其他组织的财物实施暂时性控制的行为。

根据以上法律定义，结合行政法相关理论，行政强制措施可归纳出以下几个法律特征：其一，具有限权性，行政强制措施是典型的负担性行政行为，但该"负担"结果表现为对于行政相对人或者利害关系人权益的非处分性限制，而不是如同行政处罚一般的处分性剥夺；其二，具有暂时性，行政强制措施是中间性行为，是为实现行政管理目标或维护行政管理秩序而采取的某一或某些行政手段，"并未达到也不可能达到管理上的封闭结果，它是为另一种处理结果的实现服务的"[②]，体现为暂时性而非永恒性的权益处置；其三，具有可复原性，行政强制措施的限权性、暂时性特征体现于具体行政实践中，行政强制措施的实施表现为权益由"原状态"到"被限制状态"再恢复到"原状态"的运行过程，表明行政强制措施的可复原性；其四，具有从属性，即行政强制措施常服务于另一种具有终局效果的行政行为，为实现这一行政行为的辅助性行为，在于预防这一行政行为的目的落空、保障这一行政行为的顺利实现。此外，有学者认为，行政强制措施还有具体性、预防性、非制裁性、法律性以及可诉性等特征。[③]

基于行政管理目标实现以及社会秩序维护的需要，行政强制措施作为管理型、权力型事实行为，应用领域广泛，其种类也呈现繁杂样态。在长期的行政执法实践中，大量立法都涉及行政强制措施，有的名称不同但实质相同，有的名称相同但实质不同，造成了分类不清、适用混淆等问题。对行政强制措施进行分类，是规范和配置行政强制措施设定权的前提，也是规范行政强制措施实施程序的要求。[④] 因此，《行政强制法》在借鉴理论研究普遍观点、总结行政执法实践经验的基础上，采用合并同类项的方法，将行政强制措施的种类予以法定化，于第9条规定行政强制措施的种类，包括限制公民人身自由；查封场所、设施或者财物；扣押财物；冻结存款、汇款；其他行政强制措施。至此，行政强制措施的种类被统一为四种常规性、典型性行政强制措施和具有

[①] 王贵松. 行政强制措施的谱系 [J]. 清华法学, 2022 (6): 64-78.
[②] 胡建淼. 关于《行政强制法》意义上的"行政强制措施"之认定——对20种特殊行为是否属于"行政强制措施"的评判和甄别 [J]. 政治与法律, 2012 (12): 2-13.
[③] 杨君佐, 湛中乐. 行政强制措施制度研究 [J]. 甘肃政法成人教育学院学报, 2000 (2): 1-11.
[④] 袁曙宏. 行政强制法教程 [M]. 北京：中国法制出版社, 2011：19.

行政强制措施特征的其他形式。其中，限制公民人身自由为指向公民人身自由权的临时性约束，其目的在于制止实时性违法行为、防止证据损毁或财产灭失以及避免危害发生等。查封场所、设施或者财物主要针对行政相对人或利害关系人所有或所占有的场所、设施以及物品等，带有预防性、保障性目的，常采用就地封存的形式。扣押财物是行政执法实践中较为普遍和常见的行政强制措施，此处的扣押指暂时性的扣留，且扣留的对象一般指可移动的财物，不可移动的财物只能采取前述的查封形式。冻结存款、汇款在于防止行政相对人或者利害关系人隐匿、转移违法资金，损毁、灭失相关证据，对于行政相对人或者利害关系人的账户采取暂时不允许支取款项的措施，需要注意的是，在涉外行政强制中，强制措施所作用的账户限于在中国国内银行开立的账户。除了以上四类法定的、有名的行政强制措施，还存在由其他法律法规所规定，并在行政执法实践中存在其他的行政强制措施，如登记保存、关闭场所、强行带离以及只针对外国人、无国籍人的遣送出境等。

任一法律程序都是由一定程序步骤、法定方式以及时限要求组合而成，并形成了独特的过程价值，即存在不依赖于结果如何即可评价该程序过程"好"与"不好"的价值标准。[1] 其中，程序法治作为法律程序内在价值之一，要求程序自身过程必须合法，既要有明确的程序规则，又要遵循确定的程序规则，以防止程序过程中的恣意，避免侵害行政相对人或者利害关系人的合法权益。行政强制措施实施权作为行政强制权的表现形式之一，对于行政相对人和利害关系人而言，是侵益性行政行为，要求行政主体在实施行政强制措施时，依照法定的程序规范，合法、有效地实现行政强制措施的目的。《行政强制法》第18条、第19条规定了实施行政强制措施的一般程序和紧急程序。一般情况下，"行政机关实施行政强制措施应当遵守下列规定：（一）实施前须向行政机关负责人报告并经批准；（二）由两名以上行政执法人员实施；（三）出示执法身份证件；（四）通知当事人到场；（五）当场告知当事人采取行政强制措施的理由、依据以及当事人依法享有的权利、救济途径；（六）听取当事人的陈述和申辩；（七）制作现场笔录；（八）现场笔录由当事人和行政执法人员签名或者盖章，当事人拒绝的，在笔录中予以注明；（九）当事人不到场的，邀请见证人到场，由见证人和行政执法人员在现场笔录上签名或者盖章；（十）法律、法规规定的其他程序"。紧急情况下，"需要当场实施行政强制措施的，行政执法人员应当在二十四小时内向行政机关负责人报告，并补办批准手续。行政机关负责人认为不应当采取行政强制措施的，应当立即解除"。在涉外行政强制的程序作业中，除其他法律另有规定外，也应遵循行政强制措施实施的法定程序规定，切实保障涉外当事人的程序性权利，在实现程序价值和实体公正的同时，更好维护国家主权、安全、发展利益。

---

[1] 王锡锌. 论法律程序的内在价值 [J]. 政治与法律，2000（3）：18-22.

案例二 北京市怀柔区城市管理综合行政执法监察局与黄某限期拆除决定案[①]

【基本案情】

2016年11月18日，北京市怀柔区城市管理综合行政执法监察局（以下简称怀柔区城管局）对黄某作出京怀城管拆字〔2016〕008号《限期拆除决定书》（以下简称《限期拆除决定书》），责令黄某于15日内拆除未取得建设工程规划许可证等规划文件的违法建设，并接受复查。逾期不拆除上述违法建设，将报经北京市怀柔区人民政府责成有关部门，依法实施强制拆除。黄某不服，于2017年5月11日诉至北京市怀柔区人民法院（以下简称怀柔区法院），请求撤销《限期拆除决定书》。

怀柔区法院经审理查明，黄某出生于中国，现为美国国籍。黄某系坐落于怀柔区渡水山庄×号楼房屋（以下简称渡水山庄×房屋）的所有权人。因有群众举报渡水山庄×房屋涉嫌违法建设，怀柔区城管局于2016年7月5日到渡水山庄所属物业公司进行了解，并从工作人员处得知黄某及案外人黄某1系涉案房屋的业主，物业工作人员称黄某的联系电话为186××××××××，黄某1的联系电话为135××××××××。2016年8月25日，怀柔区城管局通过拨打上述联系电话联系黄某、案外人黄某1未果的情况下，向上述手机号码发送短信，告知机主，如果是黄某女士、黄某1先生，请在8月29日—8月31日之间与怀柔区城管局联系，如不联系，怀柔区城管局将于2016年8月31日后找见证人对其涉嫌违法建设进行现场检查和勘验，并由其自行承担不到现场参加检查和勘验的法律后果。因黄某和黄某1均未与怀柔区城管局取得联系，2016年9月2日，怀柔区城管局在渡水山庄物业工作人员和北京市怀柔区渤海镇人民政府查违办工作人员的见证下，对渡水山庄×房屋涉嫌违法建设进行了现场检查和勘验。2016年9月7日，怀柔区城管局在明确黄某为房屋产权人后，对黄某涉嫌违法建设一案正式进行立案调查。2016年9月8日，怀柔区城管局向北京市规划委员会怀柔分局发送《案件协查函》，要求确定渡水山庄×房屋加建部分的准确位置及面积，并出具加建部分是否应取得规划许可及是否取得规划许可的证明。2016年9月14日，北京市规划和国土资源管理委员会出具《关于黄某规划审批情况的函》，该函称，渡水山庄×房屋未依法取得建设工程规划许可证，含临时。2016年9月21日，怀柔区城管局在渡水山庄×房屋张贴《谈话通知书》《责令停止建设通知书》《案件协查函》及《关于黄某规划审批情况的函》复印件，并在当日向手机号186××××××××发送短信，告知机主如果是黄某女士，通知其在渡水山庄×房屋加建的建筑已被认定为违法建设，怀柔区城管局已经在案涉房屋张贴了相关通知。2016年9月26日，怀柔区城管局在北京市朝阳区新锦路×号卓锦万代别墅区××号（以下简称卓锦万代×房屋）张贴了《谈话通知书》《案件协查

[①] （2018）京03行终40号行政判决书。

函》及《关于黄某规划审批情况的函》复印件。2016年11月9日,怀柔区城管局向手机号186××××××××两次发送短信,告知机主,如果是黄某女士,怀柔区城管局将于近期对其违法建设制发《限期拆除决定书》,其依法享有陈述和申辩的权利。2016年11月15日,怀柔区城管局再次向手机号186××××××××两次发送短信,并直接称呼机主为黄某女士,告知该机主怀柔区城管局将于2016年11月16日后对其违法建设制发限期拆除决定书,请机主及时与怀柔区城管局联系。2016年11月18日,怀柔区城管局作出本案诉争《限期拆除决定书》,并于当日将《限期拆除决定书》张贴在渡水山庄×房屋和卓锦万代×房屋,同时在北京市城市管理综合行政执法局网站进行了网络公告。另查明,黄某否认与案外人黄某1在中国境内有任何关系,且黄某否认渡水山庄物业工作人员提供给怀柔区城管局的联系电话为黄某的电话号码。黄某表示从未收到过怀柔区城管局的电话或者短信。庭审中,怀柔区城管局认可未就物业工作人员提供的电话号码到相关电话运营商处核实机主姓名。关于黄某的另一住址,即卓锦万代×房屋,怀柔区城管局系根据举报人的举报和北京市公安局出入境管理总队提供的《外国人明细信息》中的记载确定。该《外国人明细信息》显示黄某的签证有限期至2016年3月13日。黄某认可曾在此居住,但居住时间在本案行政处罚之前,之后黄某不在此居住。

怀柔区法院经审理认为,黄某在未取得建设工程规划许可审批手续的情况下,在其所有的渡水山庄×房屋加建相关建筑的行为违反了相关法律规定。怀柔区城管局在查处黄某涉嫌违法建设的过程中,应遵循法定程序。本案中,怀柔区城管局虽经立案、调查等程序,对黄某作出《限期拆除决定书》,但怀柔区城管局自始至终未见到黄某本人,亦未能提供充分证据证明其在调查过程中曾通知黄某到场,在作出处罚前告知黄某给予行政处罚的事实、理由和依据,并听取黄某的陈述和申辩,怀柔区城管局未完全履行法定程序,故怀柔区城管局对黄某作出的《限期拆除决定书》程序违法。综上,依照《行政诉讼法》第70条第3项之规定,判决撤销怀柔区城管局于2016年11月18日作出《限期拆除决定书》。

怀柔区城管局不服一审判决,向北京市第三中级人民法院上诉。二审法院认为一审法院撤销怀柔区城管局作出的《限期拆除决定书》并无不当,判决驳回上诉,维持一审判决。

【主要法律问题】

(1) 在涉外行政强制中,行政相对人的合法权益应当如何有效保护?
(2) 在涉外行政强制中,行政强制主体是否必须严格履行程序要求?

【主要法律依据】

(1) 《城乡规划法》第40条第1款。
(2) 《北京市城乡规划条例》第23条第1款、第65条、第66条第1款。
(3) 《北京市禁止违法建设若干规定》第4条第2款、第9条、第12条、第19

条、第 23 条。

(4)《行政处罚法》第 32 条。

(5)《行政强制法》第 4 条、第 8 条、第 18 条。

【理论分析】

行政强制作为典型的不利行政行为，当适用于行政相对人或者其他利害关系人时，必须遵循正当法律程序原则，即"当政府采取行为剥夺公民的生命、自由或财产时，其活动必须满足程序的正当过程之要求"[①]。正当法律程序起源于英国普通法上的自然正义原则，在世界范围内已得到普遍认可，表现为成文法表达或习惯性认同，在行政行为这一"交往实践"中体现为一种"理性交往"要求，弥补了行政程序的工具性缺陷。在正当法律程序原则中，听取行政相对人和利害关系人陈述和申辩，给予其充分表达亲历性认识和意见的机会，是达到"最低限度程序公正"要求的重要体现[②]。在行政实践中，听取陈述和申辩程序的设置不仅能够有效保障行政相对人和利害关系人的合法权利，还能有效促进行政效能的实现。《行政强制法》第 4 条规定确定了行政强制行为的法定程序遵守要求，第 8 条第 1 款规定了公民、法人或者其他组织在行政强制中有陈述权和申辩权，以上规定均出现在《行政强制法》总则部分，也应适用于涉外行政强制行为。

在本案中，怀柔区城管局认为，黄某是美籍华人，其在执法过程中，通过物业公司取得了黄某的手机号码，且通过拨打发现，该号码处于可接通状态，且接听人并未否认自己是黄某，在怀柔区城管局表明调查要求之后，接听人拒绝配合调查，并在此后拒绝接听电话，但该事实不影响该手机号码是黄某使用的事实。此外，怀柔区城管局通过北京市公安局出入境管理总队调取了黄某相关身份信息，其中显示黄某的国内居住地是卓锦万代×房屋，该地址是黄某在国内的居所。自其开始调查涉案违法建筑之日起，在进行现场勘查、规划协查、给予黄某陈述和申辩权利的整个执法过程中，每一个步骤都采取先给黄某打电话，其未接听后分别以手机短信、在涉案违法建筑所在地和黄某国内居所张贴公告的方式通知、告知黄某。而黄某一直采取消极回避的态度对待怀柔区城管局的通知，黄某在收到拟作出限期拆除决定书的手机短信通知后，立即委托代理人给怀柔区城管局执法人员打电话，由此可知，怀柔区城管局采取的送达方式黄某是能够收到的。我国法律允许对涉外当事人采取传真、电子邮件等能够确认收悉的送达方式，其在执法过程中依法履行了送达程序，告知了黄某其有陈述和申辩的权利。

对于不利行政行为而言，充分保障行政相对人和利害关系人的陈述和申辩权在于

[①] 王锡锌. 正当法律程序与"最低限度的公正"：基于行政程序角度之考察 [J]. 法学评论，2002（2）：23-29.

[②] 王名扬. 美国行政法 [M]. 北京：北京大学出版社，2007：404-405.

给予其针对不利决定进行答辩或防御的机会。[①] 以发生过程为序，听取行政相对人或利害关系人陈述和申辩的程序由事先告知、提出陈述和申辩、对陈述和申辩意见的审查和决定三个子环节组成，其中的每个子环节都有权利主体人和义务（责任）主体人。在事先告知环节，应由行政主体将拟决定的内容预先告诉行政相对人或利害关系人，使其达到知晓的状态，因此，要求行政主体以合适、恰当的方式履行告知程序，以保障行政相对人或利害关系人能够及时、充分地接收到相关信息，获得行使陈述和申辩权的机会和前提。一般而言，告知的方式多样，书面、口头以及其他特殊形式均可，但都应当以被告知人确定知悉为送达要求。特别是在涉外案件中，不同于中国公民、法人以及其他组织，涉外被告知人常存在特殊送达情形，对送达主体提出了更高的送达要求。本案中，怀柔区城管局虽采取了多种举措联系黄某，但无法形成已经或可以将行政强制的相关具体内容明确告知黄某的行为过程，黄某自然也无法行使法定的陈述和申辩权，剥夺了黄某对于行政强制这一不利行政行为的辩驳和防御权益。由此，法院并未充分认可怀柔区城管局的理由和提交的相关证据，认为怀柔区城管局有权对黄某未取得建设工程规划许可审批手续情况下的违法加建行为进行查处，但现有证据不足以证明怀柔区城管局在对黄某作出《限期拆除决定书》过程中，将调查等程序环节通知黄某，在作出行政行为时亦未听取黄某的陈述和申辩，因此，作出因上述程序违法而撤销怀柔区城管局所作《限期拆除决定书》的判决。

【思考题】

（1）涉外行政强制措施的一般特征是什么？
（2）如何实现涉外行政强制措施实施中的程序正当性？

第三节　行政强制执行

相较于行政强制措施，行政强制执行的概念出现较晚且演变不大，1983年的第一本行政法教科书《行政法概要》首次提出了"强制执行"这一概念，即"在行政法律关系中，当事人不履行其行政法上的义务时，国家行政机关可以采用法定的强制手段，强制当事人履行其义务"。[②] 以上定义，与《行政强制法》第2条第3款的规定，即"行政强制执行，是指行政机关或者行政机关申请人民法院，对不履行行政决定的公民、法人或者其他组织，依法强制履行义务的行为"，除强制执行主体的确定外，并无实质性区别。也因此，形成了不同于德国、奥地利"行政机关自力强制执行"模式和美国"申请司法机关强制执行"的中国行政强制执行的特征：

[①] 宋华琳，郑琛. 行政法上听取陈述和申辩程序的制度建构［J］. 地方立法研究，2021（3）：52-68.
[②] 王珉灿. 行政法概要［M］. 北京：法律出版社，1983：125.

其一，行政强制执行主体"双轨制"。目前，中国的行政强制执行主体呈现以"人民法院为主，行政机关为辅"的行政强制执行权配置状态。① 由国家法律授予行政强制执行权的行政机关并不是很多，主要分布在公安、国家安全、海关、税务、卫生、工商、质检等部门。② 大多数情况下，由行政机关向人民法院申请执行已生效的具体行政行为。但需要说明的是，人民法院此时行使的执行权应仍是行政执行权，其行政强制执行行为实质上是行政机关强制执行权的延伸和继续。③

其二，行政强制执行义务"前置"。适用行政强制执行有必要的前提条件，即存在法律规范或先行政决定确定的已经生效的行政义务，且应承担该义务的行政相对人不履行行政义务，为实现行政管理目的或恢复社会秩序，由相关主体采取强制手段迫使其履行行政义务。需要注意的是，义务的不履行需要以行政相对人主观上故意不履行为判断要求。

其三，行政强制执行是"结果行为"。不同于行政强制措施的暂时性、可恢复性，体现对于被强制对象（人或物）的临时性控制，行政强制执行的目的在于对已发生法律效力的行政义务的履行或达到与履行行政义务相同的状态，具有结果实现性执行要求，在行政强制执行后，执行程序就此封闭，形成了永久性效果，也不再存在恢复或解除情形，因而，行政强制执行是一种"结果行为"。

此外，行政强制执行还具有程序性、相对独立性、对行政行为普遍适用性等特征。④

根据强制手段的作用状态，行政强制执行可分为间接强制和直接强制两大类目，且在行政强制执行实践中，形成了以间接强制执行为主、直接强制执行为辅的顺序选择惯例。间接强制，即行政强制执行主体采取间接方式迫使行政义务承担人履行行政义务，主要有代执行和执行罚两种形式。其中，代执行，亦称代履行，指当行政义务承担人不履行行政义务时，由行政强制执行主体或行政强制执行主体委托的第三人代为执行或履行行政义务，并向行政义务承担人收取一定费用的执行手段。执行罚，亦称滞纳金，是指行政强制执行主体在行政义务承担人不履行义务且该义务又无法由他人代为履行时，对行政义务承担人课以新的、持续适用的金钱给付义务，直至行政义务承担人履行其义务。直接强制，即行政强制执行主体对行政义务承担人的人身、财产施以直接强制行为，迫使其履行行政义务或者实现与履行行政义务相同效果的执行手段。直接强制是最直接作用于行政义务承担人的方式，效果显现虽较为明显，但如若适用不当，极易对行政义务承担人的合法权益造成侵害。也因此，直接强制有严格的适用条件，一般认为，只有在无法适用间接强制手段或者虽采用了间接强制手段但仍难以实现执行目的时，才可适用直接强制手段。具体来说，《行政强制法》第 12 条

---

① 田太荣. 完善中国行政强制执行模式的若干思考 [J]. 云南社会科学，2021 (5)：49-55.
② 于安. 德国行政法 [M]. 北京：清华大学出版社，2019：412.
③ 姜明安. 行政法与行政诉讼法 [M]. 6 版. 北京：北京大学出版社，2015：283.
④ 应松年. 行政法与行政诉讼法 [M]. 3 版. 北京：中国政法大学出版社，2017：175.

规定了行政强制执行的方式，即加处罚款或者滞纳金；划拨存款、汇款；拍卖或者依法处理查封、扣押的场所、设施或者财物；排除妨碍、恢复原状；代履行；其他强制执行方式。其中，加处罚款或者滞纳金、代履行为间接强制执行手段，适用较为广泛和频繁。

行政强制执行权是"行政机关享有的最重要也是最危险的权力"①，需要设定行政强制执行程序，对行政强制执行权施以程序规制。因此，《行政强制法》专设两章，即第四章、第五章，分别规定由行政机关和司法机关作为行政强制执行主体时应当履行的法定程序。行政强制执行的程序涉及一般程序规定、金钱给付义务程序规定以及代履行程序规定。其中，第34条至第44条为普遍适用的一般程序规定，包括行政强制执行程序的法定启动条件、行政强制执行主体的事先催告义务和书面载明事项、陈述权和申辩权实现要求、行政强制执行决定的形式和内容、行政强制执行相关文书的送达、中止执行的情形、终结执行的情形、执行补救措施、执行协议的要求、执行禁止性规定以及强制拆除的特殊规定。如果先行政义务有金钱给付内容，还需在执行过程中遵循金钱给付义务程序规定，如加处罚款或者滞纳金的数额规定、划拨和拍卖相关规定等。如果行政强制执行主体实施代履行程序，还应遵守代履行的履行要求。

因执行主体不同，申请人民法院强制执行的程序与行政强制执行的程序也并不完全相同。申请人民法院强制执行程序包括适用的情形和条件，即当事人在法定期限内不申请行政复议或者提起行政诉讼，又不履行行政决定的，没有行政强制执行权的行政机关可自期限届满之日起三个月内，申请人民法院强制执行；行政机关在申请前的催告要求和法院管辖要求；行政机关应向法院提供的材料；法院对于行政机关执行申请的受理、审查以及决定等规定。在涉外行政强制执行中，尚无专门程序规定，因此，也需遵循《行政强制法》中所规定的行政强制执行的方式、步骤、强度、期限等。

案例三　黄某某、吴某某与某县水利局、县城管执法局、某洲镇人民政府行政强制案②

【基本案情】

黄某某、吴某某原系中国公民，现已经取得美国国籍并长期定居美国。黄某某、吴某某建筑的房屋坐落在东江河某县某洲镇寮仔东江河下游段右岸边。2019年4月11日，某县水利局作出《水行政处罚决定书》，认为黄某某、吴某某的行为违反了《水法》第38条第1款的规定，根据《水法》第65条第2款的规定，决定给予黄某某、吴某某以下行政处罚：（1）拆除违法建筑物，恢复原状；（2）罚款人民币11000元。

---

① 王克稳，姜达明. 行政强制执行与行政赔偿［M］. 南京：南京大学出版社，1991：253.
② （2020）粤13行终133号行政判决书.

当日，某县水利局将《水行政处罚决定书》通过快递送达给原告。2019 年 4 月 12 日，某县水利局向黄某某、吴某某发出《公告》，告知将对黄某某、吴某某的案涉建筑物强制拆除，责令其在 4 月 15 日前自行搬离处置好违法建筑物内外的一切财物设施。2019 年 4 月 18 日，某县水利局作为执法主体，会同县城管执法局、某洲镇人民政府等部门对黄某某、吴某某案涉房屋予以强制拆除。黄某某、吴某某不服某县水利局等的强制拆除行为，于 2019 年 5 月 5 日向某城区法院提起诉讼，请求确认某县水利局、县城管执法局、某洲镇人民政府强制拆除房屋行为违法等。黄某某、吴某某不服某县水利局作出的《水行政处罚决定书》，于 2019 年 4 月 16 日向县政府递交行政复议申请书等材料，请求撤销某县水利局作出的《水行政处罚决定书》。2019 年 6 月 12 日，县政府作出《复议决定书》，决定维持某县水利局作出的《水行政处罚决定书》。黄某某、吴某某不服某县水利局作出的《水行政处罚决定书》及县政府作出的《复议决定书》，于 2019 年 6 月 27 日向某城区法院提起诉讼，请求撤销某县水利局、县政府作出的处罚决定和行政复议决定。

某城区法院在一审查明，其一，黄某某、吴某某在案涉地点进行建筑未得到某县水利局审批，某县水利局从对黄某某、吴某某的案涉建筑进行立案调查、到现场进行调查、发出水行政责令停止违法行为通知书，到向其发出水行政处罚事先告知书、听证告知书、组织听证，最后作出水行政处罚决定、发出责令自行拆除公告等，均是某县水利局的行政行为。县城管执法局、某洲镇人民政府虽参与了强制拆除行动，但现有证据不能证明此二机关与某县水利局共同策划、组织对原告案涉房屋的强制拆除，因此，此二机关不应成为本案共同被告。其二，某县水利局对黄某某、吴某某作出行政处罚决定的时间是 2019 年 4 月 11 日，对其案涉房屋实施强制拆除的时间是 2019 年 4 月 18 日，根据《行政强制法》第 44 条的规定，强制拆除行为是在黄某某、吴某某提出行政复议申请及提起行政诉讼的期限内，因此，某县水利局对案涉建筑实施强制拆除违反法律规定。据此，某城区法院作出一审判决，驳回原告对县城管执法局、某洲镇人民政府的起诉；确认某县水利局于 2019 年 4 月 18 日对黄某某、吴某某的房屋强制拆除行为违法。

某县水利局不服原审判决，向某市中级法院提起上诉，请求依法撤销一审判决；请求依法改判确认上诉人对于案涉房屋强制拆除行为合法。某市中级法院认为，《行政诉讼法》第 15 条规定："中级人民法院管辖下列第一审行政案件：……（三）本辖区内重大、复杂的案件。"《最高人民法院关于适用〈中华人民共和国行政诉讼法〉的解释》第 5 条规定："有下列情形之一的，属于行政诉讼法第十五条第三项规定的'本辖区内重大、复杂的案件'：……（二）涉外或者涉及香港特别行政区、澳门特别行政区、台湾地区的案件；……"本案中，因被上诉人黄某某、吴某某为美籍，根据上述法律及司法解释的规定，本案属于涉外案件，也是本辖区内重大、复杂的案件，依法应当由中级人民法院进行一审。原审法院未对被上诉人黄某某、吴某某的身份予以审核，且被上诉人黄某某、吴某某的委托代理人亦未向原审法院提交面签的代理手续或者公证及认证文书,原审法院迳行实体审理并作出判决,违反了级别管辖的规定,应予以纠正。综上,某市中级法院裁定撤销一审判决并由其审理本案。

【主要法律问题】

(1) 在涉外行政强制执行中,应如何确定行政强制执行主体?
(2) 在涉外行政强制中,对于违法建筑的强制拆除应适用的程序要求是什么?

【主要法律依据】

(1)《水法》第 38 条第 1 款、第 65 条第 2 款。
(2)《河道管理条例》第 16 条。
(3)《行政强制法》第 44 条。
(4)《行政诉讼法》第 15 条第 1 款第 3 项、第 26 条第 1 款。
(5)《最高人民法院关于适用〈中华人民共和国行政诉讼法〉的解释》第 5 条第 1 款第 2 项。

【理论分析】

对于行政强制执行主体的确定,我国实行执行主体的"双轨制"模式,行政强制执行权由法定的行政机关和司法机关共同行使。行政机关的行政强制执行权限遵循严格的法定主义,《行政强制法》第 13 条明确限定"行政强制执行由法律设定",即只有法律明确授予行政强制执行实施权限的行政主体才可行使行政强制执行行为,否则,必须申请人民法院强制执行。在本案中,根据《水法》第 65 条第 2 款的规定,"未经水行政主管部门或者流域管理机构同意,擅自修建水工程,或者建设桥梁、码头和其他拦河、跨河、临河建筑物、构筑物,铺设跨河管道、电缆,且防洪法未作规定的,由县级以上人民政府水行政主管部门或者流域管理机构依据职权,责令停止违法行为,限期补办有关手续;逾期不补办或者补办未被批准的,责令限期拆除违法建筑物、构筑物;逾期不拆除的,强行拆除,所需费用由违法单位或者个人负担,并处一万元以上十万元以下的罚款",某县水利局具有对案涉违反《水法》的违法建筑进行强制拆除的行政强制执行权。但对于县城管执法局、某洲镇人民政府而言,其并未有对于河道管理范围内违法建筑物、构筑物的行政强制执行权,即县城管执法局、某洲镇人民政府不具有对案涉违法建筑进行强制拆除的法定权限,其参与对黄某某、吴某某案涉房屋予以强制拆除的行为已违反了行政强制执行主体需由法律明确规定的法定要求,违背了"无法律即无行政"的基本理念。

行政强制执行的效率和行政相对人的权利保护在行政强制执行制度的建构中,是并列的两个价值目标,牺牲一种价值而追求另一种价值是不可取的。[①] 强制拆除行为作

---

① 刘连泰. 外国行政强制立法模式的再认识 [J]. 人民司法, 2002 (7): 56-59.

为行政强制执行手段的一种,一旦实施,将直接剥夺行政相对人或利害关系人的所有权,使其所有的建筑物、构筑物、设施归于灭失,集中体现了行政权的单方性、强制性、高权性以及支配性等特征,如若行政主体的强制拆除行为出现违法情形,行政相对人或利害关系人的既有权益难以复归。因此,强制拆除行为除了在主体资格、权限、依据以及程序等要素上要求必须具备严格的合法性限定,还应当充分保障行政相对人或利害关系人的救济权利。对此,《行政强制法》第44条设置了关于强制拆除行为的特殊程序要求,除了应当遵循行政强制执行的一般程序外,还应当将限期拆除的决定予以公告,行政相对人或利害关系人在法定期限内不申请行政复议或者提起行政诉讼,又不拆除的,行政机关才可以依法予以强制拆除。本案中,某县水利局所作《水行政处罚决定书》虽为行政处罚,但本案的强制拆除行为也是为执行行政处罚所确定的行政义务,结合《行政处罚法》第73条"当事人对行政处罚决定不服申请行政复议或者提起诉讼的,行政处罚不停止执行,法律另有规定的除外"和《行政强制法》第44条的规定,对于强制拆除行为这一行政强制执行行为实施的特殊规定,对违法的建筑物等需要强制拆除的,应当在行政相对人收到(知道)行政机关作出的行政处罚决定后,于六十日的期限内没有提出行政复议申请及六个月的期限内没有提起行政诉讼,又不自行拆除的,相关行政机关才能依法强制拆除违法建筑物等。本案中,某县水利局在2019年4月11日作出行政处罚决定,2019年4月18日对案涉建筑物予以强制拆除,其强制拆除行为是在原告提出行政复议申请及提起行政诉讼的期限内,因此,系违反法定程序的违法行政行为。

【思考题】

(1) 涉外行政强制执行应遵循的基本原则是什么?
(2) 如何实现涉外行政强制执行中合法权益保护与行政效率的统一?

第五章
涉外行政处罚

本章知识要点

（1）涉外行政处罚及立法是一个综合性的概念，它涉及对外国人在中国境内违反相关法律法规的行为进行行政处罚，以及为了规范这些行为而进行的立法活动。(2) 涉外行政处罚的种类是指一系列具体的行政处罚措施，适用于对外国人和外国组织在中华人民共和国境内违反相关法律法规的行为进行处罚，每种处罚措施都有其特定的适用范围和目的。（3）涉外行政处罚的管辖，系指针对涉及外国因素的行政处罚案件，在何种具体情形之下，由哪一层级的司法或行政机关负责受理、开展调查、进行审理以及执行的相关流程。在确定涉外行政处罚的管辖时，必须全面考量不同国家的法律制度差异、司法程序特性以及国际条约的约束，并严格依照相关的法律基础进行规范操作。（4）行政机关处理涉及外国公民、组织或外国法人的行政违法行为时，根据法律法规，自行决定处罚种类和幅度，享有一定的裁量权。但是须遵循法律规定的原则程序，如合法性原则、合理性原则、程序正当原则、比例原则、信赖保护原则等行政法基本原则。（5）在外国公民、组织或外国法人于中国境内违反我国法律法规的情境下，相关行政机关所遵循的一系列法定步骤和流程，执行涉外行政处罚程序时，行政机关须确保合法性、公正性和有效性。

第一节　涉外行政处罚及立法

涉外行政处罚及立法指的是对外国人、无国籍人、外国组织在中国境内违反相关法律法规，需要接受行政处罚的情形以及相关的立法活动。包含的内容可以进一步细分为以下几部分：（1）涉外行政处罚：指的是对外国人、无国籍人、外国组织在中国境内违反相关法律法规的行为进行行政处罚。这些行为可能包括违反环境保护、知识产权、劳动法、商业法等方面的规定。在我国现行的所有法律和行政法规中，均没有关于"涉外行政处罚"这一概念的描述。2021年修订的《行政处罚法》第84条规定："外国人、无国籍人、外国组织在中华人民共和国领域内有违法行为，应当给予行政处罚的，适用本法，法律另有规定的除外。"这是《行政处罚法》修订后首次对外国人、无国籍人、外国组织在我国领域内有违法行为并给予行政处罚的法律适用问题作出规定。（2）立法活动：指的是为了规范涉外行政处罚行为而进行的立法活动。这些活动可能包括制定新的法律法规，修改现有的法律法规，以及解释和说明现有法律法规的含义和适用范围等。

总的来说，涉外行政处罚及立法是一个综合性的概念，它涉及对外国人在中国境内违反相关法律法规的行为进行行政处罚，以及为了规范这些行为而进行的立法活动。这些活动对于维护中国的法律秩序，保护外国人的合法权益，以及促进中外之间的友好合作都具有重要的意义。

案例一　上海市工商局机场分局处罚某酒店预订公司案[①]

【基本案情】

某酒店预订公司（荷兰公司）在网页宣传上将上海某皇冠假日酒店、西安某国际酒店、新天地某酒店标为五星级，但这 3 家酒店实际未获评"五星级旅游饭店"。原上海市工商局机场分局对这家荷兰企业处以 20 万元行政处罚。

经查，2018 年 7 月，某酒店预订公司通过某航空 App 设置链接，跳转到其自有网站，发布上海某皇冠假日酒店相关信息，并在酒店介绍中，将该酒店宣传为五星级。另外，某酒店预订公司通过微信公众号"中国某航空"设置链接，跳转到其自有网站，发布西安某国际酒店、新天地某酒店等酒店信息，宣称上述酒店为五星级，预订酒店过程全部在某酒店预订公司网站完成。执法部门现已查明，上海某皇冠假日酒店等酒店未获评"五星级旅游饭店"资质。2018 年 8 月，某酒店预订公司已将上述 3 家酒店"五星级"宣传用语整改删除。查证后，2018 年 12 月 10 日，执法人员向涉事企业送达《行政处罚听证告知书》，告知企业本案认定的违法事实、处罚适用的法律法规、拟处罚的意见及陈述申辩、要求听证的权利。企业在收到告知书后，在规定的三个工作日内未提出陈述、申辩的意见，也未提出听证要求，视为自动放弃相关权利。执法部门认为，该公司的上述行为违反了《反不正当竞争法》（2017）第 8 条第 1 款"经营者不得对其商品的性能、功能、质量、销售状况、用户评价、曾获荣誉等作虚假或引人误解的商业宣传，欺骗、误导消费者"的规定，构成了对由其提供的商品（服务）性能或质量的虚假宣传行为。根据工商信息显示，某酒店预订公司注册地址为荷兰阿姆斯特丹，该企业在全球范围内发布酒店信息，范围较广，具有一定影响，且于 2017 年 4 月 1 日因同样事由受到过行政处罚。执法过程中，考虑到当事人对中国五星级酒店的特殊规定理解不全面，导致了上述违法行为，主观故意不明显。在案发后涉事企业积极配合调查，态度诚恳，及时改正违法行为，有效防止危害结果继续发生。

[①] 上海市工商行政管理局机场分局沪工商机案处字〔2018〕200201810030 号行政处罚决定书。

综合其违法情节、违法行为产生的社会危害性，根据《行政处罚法》（2017）第27条第1款相关规定，决定对当事人予以从轻处罚。根据《反不正当竞争法》（2017）第20条第1款规定，决定对当事人作出如下行政处罚：一是责令停止违法行为；二是罚款人民币贰拾万元整。值得注意的是，酒店星级需经过专门评定委员会评定，目前不少酒店在宣传中标称"五星级标准"，而在国内订票平台大多使用"五钻酒店"等自造词语。

【主要法律问题】

当事人是外国公司且在国内无关联机构，其发布信息的行为发生于中国境外，能否适用《行政处罚法》对其处罚？

【主要法律依据】

（1）《行政处罚法》（2017）第27条。

（2）《反不正当竞争法》（2017）第20条。

【理论分析】

1. 涉外行政处罚立法规定

2021年修订的《行政处罚法》第84条规定的重点是增加了涉外行政处罚规定。（1）法律的对人效力，是指法律对什么人有效。所谓"外国人"是指在一国境内，不具有该国国籍而具有其他国国籍的人，如在我国的美国人、日本人、韩国人等其他国家的人都属于外国人。"无国籍人"是指不具有任何国家国籍的人和国籍不明的人，或者是任何国家法律都不认可是其公民的人。"外国组织"是指具有外国国籍的组织，包括外国法人组织和非法人组织。中外合资经营企业、中外合作经营企业以及依照我国法律在我国领域内设立的外资企业均不属于外国组织。同时，对于港澳台居民，虽然行政管理的一些内容与外国人管理的内容具有一致或者相似性，但不能将其当作外国人对待。（2）法律的空间效力，是指法律在哪些地域范围内发生效力。本法的空间效力及于我国的领陆、领水、领空以及按照国际法属于我国领域的范围。（3）法律的适用规则。本法作为行政处罚方面的基本法律，属于一般法；其他法律对行政处罚问题作出的规定属于行政处罚的特别规定，属于特别法。在出境入境、治安管理等方面的处罚规定应优先适用《出境入境管理法》《治安管理处罚法》等特别法。（4）本条规定的"法律另有规定的除外"，还包括《外交特权与豁免条例》与《领事特权与豁免条例》的特别规定。享有外交特权和豁免权的外国人，不适用本法的规定，但对享有外交特权和豁免权的人违反行政管理秩序的行为不是不追究法律责任。根据国际公约和国际惯例，为了保证各国的外交人员正常开展工作，本着平等、相互尊重、互惠的原则，相互给予了享有外交特权和豁免权的人一定的特权。对于这些人员违反行政管理秩序的，可以按照有关法律、国际公约的规定，通过外交等途径解决。

2. 涉外行政处罚的"效果标准"

本案涉及的当事人系一家外籍企业，其在中国境内并无设立任何分支机构或关联经营实体。尽管该企业发布相关信息的行为系在中国境外进行，然其发布行为却诱使中国境内消费者预订了并未达到"五星级"标准的酒店服务，此举已明显侵犯了中国消费者的合法权益。鉴于违法行为所涉及的影响范围及后果均发生在中国境内，故中国行政机关有权依据本国相关法律法规，对该外籍企业采取相应的行政处罚措施，以维护中国市场的公平秩序及消费者的合法权益。2021年修订的《行政处罚法》第2条明确指出，处罚对象主要限定为"公民、法人或其他组织"，这充分展现了该法律对中国境内主体的适用性。同时该法第84条又补充规定，对于在中华人民共和国领域内实施违法行为的外国人、无国籍人及外国组织，若需进行行政处罚，则同样适用本法，除非有其他法律作出特别规定。此外，依据该法第22条的内容，行政处罚的管辖权归属于违法行为发生地的行政机关。若法律、行政法规或部门规章中存在其他规定，则以其为准。值得特别关注的是，"违法行为发生地"这一概念具有广泛的涵盖范围，它不仅包括了违法行为的具体实施地点、起始地点、途经地点以及终止地点等多个层面，同时亦囊括了违法对象遭受侵害的具体地点、违法所得的实际取得地点、藏匿地点、转移地点、使用地点以及销售地点等诸多方面，即涵盖了与违法行为结果发生相关的各类地点。

尽管违法行为系外国人在中国境外所为，但只要其行为后果发生在中国领域内，我们仍可依据《行政处罚法》予以惩处。此等处理方式能有效覆盖诸多实际发生在中国境外的违法行为，确保法律的公正与权威。[①] 在域外适用背景下，境外行为与境内的关联不仅局限于部分行为在境内实际发生，而更可能表现为境外行为对境内产生的广泛而深远的影响。现行《反垄断法》确立了一种新的执法标准，即"效果标准"，该标准连接执法主体与被执法行为。据此，即便垄断行为发生在中国境外，且其损害结果未发生在中国境内或未造成实际损害，只要这些行为对中国境内产生了影响，中国的执法机关便可依据《反垄断法》对相关境外行为予以行政处罚。但上述《行政处罚法》第22条和第84条之中未能窥见《反垄断法》行政处罚"效果原则"，法律适用过程是否会出现衔接问题仍是影响对境外垄断行为实施行政处罚的一大隐患。纵然有"法律另有规定的除外"，但《行政处罚法》第84条这一例外条款仅针对在中国领域内从事违法活动的外国人、无国籍人士及外国组织，难以将其解释为包括在中国领域外从事违法行为的外国人、无国籍人士及外国组织对我国境内产生影响的情形。鉴于此，对现行《行政处罚法》第84条内容理解应当为：对于在中华人民共和国领域外实施违法行为的外国人、无国籍人及外国组织，若其违法行为对中国境内产生了影响，并依法应当受到行政处罚的，为便于行政机关对域外相关事项进行有效执法，将依法予以相应的行政处罚。

[①] 廖诗评. 中国法域外适用法律体系视野下的行政执法[J]. 行政法学研究, 2023（2）：55-67.

【思考题】

（1）外国人在中国境外实施违法行为，但违法行为结果发生在中国境内，能适用《行政处罚法》对其进行处罚吗？

（2）关于中国执法机关是否可以对发生在中国境外的违法行为实施行政处罚，即使这些行为的损害结果并未实际发生在中国境内或并未造成直接损害，但只要这些行为对中国境内产生了影响，中国执法机关是否有权对此进行处罚？

第二节　涉外行政处罚的种类

涉外行政处罚的种类是指一系列具体的行政处罚措施，适用于对外国人和外国组织在中华人民共和国境内违反相关法律法规的行为进行处罚。这些处罚措施可能包括警告、通报批评；罚款、没收违法所得、没收非法财物；暂扣许可证件、降低资质等级、吊销许可证件；限制开展生产经营活动、责令停产停业、责令关闭、限制从业；行政拘留；法律、行政法规规定的其他行政处罚。尤其是最后一项，为我国建立涉外行政处罚制度提供了调整空间。每种处罚措施都有其特定的适用范围和目的，旨在确保对外国人和外国组织在华行为的规范和管理。

案例二　昌乐县公安局对W某非法就业行为采取驱逐出境处罚案[①]

【基本案情】

违法行为人W某，男，户籍所在地为马拉维共和国。自×年×月×日至×年×月×日，在昌乐县流泉公寓×号楼×单元×室居住，W某未办理工作类签证，在董某经营的电商直播室内非法就业，×年×月×日W某因非法就业被昌乐县公安局处以罚款五千元的行政处罚。W某、董某的陈述和申辩，于某蕾的证人证言，微信聊天截图，护照复印件、行政处罚决定书等事实依据。综上，W某违反《出境入境管理法》第81条第1款的规定，不适宜在中国境内继续停留居留。昌乐县公安局于2023年6月20日作出罚款以及驱逐出境的行政处罚决定。

【主要法律问题】

（1）W某是否存在非法就业问题的判定。

（2）昌乐县公安局对W某处以罚款五千元的行政处罚是否遵循了法定程序，是否

[①] 昌乐县公安局对W某非法就业行为实施驱逐出境案，乐公（城）行罚决字〔2023〕262号行政处罚决定书。

有足够的事实依据和法律依据，以及处罚幅度是否适当？

（3）昌乐县公安局对 W 某采取特殊行政处罚措施，是否符合法律规定，是否考虑了所有相关因素，以及是否遵循了正当程序？

【主要法律依据】

《出境入境管理法》第 81 条。

【理论分析】

1. 非法就业判断问题

按照《出境入境管理法》第 41 条的明文规定，我国现行制度为就业许可制度，旨在规范外国人在华的就业活动。对于有意向来华就业的外籍人士，其所属用人单位应严格按照相关法规，向所在地区人民政府的外国人管理职能部门提交正式申请，以获取《外国人来华工作许可》。该许可作为外国人在中国合法就业的必备凭证，保障了外籍人才的引进和管理工作遵循国家的政策法规。一旦审查机构批准申请，将发出《外国人来华工作许可证通知》及签证通知函。随后，外国人可凭借这些通知和相应材料，向我国境外使领馆申请 Z 字签证。入境后，外国人必须在法定期限内申请《外国人工作许可证》，并依据该许可证，向居留地公安机关出入境管理机构申请工作类居留许可，从而合法地在中国境内开展就业活动。此外，我国始终对高端人才的引进持高度重视态度，对外国人来华担任的职务设有门槛，要求所述岗位须符合国内当前的稀缺需求或具备特殊性。鉴于 W 某所从事的电商直播属于一般性服务劳动，根据《外国人来华工作分类标准》，我国对这类外国人的就业设置了严格的限制。同时，《出境入境管理法》第 43 条也明确规定，任何未依法取得工作许可和工作类居留证件的外国人，在我国境内工作或超出工作许可范围工作的，均视为非法就业。同理，外国留学生若未遵循勤工助学的管理规范，擅自超出所规定的岗位范畴或工作时限在我国境内从事工作活动，亦将被视作非法就业。工作许可通知会明确标明外国人的工作时间、地点及所属单位，任何未经许可擅自更改或延长工作内容、变更用人单位等行为，均将构成非法就业。鉴于此，本案中的 W 某因未办理相应的工作许可手续，故依法被认定为非法就业。

2. 驱逐出境行政处罚的适用

在《出境入境管理法》的第三章"外国人入境出境"部分，第 62 条通过列举的方式，详细列出了外国人可能面临的被遣送出境的情形，这些情形包括但不限于未在规定期限内离境、存在不准入境情形、非法居留、非法就业以及其他违法行为。然而转至第七章"法律责任"时，尽管第 62 条列出了上述违法行为，但对应的法律责任却仅限于警告、罚款和行政拘留，遣送出境这一措施并未在其中明确提及。这种在执法中遣送出境措施的应用规定显得不够明确，而相较于遣送出境，行政驱逐出境的规定则更加模糊不清。行政驱逐出境这一措施不仅见于《出境入境管理法》，还散见于《反间谍法》《国家安全法》《境外非政府组织境内活动管理法》等多部法律之中。在这些法律中，若境外人员（涵盖外国人和来自港澳台地区的居民）违反相关规定，相关机关均有权采取限期出境或驱逐出境的处罚措施。特别在《中华人民共和国香港特别行政区维护国家安全法》中，行政驱逐出境与刑事驱逐出境两者共同构成了法律条文的一部分。这些条文在定罪标准上虽然明确，但在量刑标准上却显得较为抽象和笼统，赋予了审判人员极大的自由裁量权。由于缺少明确、量化的标准，导致在判决时，关于人身自由的限制时常存在争议，如是否多限制一个月、是否应当判处驱逐出境等，这无疑增加了审判的难度，尤其是在我国现有的审判体系、传统工作习惯以及与"三非"外国人国籍国、居住国之间的合作模式下，实践中的挑战尤为显著。经过驱逐出境的处理，W某将背负起一项额外的负担，即在未来十年内，他将不被允许进入我国境内。针对"偷越国境、边境"的犯罪行为，采取的限期出境、遣送出境以及驱逐出境等强制离境措施，是对违法行为的直接且严厉的制裁。在学术界的讨论与实务操作中，限期出境与遣送出境通常被认定为不具有惩罚性质，因而不归类为行政处罚。然而，驱逐出境的情况则有所区别。驱逐出境是由公安部门依法作出的行政决定，其性质明显带有惩罚与惩戒的色彩。受到驱逐出境处罚的个人，将承担十年内不得入境我国的义务。从立法初衷来看，此措施不仅要求外国人离开我国国境，更是剥夺了他们在我国的居留权。因此，在行使驱逐出境行政处罚的裁量权时，执法机关必须保持审慎的态度。

3. 驱逐出境的程序问题

驱逐出境作为一种行政处罚措施，应当遵循严格的法定程序。这主要是为了确保行政决定的合法性、公正性和透明度，同时也保障被处罚人的合法权益。在驱逐出境的行政处罚中，首先需要明确的是，驱逐出境的决定权属于特定的行政机关。在我国，县级市级公安机关并无权决定驱逐出境，而是由公安部或者公安部授权的省级人民政府公安机关来决定。这体现了驱逐出境处罚的严肃性和权威性。具体的行政程序一般包括以下步骤：（1）立案与调查。当发现外国人违反治安管理或出境入境管理且情节严重时，公安机关会立案进行调查。这包括对事实的收集、证据的固定等。（2）决定与执行。如果调查确认外国人的违法行为达到驱逐出境的标准，承办案件的公安机关会逐级上报至公安部或授权的省级人民政府公安机关。在得到最终决定后，由承办案件的公安机关执行驱逐出境的决定。（3）执行程序。在执行过程中，被驱逐出境的外国人的所有居留证件将被收缴。同时，执行机关会查验其有效护照或其他替代护照的身份证件，以及过境国家或地区的有效签证。驱逐出境的机票、车票、船票等费用原则上由被驱逐人本人承担。如果本人无法承担且不属于按协议由我国单位提供旅费的情况，那么其本国使领馆需负责解决。如果使领馆拒绝承担费用或在华无使领馆的情况下，费用则由政府承担。（4）出境安排与监督。被驱逐出境的外国人的出境口岸会事先确定并就近安排。执行机关会与出境口岸的公安机关和边防检查站联系，通报相关情况。执行人员会监督被驱逐出境的外国人登上交通工具并离境，确保其离开我国国境。（5）告知与申诉。在整个过程中，被处罚人有权知道处罚的理由、依据和救济途径，也有权提出申诉或行政复议。需要注意的是，驱逐出境不仅是行政处罚的一种形式，在刑事处罚中也存在。当外国人在中国境内犯罪时，刑法规定的驱逐出境是一种刑事处罚措施。综上，驱逐出境应当履行的行政处罚程序包括立案调查、决定与执行、执行程序、出境安排与监督等环节，且需严格遵循法律法规，确保程序的合法性和正当性。同时，也注重保障被处罚人的合法权益，提供必要的申诉和救济途径。

【思考题】

（1）驱逐出境与一般行政处罚的种类有什么不同？
（2）除驱逐出境外，涉外行政处罚还有哪些特殊措施？

第三节　涉外行政处罚的管辖

涉外行政处罚的管辖是指对于涉外行政处罚案件的司法或行政机关在何种级别、何种情况下对案件进行受理、调查、审理和执行的过程。具体包含以下内容：（1）管辖的主体。涉外行政处罚的管辖主体可以是司法机关（如法院），也可以是行政机关。（2）管辖的级别。涉外行政处罚的管辖可能涉及不同级别的司法或行政机关，如基层法院、中级法院、高级法院或中央政府机构等。（3）管辖的范围。涉外行政处罚的管辖可能涉及不同国家的行政处罚案件，需要考虑到不同国家的法律制度、司法程序和国际条约等因素。（4）管辖的方式。涉外行政处罚的管辖可能涉及司法或行政机关之间的协调和合作，以确保案件得到公正、公平和有效地处理。（5）管辖的法律基础。涉外行政处罚的管辖需要遵循相关的国际法和国内法，包括国际条约、双边或多边协议、国内法律法规等。综上所述，涉外行政处罚的管辖是指对于涉外行政处罚案件在何种情况下由哪个级别的司法或行政机关进行受理、调查、审理和执行的过程，需要考虑到不同国家的法律制度、司法程序和国际条约等因素，并遵循相关的法律基础。

案例三　"光大二号"货轮船长蔡某雄不服拱北海关行政处罚案[①]

【基本案情】

上诉人蔡某雄因走私香烟受到拱北海关行政处罚一案，不服广东省珠海市中级人

[①] 台湾"光大二号"货轮船长蔡某雄不服拱北海关行政处罚上诉案［EB/OL］．［2024-05-24］．http://gongbao.court.gov.cn/Details/57d9c5a6f6fdd7cb0fcbd8511de180.html?sw=；《最高人民法院公报》1990年第1期［EB/OL］．［2024-05-24］．http://gongbao.court.gov.cn/QueryArticle.html?title=&content=&document_number=&serial_no=-1&year=1990&number=1．

民法院行政判决[①],于 1989 年 10 月 16 日向广东省高级人民法院提出上诉。该院依法组成合议庭,经审理查明:1989 年 3 月 3 日凌晨,拱北海关缉私艇在位于我国内海东经 114°35′45″,北纬 22°10′50″,即珠海市担杆岛附近海域,查获截停"光大二号"货轮。该货轮的载重量为 3000 吨,船上有船员 31 人,船舱内装有废铁 500 吨,瓷土 500 吨,甲板上堆放有用塑料袋加封特别包装的"555""健牌"等外国产香烟 4760 箱(23.8 万条)。随船携带的载货清单只列明船上所载废铁、瓷土的数量,对 4760 箱香烟没有记载。1989 年 3 月 11 日,拱北海关依照《海关法》和《海关法行政处罚实施细则》的规定,认定蔡某雄没有合法证明,运载大量外国香烟进入内海,其行为属走私。故对其作出处罚决定:一是对在扣的走私香烟 4760 箱,予以没收;二是对"光大二号"货轮的全体船员、船只和所载瓷土、废铁予以放行。

蔡某雄对拱北海关的处罚决定不服,向珠海市中级人民法院提出诉讼。珠海市中级人民法院经公开审理认为:原告驾驶的"光大二号"货轮,在我国内海运载大量香烟,没有合法证明,依照海关法的规定,应以走私论处。拱北海关所作的处罚决定,证据确凿,处罚有据,程序合法。于 1989 年 8 月 17 日判决维持拱北海关的行政处罚决定,驳回原告的诉讼请求。

蔡某雄不服珠海市中级人民法院的判决,向广东省高级人民法院提出上诉。诉称:一审认定"光大二号"货轮被海关缉私艇截停的地点,并非在中华人民共和国内海水域,所运载的香烟有合法证明,请求撤销原审判决和拱北海关的处罚决定;判令被上诉人负担本案一、二审的诉讼费用和上诉人为诉讼所付出的律师费和其他有关费用。被上诉人拱北海关答辩称:海关查获"光大二号"货轮的地点是在我国内海水域,此有上诉人亲笔定位的海图为证;"光大二号"货轮装载大量外国香烟,没有任何合法证明,请求维持原处罚决定和一审判决。

【主要法律问题】

(1)当事人没有合法证明运载大量香烟,海关以走私论处,该行政行为如何认定?

(2)行政执法机关是否在我国管辖领域内执法?

【主要法律依据】

(1)《海关法》(1987)第 49 条。

(2)《海关法行政处罚实施细则》(1987)第 4 条。

【理论分析】

1. 涉外行政案件管辖原则

本案起诉到法院时,《行政诉讼法》(1990)虽已通过但尚未施行,故该法第 14 条

[①] (1989)粤 04 行终 1 号判决书。

关于海关处理的第一审行政案件由中级人民法院管辖的规定，在本案中无法直接适用。本案管辖仍应适用《民事诉讼法（试行）》（1982）。而根据《民事诉讼法（试行）》（1982）第16条、第17条，第一审民事案件由基层人民法院管辖，中级人民法院管辖的第一审民事案件为涉外案件及在本辖区有重大影响的案件。从本案事实看，本案原告蔡某雄为大陆人士，居住于台湾，其为"光大二号"货轮船长。船舶作为特殊的物，具有一定的人格属性，如船名、国籍、船籍港等。而"光大二号"货轮为台湾地区籍船舶，涉及台湾地区。基于"一个中国原则"，中国台湾籍船舶并不属于外国船舶，涉外案件也不包括涉台案件。1984年通过的《最高人民法院关于贯彻执行〈民事诉讼法（试行）〉若干问题的意见》规定："涉及港、澳同胞的案件不属涉外案件。鉴于港、澳地区的特殊地位，审理这类案件，可参照民诉法第五编和其他有关规定办理。涉及港、澳同胞的案件一般由基层人民法院作为第一审，重大、复杂的案件由中级人民法院作第一审。"

由上可见，涉台案件如何确定管辖，当时并无明文规定。在这种情形下，珠海市中级人民法院对原告蔡某雄的起诉予以受理，主要理由是：首先，鉴于当时两岸关系的历史问题及发展现状，涉台案件较之涉港、涉澳案件更为特殊、更加敏感，举重以明轻，当可参照适用涉港、涉澳案件的有关规定。其次，本案为特殊历史时期和国内外环境下的首例涉境外行政诉讼，其意义之重大毋庸赘述。表面简单的案件事实，其所涉的行政处罚的程序和实体问题，亦交织繁复。而所涉走私香烟数量及其价值巨大，不可谓不符合中级人民法院管辖"重大、复杂"案件之标准。再次，《行政诉讼法》（1990）虽尚未施行，但其海关处理的第一审行政案件由中级人民法院管辖的规定所蕴含的价值权衡和判断，当可参照斟酌，该法第14条规定："中级人民法院管辖下列第一审行政案件：（一）确认发明专利权的案件、海关处理的案件……"在《关于〈中华人民共和国行政诉讼法（草案）〉的说明》中指出该项规定的立法理由是海关处理的案件"专业性较强"，暗含立法机关判断基层人民法院缺乏审理此类案件的专业能力的意思，故即便法律尚未施行，基于公正司法和保障行政相对人合法权益的要求，由能够胜任此类案件审理的中级人民法院受理本案，合乎法律原则和诉讼法理。有鉴于此，可以说，本案管辖法院的确定开启了涉台行政案件由中级人民法院管辖的先河，并为后续的审判实践所继承，后来的司法解释也认可和发展了这一管辖原则。

2. 涉外行政处罚案件中的证据审核程序和标准

本案原告蔡某雄上诉的主要理由是"光大二号"货轮被海关缉私艇截停的地点，属于香港（回归前）水域，并非中华人民共和国内海水域，所运载的香烟有合法证明。而是否处于香港水域，将直接影响到内地海关对本案所涉走私行为有无管辖权的问题。对此争议事实，首先涉及由谁承担举证责任的问题。之前的《民事诉讼法（试行）》（1982）没有明确行政案件的证明责任分配，《行政诉讼法》（1990）第32条规定被告对作出的具体行政行为负有举证责任。本案中，原告蔡某雄及被告拱北海关均提交了相应证据对争议事实予以证明。本案终审判决说理充分公开了证据的审核判断过程。在截停地点的认定上，法院根据被告负举证责任的原则，首先审查并采纳了拱北海关提交的蔡某雄签字的拱北海关缉私艇测定截停方位的图纸、笔录,"光大二号"货轮被截停时蔡某雄亲自用铅笔标明的截停地点和时间的海图。其中,最关键的证据是前述笔录,因为蔡某雄标明海图的时点也须结合现场笔录才能获证。该笔录属于现场笔录,即行政机关工作人员在行使行政职权或作出具体行政行为过程中就现场情况所作的书面记载。现场笔录是行政诉讼的特有证据,是民事诉讼、刑事诉讼所没有的。尽管如此,现场笔录毕竟是由作出行政处罚的行政机关单方制作的,虽然其具有亲历性、即时性等特点,但其证明力如何,在当时缺乏相应的法定证据规则予以明确。本案中,法院从"蔡某雄签字"及蔡某雄亲笔标明的海图可以印证两个方面,确认了现场笔录的证明力。法院对蔡某雄提交的证据一一予以了审查,并主要从与待证事实是否具有关联性的角度,否定了其证明力,即"香港政府出口许可证"仅能证明所运载的香烟是香港允许出口的,不属于足以证明其运输合法性的证明材料;而"光大二号"货轮虽有载货清单,但该清单上不含有装载香烟的记录,载货清单与实际运输货物不符,也不属于足以证明其运输合法性的证明材料。本案在证据审核认定和公开说明认证过程方面,无疑也成为引领行政诉讼发展潮流的开路先锋,尤其是在当时的历史条件和司法发展水平下,判决书对证据的审核认定能够较为充分地论证各项证据采纳或不采纳的理由,实属罕见、难能可贵。

3. 行政行为合法性的审查方法

《行政诉讼法》(2017)第6条明确了行政诉讼的审查范围为具体行政行为的合法性。第70条规定了审查的基本要素:证据是否确凿,适用法律是否正确,是否符合法定程序,是否超越职权。珠海市中级人民法院在一审中对以上四个要素进行了全面审查。终审判决关于证据问题的审查已如前所述,在法律适用方面,遵循了"司法三段论"的逻辑,在引用《海关法》及《海关法行政处罚实施细则》具体法条时,较好地揭示了本案事实与法条的构成要件的符合性。终审判决阐明:依照《海关法》(1987)第49条规定,在内海、领海运输、收购、贩卖国家限制进出口的货物、物品,数额较大,没有合法证明的,根据《海关法行政处罚实施细则》(1987)第4条规定,按走私行为论处,海关有权没收走私货物。"海关有权"指明了法条适用的主体要件——海关,"有权"则体现了对海关作出处罚是否存在超越职权或滥用职权情况的审查,"没收"指明了运输货物的责任主体——蔡某雄,结合证据已经证明的在内海运输国家限制进出口货物且无合法证明的事实,法条的所有构成要件均得到满足,可以认定海关处罚行为适用法律正确。就法定程序而言,本案审理时行政处罚法尚未制定,《海关法行政处罚实施细则》对处罚程序的规定较为简单,本案原告亦未就此提出异议,法院经审查对海关处罚程序的合法性予以确认亦无不当,从而完成了对具体行政行为的合法性进行全面审查的任务。[①]

---

① 董暐. 涉境外行政诉讼第一案——台湾"光大二号"行政处罚案点评 [J]. 中国法律评论, 2019 (2): 38-41.

【思考题】

（1）如何处理涉外行政处罚管辖异议？
（2）如何对涉外行政处罚程序的合法性进行全面审查？

第四节　涉外行政处罚的裁量

涉外行政处罚的裁量是指行政机关在处理涉及外国人、外国组织或在外国发生的行政违法行为时，根据法律法规的规定，在一定的范围内自行决定处罚的种类和幅度。裁量权的行使需要遵循法律规定的原则和程序，以确保行政处罚的公正性和合理性。根据中国法律体系，涉外行政处罚裁量权的行使通常需要遵循合法性原则、合理性原则、程序正当原则、比例原则、信赖保护原则等行政法等基本原则。在实践中，行政机关可能会根据具体案件的实际情况，考虑诸如违法者的主观恶意、违法行为的严重程度、违法所得、对受害者造成的影响、违法者改正错误的态度和行为等多种因素，来决定具体的处罚种类和幅度。同时，行政机关还需要遵循相关的国际条约和国际惯例，以确保行政处罚的国际协调和互信。并且，在我国有关涉外行政处罚裁量权的行使已经制定了一些具体的法规和办法，如《外汇管理行政罚款裁量办法》等，这些规定旨在确保行政处罚裁量权的规范行使，提高执法的透明度和公信力。同时，国家金融监督管理总局等机构也发布了相关规定，以规范行政处罚裁量权的行使，维护市场秩序，保护当事人合法权益。

案例四　上海市某区卫生健康行政部门处罚某门诊部案[1]

【基本案情】

上海市某区卫生健康行政部门于 2021 年 2 月 8 日对上海某门诊部开展日常监督检查，现场查见该门诊部《医疗机构执业许可证》登记的诊疗科目为"外科：骨科专业（限简单骨折手法治疗）"等内容。同时查见患者 E（外籍人士）的门诊病历，见"日期：2021 年 2 月 6 日，科室：骨科，诊断：颈椎间盘疾患伴有神经根病，计划：曲安奈德乙酰丙酮注射液等关节注射"等字样，在病历的医师签名处见外国医师 K 的签名字样。在病历中查见"我们在 10：10am 立即开始复苏（开放静脉通道，吸氧，给予 CPR，进行 AED）"等字样的记录。未查见患者 E 签名的知情同意记录或医疗文书。

---

[1] 沈越非，黄祝青，邢光明，王丽芳. 一起涉外医疗机构超出登记范围开展诊疗活动案的分析与思考 [J]. 中国卫生法制，2023（4）：83-99.

通过医疗文书查阅以及询问调查得知，患者 E 在门诊部接受注射治疗中突发昏迷，当天送外院抢救，一直处于无自主呼吸状态。某区卫生健康行政部门认为该门诊部涉嫌超出登记范围开展诊疗活动，外国医师 K 涉嫌未按规定告知患者医疗风险的违法行为，决定受理并立案调查。

经调查确认，该门诊部对包括患者 E 在内的多名患者开展的颈椎以及其他关节腔的注射治疗，超出了核准的登记范围，累计收入人民币 35805 元，并对患者 E 造成了伤害。上述行为违反了《医疗机构管理条例》（2016）第 27 条的规定，依据《医疗机构管理条例》（2016）第 47 条、《医疗机构管理条例实施细则》第 80 条第 2 款、《上海市医疗机构行政处罚裁量基准》案由四：诊疗活动超出登记范围的规定，对该门诊部作出"警告、3000 元罚款、并吊销一级诊疗科目（外科）"的行政处罚。该门诊部使用的外国医师 K 在开展特殊治疗前未按规定书面告知患者医疗风险的行为，违反了《医疗纠纷预防和处理条例》第 13 条第 1 款的规定，依据该条例第 47 条第 2 项的规定，对该外国医师作出"警告、30000 元罚款"的行政处罚。该门诊部和外国医师 K 均接受处罚决定，并得以顺利结案。

【主要法律问题】

（1）超出登记范围开展诊疗活动如何认定？
（2）如何根据实际情况运用行政处罚裁量权？

【主要法律依据】

（1）《医疗机构管理条例》（2016）第 27 条、第 47 条。
（2）《医疗机构管理条例实施细则》第 80 条。
（3）《医疗纠纷预防和处理条例》第 13 条、第 47 条。

【理论分析】

1. 违法事实认定

（1）超出登记范围开展诊疗活动的认定。考虑到该门诊部医疗服务技术、设备、人员的配备情况和实施抢救的能力，上海市某区卫生健康行政部门在行政审批许可时，仅批准其开展限简单骨折手法治疗的骨科诊疗活动。本案患者 E 于 2021 年 2 月 6 日在该门诊部骨科就诊，主诉：颈部疼痛与僵硬 2 周。外国医师 K 诊断其为颈椎间盘疾患伴有神经根病，并在患者的颈椎双侧实施了药物注射治疗。此外，外国医师 K 还对其他多名患者的关节腔进行了药物注射治疗。对注射治疗属于何性质的治疗、是否属于骨科治疗范围、是否属于手法治疗等问题的判断直接影响了本案后续的行政处罚，上海市某区卫生健康行政部门组织专家讨论会，对相关医学专业问题作进一步明确，确认了注射治疗属于骨科治疗范围但不属于手法治疗，从而认定该门诊部超出登记范围开展诊疗活动的违法事实。

(2) 诊疗活动属于特殊治疗的认定。在对外国医师 K 未按规定告知患者医疗风险的违法行为进行处罚的过程中，其中一个关键点就是对特殊治疗的认定。根据《医疗纠纷预防和处理条例》第 13 条的规定，判断是否属于特殊治疗是"未按规定实施知情告知程序"案由成立的前提条件。根据《医疗机构管理条例实施细则》第 88 条规定，特殊检查、特殊治疗包括"有一定危险性，可能产生不良后果的检查和治疗"和"由于患者体质特殊或者病情危重，可能对患者产生不良后果和危险的检查和治疗"等。为明确本案的治疗行为是否属于特殊治疗，上海市某区卫生健康行政部门也在讨论会上咨询了相关专家，在得到"对患者颈椎双侧的药物注射治疗属于有创的特殊治疗、高危治疗"的合议意见后，才认定上述诊疗行为属于特殊治疗。

(3) 未按规定实施知情告知程序的认定。在对外国医师 K 未按规定告知患者医疗风险的违法行为进行处罚的过程中，另一个关键点就是对在特殊治疗前知情告知程序的认定。《基本医疗卫生与健康促进法》第 32 条规定"医疗卫生人员应当及时向患者说明医疗风险、替代医疗方案等情况，并取得其同意"。《医疗纠纷预防和处理条例》第 13 条规定"医务人员应当及时向患者说明医疗风险、替代医疗方案等情况，并取得其书面同意"。可见，对于开展特殊治疗前的知情告知以上两个法条的表述并不完全一致，分别是取得患者"同意"和"书面同意"。虽然表述形式不同，但实质都是患者肯定的意思表示。按照民事诉讼法中案件事实应当坚持"以证据为基础"的基本准则，若无法提供书面同意，但能提供表明医师已实施知情告知的视听资料或者电子数据等相关证据，卫生健康行政部门在调查中都会充分考量。但经调查，在病历中未查见该患者签名的知情同意记录或医疗文书。该门诊部及外国医师 K 均表示：在口头告知患者医疗风险后，经患者口头同意才开具了药物注射处方并实施治疗，但均无法提供其他证据印证上述情况。综上，上海市某区卫生健康行政部门认为该门诊部和外国医师 K 有关已实施知情告知的陈述具有较大的主观性和倾向性，无法排除存在趋利避害的情形，故难以采信。从而认定外国医师 K 在开展特殊治疗前未按规定实施知情告知程序的违法事实。

2. 行政处罚裁量的运用

依据《上海市医疗机构行政处罚裁量基准》案由四的相关规定，该门诊部"诊疗活动超出核准的登记范围，累计收入在 3000 元以上，给患者造成伤害"的行为，属于情节严重情形，符合"警告，处以 3000 元罚款，并吊销《医疗机构执业许可证》"的裁量幅度。其实，早在 2006 年上海市卫生局曾就超出登记范围开展诊疗活动属于情节严重的情形向卫生部请示："因部分涉案医疗机构为二三级医疗机构或规模较大，承担的日常医疗任务十分繁重或者具有社区基本医疗和预防保健服务的功能，为不影响人民群众的正常就医，建议可以根据实际情况，实施吊销医疗机构相关诊疗科目的行政处罚。"卫生部批复同意了上述请示。随着近年来医疗卫生行业的快速发展，若把上述规定局限在公立医院的范畴内，显然不符合当前实际。在本案中，考虑到该门诊部积极配合卫生健康行政部门查清案件事实，且承担了大量外籍人士和周围居民的疾病诊治，若吊销当事人的《医疗机构执业许可证》，会影响上述人员的就医需求，同时还可能引发一系列社会问题。所以，上海市某区卫生健康行政部门参照裁量基准中"对医疗机构诊疗活动超出登记范围情节严重的，卫生健康行政部门可以根据实际情况吊销医疗机构相关诊疗科目的执业许可证，此处吊销《医疗机构执业许可证》包括"吊销诊疗科目""的规定，吊销了门诊部的一级诊疗科目（外科）。因此，卫生健康行政部门在裁量基准的实际运用中，既要注重依法、公正，也要兼顾合理、恰当的原则。

3. 外国医师的行政处罚问题

鉴于患者持续处于昏迷的特殊状况，专家讨论会已确认了该门诊部的诊疗活动实际已给患者 E 造成了伤害，但伤害程度的认定仍需要做进一步鉴定。如果基于患者受到伤害的事实由卫生健康行政部门判定医方的诊疗活动构成医疗事故，进而依据《医疗事故处理条例》的规定对涉事外国医师进行处理的行为并不合适。因为该条例中"发生医疗事故"的案由，在行政处罚裁量基准中针对不同医疗事故等级和情节的裁量幅度差距较大，从一般情形的"警告"处理，到情节严重的"吊销执业证书"不等。在未取得像医疗鉴定报告等可以明确证明医方开展诊疗活动构成的医疗事故等级前，如对涉事外国医师 K 进行处理，极易出现裁量幅度过轻或者过重的风险，不能体现过罚相当的法律原则[①]，也无法维护医患双方的合法权益。故上海市某区卫生健康部门对患者受到伤害的问题暂不予处理，等完成医疗鉴定或者取得其他直接证明材料后再依据《医疗事故处理条例》等规定对外国医师 K 进行相应处理。

【思考题】

（1）在重大卫生行政处罚案件中难以对损害后果以及责任认定等案情作出明确判断，能否引入专家咨询制度？条件是什么？

（2）涉外行政处罚的原则都有哪些？

第五节　涉外行政处罚的程序

涉外行政处罚程序，特指在外国公民、组织或外国法人于中国境内触犯中国法律法规的情境下，相关行政机关所遵循的一系列法定步骤和流程。这一程序不仅是中国法律体系的重要组成部分，更是国家主权和法治精神的体现。执行涉外行政处罚程序时，行政机关须确保合法性、公正性和有效性。合法性要求行政机关严格遵循中国法律法规，不得超越法律授权，并尊重国际法和惯例。公正性要求行政机关保持中立和客观，公正对待所有当事人，并充分保障其合法权益。有效性则通过严格规范的程序，及时有效制裁违法行为，维护法律秩序和社会稳定，同时发挥警示和教育作用。此外，

[①] 张兵，刘有虎. 对一起不合格消毒产品行政处罚案件的分析［J］. 中国卫生法制，2017（1）：45-47.

还需考虑涉外因素的特殊性,尊重文化差异,加强与外国机构的沟通与合作,共同维护国际法治秩序。

案例五　广西东兴边境口岸外籍人员销售非法烟草行政处罚案[①]

【基本案情】

近年来,边境卷烟市场伴随着经济发展、旅游环境向好呈现出繁荣态势。然而,这一趋势却也衍生了外籍人员在旅游城市违法销售"假非私"卷烟的现象,对国家利益和消费者权益构成了严重的侵害。据相关数据统计,直至2019年,广西东兴口岸每日入境的外籍人员数量庞大,流动性极强,给地方政府的管理带来了一定的困难,导致边境地区行政及刑事案件频发。在这些过境的外籍人员中,有一部分人将入境销售非法卷烟作为职业选择,并逐渐形成团体化的销售模式。以东兴市口岸地区为例,已发现多个销售小团体分散在不同片区,尤其在旅游节假日期间,违法销售人员数量甚至超过百人。这些团体往往相互勾结,共同对抗执法,甚至安排专人监控烟草执法人员的行动,采取游击战术进行卷烟销售活动。尽管近年来烟草部门在边境地区加大了烟草法治宣传教育力度,但仍有少数居民为了一己私利,置法律于不顾,不仅为外籍人员提供非法卷烟存放场所,还在执法人员执行公务时进行辱骂和阻挠。此外,部分导游为获取提成报酬,甚至引导游客向涉外不法烟贩购买非法卷烟,并自行购买卷烟进行跨地区违法销售。针对上述问题,相关部门需进一步加大边境地区的执法力度,完善法律法规,提高居民的法律意识,共同维护国家利益和消费者权益的安全与稳定。

【主要法律问题】

(1) 涉外烟草行政处罚如何取证?
(2) 涉外烟草行政处罚文书如何送达?
(3) 涉外烟草行政处罚执行困难如何缓解?

【主要法律依据】

(1)《烟草专卖法》第32条、第35条、第37条、第38条。
(2)《烟草专卖法实施条例》第51条、第52条。

【理论分析】

1. 涉外烟草行政处罚法律依据

尽管目前国家尚未制定针对涉外行政处罚的专门法律,但在烟草行政处罚方面,

[①] 陈建先. 涉外烟草行政处罚案件处理实践研究[J]. 广西烟草学会2019年优秀论文集,2020:324-328.

我们主要依据的是《烟草专卖法》及《烟草专卖法实施条例》等相关法律法规。然而，在涉外依法行政的过程中并未找到明确的程序依据。基于程序正义的原则，任何缺乏法定依据或未遵循法定程序的行政处罚，都将被视为无效。在涉外烟草行政处罚方面，若能实现规范管理，将极大促进涉外卷烟行为的规范化，特别是边境地区卷烟市场的有序运行。此举不仅有助于防范外籍人员销售假烟、走私烟，进而扰乱当地及内地卷烟市场的秩序，还能有效保护边境旅游消费者的合法权益。然而，若涉外烟草行政处罚未能实现规范化立法，那么在法律适用和执法标准上便可能产生漏洞，这无疑会增大执法不公、执法不严甚至执法不力的风险，进而损害我国法治社会的形象。因此，从国家层面出发，建立和完善涉外烟草实体与程序的相关法律法规显得尤为重要。

2. 涉外烟草行政处罚取证环节面临的挑战

涉外烟草行政处罚取证环节面临的主要挑战之一是人员信息的准确识别问题。鉴于外籍人员高流动性的特点，外加戴布巾蒙面兜售活动，遇到执法人员检查往往迅速丢弃涉案卷烟并逃离现场。更为复杂的是，部分外籍人员企图利用伪造的边民证件逃避检查，为了准确识别他们，不得不向公安机关申请进行专业的三采比对以确认其真实身份。另一挑战是语言沟通障碍。烟草执法人员与外籍人员之间存在沟通障碍，导致现场无法直接进行询问和制作案卷文书，为此，我们必须增加执法的时间和成本，极大依赖公安机关提供的专业翻译人员。交易关联证据的确认也是我们面临的一大挑战。随着打击力度的不断加大，外籍人员在进行非法卷烟交易时采取了更为隐秘的手段。他们往往会私下与购买者商讨交易细节，避免公开场合的暴露。在交易过程中，他们借助接应人员或物流快递服务来传递非法卷烟，实现"人货分离"的目的。而购买者则利用微信、支付宝等现代化的支付工具进行款项转账，进一步增加了交易的隐蔽性。这种交易方式无疑加大了我们追踪非法卷烟交易的难度，使调查取证工作面临巨大的挑战。

3. 涉外烟草行政处罚执行问题

在涉及外籍人员的烟草行政处罚过程中，尽管按照原则要求他们需亲自到场接受处罚并缴纳罚款，但实际情况却远比这复杂。由于外籍人员常利用便民政策进行跨国贸易，其流动性导致处罚执行面临多重挑战。他们为使处罚无法彻底办结，在得知被处罚后可能选择避免再次过境，若无可供执行的财产，即使他们再次过境，处罚同样无法执行。退一步分析，即使有可执行财产，执行困难也不会减小，外籍人员拒绝缴纳同样麻烦。更为棘手的是，目前对于外籍人员在烟草行政处罚中的权利救济途径，尚缺乏明确的司法指导意见，这不仅可能给涉外烟草行政处罚的执行带来程序上的瑕疵，还可能引发国际司法纠纷，进一步增加了问题的复杂性。

4. 涉外烟草行政处罚案件执法队伍

边境涉外烟草行政案件频发，一支专业的涉外烟草行政处罚案件执法队伍显得尤为重要。这支队伍的组建迫在眉睫，需吸纳经过严格资格认证、系统培训的专职语种人员，队伍要保证掌握法律基础知识、烟草行业的法律法规以及烟草行政执法的核心流程。在执法中，需确保涉外处罚文书按法定程序制作，规范执行涉外处罚，确保案件处理质量。同时，市级层面应构建一个由烟草法规专家、专卖部门、社会法律顾问及司法机关等多方参与的涉外行政处罚案件指导团队，以提供全面而专业的指导。在基层执法实践中，我们将倚重那些在专卖业务领域表现卓越的专业人才，以及具备深厚法律素养的法规专员。他们将被赋予烟草行政处罚案件的具体实施与执行职责。构建这样一支专业团队，旨在为防控外部法律风险提供坚强保障，确保涉外烟草行政处罚案件的处理与执行工作能够得以高效、顺畅地进行。

5. 指挥执法部门证据收集

为了提升涉外执法的效率，我们需进一步加深与公安、海关及边境派出所等核心执法部门的合作。为了能够解决当前法律框架下在涉外人员身份认证、笔录翻译准确性以及文书签署等方面的规范性和证明力问题，要充分借鉴他们的执法程序优势，合法合规收集证据，以精准界定外籍人员的违法责任。为了更好打击外籍人员多次违反烟草管理法规的行为，需要强化与相关执法部门的出入境管理合作，依据出入境管理法规，积极向有关部门提供必要证据，以协助他们实施出入境限制措施，从而从根本上预防涉外烟草行政案件的发生。烟草部门将积极构建与司法局、检察院、法院等关键部门之间的紧密协作关系。在此基础上，明确划分各方的职责范围，并对涉外烟草行政处罚案件的处理流程进行精细化和优化。更为值得一提的是，我们将开创性地引入法律援助律师，以专业的法律知识和经验，为当事人提供涉外烟草行政处罚案件的代理服务。这一创新举措旨在将潜在的跨国司法纠纷风险转化为可控的民事委托代理风险，从而有效减轻处理涉外烟草行政处罚案件的工作压力。

6. 涉外人员权益保障

一个恪守法治的国家，应信奉法律面前人人平等的原则，不因国籍不同而有所偏颇。外籍人士的合法权益，同样值得关怀与尊重。在处理涉外烟草行政案件的过程中，必须恪守程序正义，切实保障各方权利，确保外籍当事人在法律诉讼中享有与其他人同等的地位，整个法律程序不仅合法且公正无私，最终的裁决也应公平合理。同时借助法律的力量，对所有外籍人士的合法权益给予平等的保护，这不仅彰显了国家的公正，也体现了法律的威严。

【思考题】

（1）如何解决涉外行政处罚执行中当事人不配合、拖延、消耗资源的行为？如何既保护我国权益，又依法敦促当事人履行义务？

（2）如何在涉外行政处罚中发挥执法部门证据收集及人员管理优势？

第六章
涉外行政调查

本章知识要点

（1）行政调查是指为了实现行政目的，行政主体通过调查、勘察、稽查、检查、查核、检验、询问、访视、普查、察查、稽核、审核、查验等多种方式对依法收集、整理、认定证据材料的活动。（2）行政调查的种类多样，根据不同的分类方式，本章主要针对行政调查中的反倾销调查、反补贴调查、反垄断调查予以介绍。（3）行政调查的主要制度包括：表明身份、告知说明、实施调查、陈述申辩、时限制度和行政救济。

第一节 涉外反倾销调查

反倾销调查系商务部等有关行政主体为了维护对外贸易秩序和公平竞争，依法对进口产品以倾销方式进入中华人民共和国市场，并对已经建立的国内产业造成实质损害或者产生实质损害威胁，或者对建立国内产业造成实质阻碍的，依法进行调查并采取反倾销措施的手段。《反倾销条例》第3章的第13条至第27条对反倾销调查的具体程序和方式进行了明确规定。

案例一 商务部对原产于欧盟的进口装入200升以下容器的蒸馏葡萄酒制得的烈性酒进行反倾销立案调查案[①]

【基本案情】

商务部于2023年11月30日收到中国酒业协会（以下称申请人）代表国内白兰地

[①] 中华人民共和国商务部. 商务部公告2024年第1号关于对原产于欧盟的进口装入200升以下容器的蒸馏葡萄酒制得的烈性酒进行反倾销立案调查的公告［EB/OL］.（2024-01-05）［2024-03-31］. http://www.mofcom.gov.cn/article/zcfb/gpmy/202401/20240103464791.shtml.

产业正式提交的反倾销调查申请,申请人请求对原产于欧盟的进口装入 200 升以下容器的蒸馏葡萄酒制得的烈性酒(以下称相关白兰地)进行反倾销调查。商务部依据《反倾销条例》有关规定,对申请人的资格、申请调查产品的有关情况、中国同类产品的有关情况、申请调查产品对国内产业的影响、申请调查国家(地区)的有关情况等进行了审查。

根据申请人提供的证据和商务部的初步审查,申请人相关白兰地的合计产量在 2019 年、2020 年、2021 年、2022 年和 2023 年上半年均占同期中国同类产品总产量的主要部分,符合《反倾销条例》第 11 条和第 13 条有关国内产业提出反倾销调查申请的规定。同时,申请书中包含了《反倾销条例》第 14 条、第 15 条规定的反倾销调查立案所要求的内容及有关证据。

根据上述审查结果,依据《反倾销条例》第 16 条的规定,商务部决定自 2024 年 1 月 5 日起对原产于欧盟的进口相关白兰地进行反倾销立案调查。有关事项公告如下(节选):

1. 立案调查及调查期

自本公告发布之日起,商务部对原产于欧盟的进口相关白兰地进行反倾销立案调查,本次调查确定的倾销调查期为 2022 年 10 月 1 日至 2023 年 9 月 30 日,产业损害调查期为 2019 年 1 月 1 日至 2023 年 9 月 30 日。

2. 被调查产品及调查范围

调查范围:原产于欧盟的进口装入 200 升以下容器的蒸馏葡萄酒制得的烈性酒。

被调查产品名称:装入 200 升以下容器的蒸馏葡萄酒制得的烈性酒(通常称白兰地)。

英文名称:Spirits obtained by distilling grape wine in containers holding less than 200 liters(usually called Brandy)。

产品描述:以葡萄、葡萄汁(浆)、葡萄皮渣、葡萄酒等为原料制得的烈性酒。

主要用途:主要作为饮料酒供人消费。

该产品归在《进出口税则》:22082000。该税则号项下装入 200 升及以上容器的蒸馏葡萄酒制得的烈性酒不在本次调查范围之内。

3. 登记参加调查

利害关系方应于本公告发布之日起 20 天内,向商务部贸易救济调查局登记参加本次反倾销调查。参加调查的利害关系方应根据《登记参加调查的参考格式》提供基本身份信息、向中国出口或进口本案被调查产品的数量及金额、生产和销售同类产品的数量及金额以及关联情况等说明材料。

4. 不合作的后果

根据《反倾销条例》第 21 条的规定,商务部进行调查时,利害关系方应当如实反映情况,提供有关资料。利害关系方不如实反映情况、提供有关资料的,或者没有在合理时间内提供必要信息的，或者以其他方式严重妨碍调查的，商务部可以根据已经获得的事实和可获得的最佳信息作出裁定。

【主要法律问题】

（1）什么是反倾销立案调查？
（2）反倾销立案调查启动方式有哪些？

【主要法律依据】

（1）《反倾销条例》第 11 条、第 13 条、第 14 条、第 15 条、第 16 条、第 21 条。
（2）《反倾销问卷调查规则》第 2 条至第 6 条。
（3）《反倾销产业损害调查规定》第 2 条、第 3 条。

【理论分析】

1. 行政调查的概念

行政调查是行政主体为了实现行政目的，通过依法收集、整理、认定证据材料，对一定范围内行政相对人进行的，能够影响相对人权益的行政活动。行政调查作为行政管理的重要手段，是行政许可、处罚、强制、征收等行政决定行为的基础，是行政决定的先行程序。各国行政法因其内部组成部分及其相互关系的差异，对行政调查性质的认定存在分歧。英美法系国家将行政调查视为行政机关获取信息的一种技术手段、措施，即一种辅助性的行政行为。大陆法系国家将行政调查视为行政机关为与其所联系、决定的行政行为收集信息的一种程序性活动，即一种程序性行政行为。[①] 目前我国行政法学关于行政调查的性质一共有三种不同的观点，分别是事实行为说、中间行政行为说、程序行政行为说。第一种观点认为，行政调查是一种事实行为，行政机关在管理活动中作出的调查行为仅以影响和改变事实状态为目的，只涉及程序权利和义务，而与实体权利和义务无关。[②] 由于行政调查属于事实行为，并不影响相对人实体权利和义务。[③] 也有观点认为，行政调查基本不产生法律效果，大量属于行政事实行为，部分属于西方学术界的"准法律行为"。[④] 第二种观点认为，行政调查行为是一种中间行政行为，是行政主体的某一行政行为的中间阶段，一般情况下不是作为独立行政行为出现的。[⑤] 第三观点认为，行政调查本身是一种独立行使行政职权的程序性行政行为，直接产生行政程序法律关系，引起该行政程序的运行，并对行政实体法律关系产生间接

---

① 杨建顺. 行政法总论 [M]. 2 版. 北京：北京大学出版社，2016：207.
② 沈荣华. 现代行政法学 [M]. 天津：天津大学出版社，2006：105.
③ 应松年，朱维究. 行政法与行政诉讼法教程 [M]. 北京：中国政法大学出版社，1989：169.
④ 王连昌. 行政法学 [M]. 成都：四川人民出版社，1993：224.
⑤ 杨建顺. 日本行政法通论 [M]. 北京：中国法制出版社，1998：501-502.

作用或影响。① 根据《反倾销条例》《反倾销产业损害调查规定》，反倾销调查系商务部等有关行政主体为了维护对外贸易秩序和公平竞争，依法对进口产品以倾销方式进入中国市场，并对已经建立的国内产业造成实质损害或者产生实质损害威胁，或者对建立国内产业造成实质阻碍的，依法进行调查并采取反倾销措施的手段。反倾销调查是行政调查的重要组成部分。

2. 行政调查的启动与职权主义

行政调查的启动方式有两种，一是依职权启动，二是依申请启动。本案中商务部是在收到中国酒业协会代表国内白兰地产业正式提交的反倾销调查申请后，依法对原产于欧盟的进口装入 200 升以下容器的蒸馏葡萄酒制得的烈性酒进行反倾销调查。需要注意的是，无论是依申请启动还是依职权启动，都要遵循职权调查主义原则，即行政主体依据管理职权享有不同的行政调查权，该行政调查权系行政机关依法拥有的法定职权，无论是依申请行政调查还是依职权行政调查，行政机关均可依据职权自主决定是否调查，调查的方式、范围、手段以及采集何种证据等。② 特别是在依申请启动的行政调查中，不受行政相对人请求范围的限制。特别是在干预行政中，职权调查主义具有更广泛的空间，例如本案中，根据《反倾销条例》第 21 条、《反倾销产业损害调查规定》的规定，商务部在公告第八项特别列明了利害关系方如"不如实反映情况、提供有关资料的，或者没有在合理时间内提供必要信息的，或者以其他方式严重妨碍调查的，商务部可以根据已经获得的事实和可获得的最佳信息作出裁定"。此外，根据职权调查主义原则，行政调查的过程中还应当遵循全面收集证据原则，禁止片面收集证据，即行政调查的目的是全面了解实际情况、充分收集有关证据，以便准确认定事实并作出行政决定，因而需要行政主体进行行政调查之时全面收集证据，既包含对行政相对人不利的证据，也包含对行政相对人有利的证据。例如，《湖南省行政程序规定》第 68 条规定："行政机关应当采取合法的手段和依照法定的程序，客观、全面收集证据，不得仅收集对当事人不利的证据。"

【思考题】

（1）利害关系方不如实反映情况、提供有关资料的，或者没有在合理时间内提供必要信息的，或者以其他方式严重妨碍调查的，商务部可以如何获取事实和信息？

（2）如何发挥反倾销行政调查在保护我国公共利益、维护对外贸易秩序和公平竞争方面的优势？

---

① 崔卓兰. 行政程序法要论 [M]. 长春：吉林大学出版社，1996：189；马工程. 行政法与行政诉讼法学 [M]. 2 版. 北京：高等教育出版社，2018：202；应松年，袁曙宏. 走向法治政府——依法行政理论研究与实证调查 [M]. 北京：法律出版社，2001：257-259.

② 张文郁. 权利与救济（三）：实体与程序之交错 [M]. 台北：元照出版有限公司，2014：146.

案例二 商务部对原产于韩国、泰国和马来西亚的进口共聚聚甲醛所适用的反倾销措施进行期终复审调查案[①]

【基本案情】

2017年10月23日，商务部发布2017年第61号公告，对原产于韩国、泰国和马来西亚的进口共聚聚甲醛征收反倾销税，经一次更名复审，该措施将于2022年10月23日到期。目前韩国公司税率为6.2%~30.4%，泰国公司税率为18.5%~34.9%，马来西亚公司税率为8.0%~9.5%。

根据《反倾销条例》有关规定，商务部对申请人资格、被调查产品和中国同类产品有关情况、反倾销措施实施期间被调查产品进口情况、倾销继续或再度发生的可能性、损害继续或再度发生的可能性及相关证据等进行了审查。现有证据表明，申请人符合《反倾销条例》第11条、第13条和第17条关于产业及产业代表性的规定，有资格代表中国共聚聚甲醛产业提出申请。调查机关认为，申请人的主张以及所提交的表面证据符合期终复审立案的要求。

根据《反倾销条例》第48条规定，商务部决定自2022年10月24日起，对原产于韩国、泰国和马来西亚的进口共聚聚甲醛所适用的反倾销措施进行期终复审调查。有关事项公告如下（节选）：

1. 查阅公开信息

利害关系方可在商务部网站贸易救济调查局子网站下载或到商务部贸易救济公开信息查阅室（电话：0086-10-65197878）查找、阅览、抄录并复印本案申请人提交的申请书的非保密文本。调查过程中，利害关系方可通过相关网站或到商务部贸易救济公开信息查阅室查找、阅览、抄录并复印案件公开信息。

2. 调查方式

根据《反倾销条例》第20条的规定，商务部可以采用问卷、抽样、听证会、现场核查等方式向有关利害关系方了解情况，进行调查。

为获得本案调查所需要的信息，商务部通常在本公告规定的登记参加调查截止之日起10个工作日内向利害关系方发放调查问卷。利害关系方可以从商务部网站贸易救济调查局子网站下载调查问卷。

利害关系方应在规定时间内提交完整、准确的答卷。答卷应当包括调查问卷所要求的全部信息。

[①] 中华人民共和国商务部. 商务部公告2022年第29号 关于对原产于韩国、泰国和马来西亚的进口共聚聚甲醛所适用的反倾销措施进行期终复审调查的公告［EB/OL］.（2022-10-23）［2024-03-31］. http://www.mofcom.gov.cn/article/zcfb/gpmy/202210/20221003360442.shtml.

3. 信息的提交和处理

利害关系方在调查过程中提交评论意见、答卷等，应通过"贸易救济调查信息化平台"（https://etrb.mofcom.gov.cn）提交电子版本，并根据商务部的要求，同时提交书面版本。电子版本和书面版本内容应相同，格式应保持一致。

利害关系方向商务部提交的信息如需保密的，可向商务部提出对相关信息进行保密处理的请求并说明理由。如商务部同意其请求，申请保密的利害关系方应同时提供该保密信息的非保密概要。非保密概要应当包含充分的有意义的信息，以使其他利害关系方对保密信息能有合理的理解。如不能提供非保密概要，应说明理由。如利害关系方提交的信息未说明需要保密的，商务部将视该信息为公开信息。

【主要法律问题】

（1）反倾销调查中，具体的调查方式有哪些？
（2）什么是反倾销调查中的调查保密原则？

【主要法律依据】

（1）《反倾销条例》第11条、第13条、第17条、第20条、第22条、第48条。
（2）《反倾销问卷调查规则》第2—6条、第14—17条。
（3）《反倾销产业损害调查规定》第19条、第24条、第31条、第32条。

【理论分析】

1. 行政调查执法的主要方式

本案中，根据《反倾销条例》第20条第1款、第3款的规定，商务部采用问卷、抽样、听证会、现场核查等方式向利害关系方了解情况，进行调查。且当商务部认为必要时，还可以派出工作人员赴有关国家（地区）进行调查。根据《反倾销产业损害调查规定》第24条的规定，商务部进行产业损害调查的方式包括采取问卷、抽样、听证、技术鉴定、实地核查等调查方式。换言之，反倾销行政调查中，其中主要调查方式包含问卷、抽样、听证会、现场核查、技术鉴定等。行政调查因其被视为其他行政行为的准备阶段，因而既常与行政许可、行政强制、行政处罚等行政行为相互联系，也与警察行政、经济行政等不同行政领域相关联，因而实际上在行政调查中，因为所涉及的领域不同，行政调查的具体方式也有所差异。例如根据《治安管理处罚法》《公安机关办理行政案件程序规定》等，在警察行政中，公安机关采用传唤、询问、盘查、现场勘验、鉴定等方式进行行政调查。而根据《海关法》第6条的规定，海关进行行政调查的方式包括检查、查验、查阅、查问等不同形式。也有学者研究认为，行政调查在制定法上用语极为多样化，包括调查、勘察、稽查、检查、查核、检验、询问、访视、普查、察查、稽核、审核、查验等多种不同形式。① 我国台湾行政法学界认为行政调查包含审查、检查、查验、讯问、勘查、检验等行政活动，其实质在于汇集资料或证据，凭以作成行政决定或执行根据。② 美国法上认为，行政调查包含检查（inspection）、查问（examine）、细看（scrutinize）、调查（investigate）、细察（look into）、查核（check over）、观察（view）等。③

2. 行政调查中的信息保密与信息公开

在反倾销调查过程中，要遵循调查保密原则的规定，调查保密原则在行政调查中主要体现为两个方面：一方面，行政主体应对行政调查活动中所获取或接触的国家秘密、商业秘密和个人隐私采取保密的原则。另一方面，对于行政调查所获得的信息和证据，应当在行政调查目的范围内使用，不得用于行政调查以外的用途。例如，《税收征收管理法》第54条第6项规定："税务机关查询所获得的资料，不得用于税收以外的用途。"《反倾销条例》第22条、《反倾销问卷调查规则》第14条至第17条、《反倾销产业损害调查规定》第31条和第32条将反倾销领域调查保密原则细化为如下四个方面：第一，保密采取申请制，利害关系方认为其答卷中有需要保密内容的，应当提出保密处理申请，并说明需要保密的理由。第二，对于要求保密的信息，利害关系方应当提供非保密概要。非保密概要应当合理表达保密信息的实质内容，以使其他利害关系方对保密信息能有合理的理解。第三，要求保密处理的信息需经调查机关保密审查。保密理由不充分，或者非保密概要不符合规定的，或者答卷的利害关系方不能提供非保密概要的理由不充分的，调查机关可以要求利害关系方在规定期限内补充和修改。调查机关如果认为提供的资料不需要保密时，可以要求利害关系方撤销保密申请。第四，利害关系方应当制作含有保密信息的完整答卷和只包括公开信息的公开答卷等两种类型的答卷，两类答卷正本各一份、副本各两份。根据《反补贴条例》第23条的规定，除依法需要保密的信息外，商务部应当公开与本案有关的材料，允许申请人和利害关系方查阅。其中，公开的方式一共有两种，一是由公开查阅室公开，即调查机关通过商务部贸易救济公开信息查阅室公开申请人提交的申请书的公开版本及保密版本的非保密概要。二是电子信息公开，即调查机关通过商务部网站登载申请人提交的申请书的公开版本及保密版本的非保密概要的电子版。

【思考题】

（1）在涉外反倾销调查案件中，我国行政机关赴有关国家（地区）进行调查应当注意什么？

---

① 黄学贤．行政调查及其程序原则[J]．政治与法律，2015（6）：17．
② 洪文玲．论行政调查[M]//台湾行政法学会．行政法争议问题研究（上）．台北：五南图书出版公司，2001：724．
③ Henry Campbell Black. Black's Law dictionary, M. A. west publishing Co., 1979, p716.

(2) 如何平衡反倾销调查中信息公开与涉密信息保密之间的关系？

第二节　涉外反补贴调查

为了维护我国对外贸易秩序和公平竞争，根据《对外贸易法》《反补贴条例》的有关规定，对进口产品存在补贴，并对已经建立的国内产业造成实质损害或者产生实质损害威胁，或者对建立国内产业造成实质阻碍的，依照法律进行反补贴调查，采取反补贴措施。

案例三　商务部对原产于美国的进口聚苯醚进行反补贴立案调查案[①]

【基本案情】

商务部于 2020 年 6 月 23 日收到南通星辰合成材料有限公司（以下称申请人）代表国内聚苯醚产业正式提交的反补贴调查申请，申请人请求对原产于美国的进口聚苯醚进行反补贴调查。根据《反补贴条例》第 16 条的规定，2020 年 7 月 29 日，商务部就有关反补贴调查事项向美国政府发出磋商邀请，并于 8 月 11 日与美国政府进行了磋商。

商务部依据《反补贴条例》有关规定，对申请人的资格、申请调查产品的有关情况、中国同类产品的有关情况、申请调查产品对国内产业的影响、申请调查国家的有关情况等进行了审查。

根据申请人提供的证据和商务部的初步审查，申请人及支持申请企业聚苯醚的合计产量在 2017 年、2018 年和 2019 年均占同期中国同类产品总产量的主要部分，符合《反补贴条例》第 11 条和第 13 条有关国内产业提出反补贴调查申请的规定。

申请书主张，申请调查产品接受了美国政府的补贴，美国聚苯醚产业（企业）可能受益的补贴项目共计 145 项。经初步审查，商务部认为申请书中包含了《反补贴条例》第 14 条、第 15 条规定的反补贴调查立案所要求的内容及有关证据。

根据上述审查结果，依据《反补贴条例》第 16 条的规定，商务部决定自 2020 年 8 月 14 日起对原产于美国的进口聚苯醚进行反补贴立案调查。有关事项公告如下（节选）：

[①] 中华人民共和国商务部. 商务部公告 2020 年第 32 号　关于对原产于美国的进口聚苯醚进行反补贴立案调查的公告 [EB/OL]. (2020-08-14) [2024-03-24]. http://www.mofcom.gov.cn/article/zcfb/gpmy/202008/20200802992300.shtml；商务部公告 2021 年第 18 号　关于对原产于美国的进口聚苯醚反补贴调查的延期公告 [EB/OL]. (2021-07-26) [2024-03-24]. http://www.mofcom.gov.cn/article/zcfb/gpmy/202107/20210703180318.shtml.

1. 立案调查及调查期

自本公告发布之日起,商务部对原产于美国的进口聚苯醚进行反补贴立案调查,本次调查确定的补贴调查期为2019年1月1日至2019年12月31日,产业损害调查期为2017年1月1日至2019年12月31日。

2. 被调查产品及调查范围

调查范围:原产于美国的进口聚苯醚。

被调查产品名称:聚苯醚,化学名称为聚2,6-二甲基-1,4-苯醚。

英文名称:Polyphenylene ether,又称 Polyphenylene Oxide,简称 PPE 或 PPO。

3. 调查期限

本次调查自2020年8月14日起开始,通常应在2021年8月14日前结束调查,特殊情况下可延长至2022年2月14日。

根据《反补贴条例》的规定,2020年8月14日,商务部发布年度第32号公告,决定对原产于美国的进口聚苯醚进行反补贴立案调查。

鉴于本案情况复杂,根据《反补贴条例》第27条的规定,商务部决定将本案的调查期限延长6个月,即截止日期为2022年2月14日。

【主要法律问题】

(1) 如何确定反补贴调查的时限?
(2) 涉外反补贴案件案情复杂时,可以采用什么调查方式?

【主要法律依据】

《反补贴条例》第11条、第13—16条、第27条。

【理论分析】

1. 行政调查的时限

行政调查的时限制度指的是行政调查应当在法定或合理期限内完成,其主要有两个方面:一是对于法律有明文规定的行政调查应当在法定期限内完成;二是对于法律没有明文规定期限的行政调查,该行政调查应当在合理期限内完成。根据《反补贴条例》第27条的规定,反补贴调查应当自立案调查决定公告之日起12个月内结束;特殊情况下可以延长,但延长期不得超过6个月。因而本案中,反补贴调查自2020年8月14日起开始,通常情况下应在12个月内结束,即于2021年8月14日前结束调查,若因特殊情况,可延长6个月,至2022年2月14日,鉴于本案情况复杂,商务部于2021年7月26日发布《关于对原产于美国的进口聚苯醚反补贴调查的延期公告》(商务部公告2021年第18号)对本案反补贴调查延期进行明确公告。

2. 反补贴调查领域的磋商与合作治理

根据《反补贴条例》第 16 条第 2 款、第 24 条的规定，在反补贴调查立案前和调查中，可以就补贴事项向被调查的国家（地区）政府进行磋商，其主要分为两步：第一，在决定立案调查前，应当就有关补贴事项向产品可能被调查的国家（地区）政府发出进行磋商的邀请。第二，在反补贴调查期间，应当给予产品被调查的国家（地区）政府继续进行磋商的合理机会。磋商不妨碍调查机关根据《反补贴条例》的规定进行调查，并采取反补贴措施。反补贴调查作为认定补贴成立的中间环节，调查程序作为专业性、技术性较强的实施认定程序，由于案件情况的复杂性，可以采用合作治理的方式来实现维护公平贸易的目的。合作治理的方式主要有两种不同的表现形式：第一，发挥不同类型主体在反补贴调查过程中的优势，除我国商务部以外，也可以由事业单位、专家咨询组织、行业组织、各类专家以及第三方机构等不同主体协助商务部来完成，例如《反补贴产业损害调查规定》第 23 条规定："商务部认为有必要的，可以聘请有关产业、财会、经贸、法律等方面的专家提供咨询意见。有关专家应当承担相应的保密责任。"实际上，不同主体有着强弱不等的调查资源和调查能力，可以在调查过程中开展相互合作，通过合作治理开展行政调查，查清待查事实，实现行政任务。[1] 第二，除反补贴行政调查外，积极通过多种方式实现妥善解决贸易摩擦，如反补贴调查过程中就有关补贴事项向产品可能被调查的国家（地区）政府进行磋商也是合作治理的重要组成部分，其目的在于整合各国、各类资源，通过多种方式和手段维护对外贸易秩序、营造公平竞争环境。

【思考题】

（1）反补贴案件中，案情重大复杂时，如何发挥行政调查的优势，维护对外贸易秩序和营造公平竞争环境？

（2）涉外反补贴案件中，与对方当事国磋商的注意事项有哪些？

案例四　商务部对原产于美国的进口聚苯醚反补贴调查最终裁定案[2]

【基本案情】

根据《反补贴条例》的规定，2020 年 8 月 14 日，商务部（以下称调查机关）发布 2020 年第 32 号公告，决定对原产于美国的进口聚苯醚（以下称被调查产品）进行

---

[1] 宋华琳. 行政调查程序的法治建构 [J]. 吉林大学社会科学学报, 2019 (3): 139-140.
[2] 中华人民共和国商务部. 商务部公告 2022 年第 2 号　关于对原产于美国的进口聚苯醚反补贴调查最终裁定的公告 [EB/OL]. (2022-01-06) [2024-03-24]. http://www.mofcom.gov.cn/article/zcfb/gpmy/202201/20220103234935.shtml.

反补贴立案调查。

调查机关对被调查产品是否存在补贴和补贴金额、被调查产品是否对国内产业造成损害及损害程度以及补贴与损害之间的因果关系进行了调查。根据调查结果和《反补贴条例》第25条的规定，2021年10月14日，调查机关发布初裁公告，初步认定原产于美国的进口聚苯醚存在补贴，国内聚苯醚产业受到实质损害，而且补贴与实质损害之间存在因果关系。

初裁后，调查机关对补贴和补贴金额进行了继续调查。本案调查结束，根据《反补贴条例》第26条的规定，调查机关作出最终裁定。有关事项公告如下：

1. 最终裁定

调查机关最终认定，原产于美国的进口聚苯醚存在补贴，补贴金额为微量补贴。根据《反补贴条例》第28条的规定，调查机关决定自本公告发布之日起，终止对原产于美国的进口聚苯醚的反补贴调查。

2. 被调查产品及调查范围

被调查产品的具体描述如下：

调查范围：原产于美国的进口聚苯醚。

被调查产品名称：聚苯醚。

英文名称：Polyphenylene ether，又称Polyphenylene Oxide，简称PPE或PPO。

3. 临时反补贴税保证金

鉴于调查机关决定不对原产于美国的进口聚苯醚征收反补贴税，有关进口经营者依商务部2021年第31号公告自2021年10月15日起至2022年1月6日向中华人民共和国海关所提供的临时反补贴税保证金，以及相应的进口环节增值税保证金，海关予以退还。

4. 行政复议和行政诉讼

对本案终裁决定不服的，根据《反补贴条例》第52条的相关规定，可以依法申请行政复议，也可以向人民法院提起诉讼。

本公告自2022年1月7日起执行。

【主要法律问题】

（1）如何认定征收临时反补贴税的法律性质？

（2）反补贴调查的救济渠道有哪些？

【主要法律依据】

《反补贴条例》第25条、第26条、第28条、第52条。

【理论分析】

1. 临时反补贴税保证金与行政征收

税收是国家税务机关凭借其行政权力，为达到调节资源分配和收入分配、协调各行业发展的目的，依法强制无偿取得财政收入的一种手段。征收临时反补贴税的本质是行政征收。行政征收是行政决定的一种形态，指的是行政主体依法向行政相对人强制性地收取税费或私人财产的行政行为。由于行政征收的效果是剥夺或处分行政相对人的私人财产权益，根据《立法法》第11条第6项和第12条的规定，税种的设立、税率的确定和税收征收管理等税收基本制度必须由法律规定，特殊情况下全国人民代表大会及其常务委员会有权作出决定，授权国务院可以根据实际需要，对其中的部分事项先制定行政法规。根据《反补贴条例》第29条、第38条的规定，在反补贴税征收过程中，一共有两种不同的阶段：一是初裁决定确定补贴成立，并由此对国内产业造成损害的，可以采取临时反补贴措施。临时反补贴措施采取以现金保证金或者保函作为担保的征收临时反补贴税的形式。二是在为完成磋商的努力没有取得效果的情况下，终裁决定确定补贴成立，并由此对国内产业造成损害的，可以征收反补贴税。

2. 反补贴调查及其裁定的救济途径

反补贴过程中存在两个行为：一是反补贴行政调查，二是反补贴最终裁定。但对于反补贴行政调查是否具有独立的行政行为属性，实践中仍存争议。对于行政调查独立性质的认定存在四种不同的观点，一是行为类型说，认为行政调查是一种与行政命令、行政处分相关的行政行为；二是行政制度说，认为只是行政过程中的一个环节，是各类行政行为所必须的一种共同制度；三是先行程序说，认为行政调查是各种行政行为的先置性程序，服务于行政行为的作出；四是信息收集说，认为行政调查不是行政行为，只是政府收集信息的活动。上述四种不同观点的核心在于是否认定行政调查是一种独立的行政行为。对于行政调查不同性质的认识会直接影响到反补贴调查及反补贴裁定行政救济渠道的选择。如果认为行政调查是独立的行政行为，那么反补贴调查和反补贴裁定实际上是两个独立但却关联的行政行为，两者可以分别通过行政复议、行政诉讼等方式予以救济。

实际上，行政调查形态的复杂性以及兼具实体性与程序性的特点，使得其性质的界定不像行政处罚、行政许可等典型行政行为定性那么容易。[①] 而无论是将行政调查单独救济还是叠加在最终行政决定上救济，都离不开对于行政调查行为本身的规制。当前对于反补贴调查等在内的行政调查缺乏统一的程序和标准，实际上，探寻事实真相与适用证据规则并非专属于诉讼程序，可以参照司法程序中的证据规则设置行政调查程序，未来通过制定统一的《行政程序法》《行政调查法》，行政调查裁量的标准化，实现行政调查程序一定程度上的"准司法化"。

---

① 应松年. 当代中国行政法（第四卷）[M]. 北京：人民出版社，2018：1319.

【思考题】

（1）在涉外反补贴调查中，征收临时反补贴税应当注意什么？
（2）如何利用所在国法律规定，对反补贴裁定进行法律救济？

第三节　涉外反垄断行政调查

反垄断调查是行政调查的重要组成部分。为了预防和制止垄断行为，保护市场公平竞争，提高经济运行效率，维护消费者利益和社会公共利益，促进社会主义市场经济健康发展，2022年修正的《反垄断法》第6章第46条至第55条对涉嫌垄断行为的行政调查进行了详细规定，主要包括调查的启动、调查的方式、调查的人员、调查的程序等。

案例五　国家发改委对美敦力医疗公司价格垄断行为行政调查案[①]

【基本案情】

根据《反垄断法》等法律法规，国家发改委于2016年4月起依法开展反垄断调查，对美敦力医疗公司（注：该企业为外国法人独资企业，以下称当事人）在中国境内市场销售心脏血管、恢复性疗法和糖尿病业务领域医疗器械产品过程中，与交易相对人达成并实施垄断协议的行为进行了调查。期间，国家发改委开展了现场调查，提取了相关书证和电子数据资料，并对转售环节的实施价格进行了核查，分析论证了涉案行为对市场竞争和消费者利益的影响，先后十次与当事人会面，就有关问题进行询问，并充分听取了当事人的陈述意见。

在调查中，办案人员发现，当事人在价格控制方面，采取了一系列极为严格的措施。此次受到处罚的美敦力医疗公司，在心脏血管、恢复性疗法和糖尿病业务领域的医疗器械产品中，通过直接固定经销商的转售价格、固定经销商的毛利率间接控制转售价格、限定经销商的最低投标价格、限定经销商转售到医院的最低价格等四种方式进行纵向价格垄断。

为了确保经销商执行价格协议，当事人还通过全国各地的区域经理去督促经销商

[①] 国务院.国家发展和改革委员会行政处罚决定书〔2016〕8号［EB/OL］.（2016-12-09）［2024-03-28］.https://www.gov.cn/xinwen/2016-12/09/content_5145747.htm；央视曝光.发改委调查美敦力遭对抗，40多人被困6小时［EB/OL］.（2016-12-09）［2024-03-28］.https://www.thepaper.cn/newsDetail_forward_1576692；新京报."洋巨头"对抗调查，反垄断可别手软［EB/OL］.（2016-12-10）［2024-03-28］.http://www.xinhuanet.com/world/2016-12/10/c_1120091260.htm.

来执行它的销售价格,一旦现有经销商低价销售,不仅要进行罚款,还会终止经销权。办案人员还发现,当事人只在中国市场采取了这种纵向价格垄断的经销模式,在本土美国市场并没有采用这种做法。

办案人员在掌握充分证据后,2016年4月对该公司突击检查,一开始突袭不太顺利,当事人并不配合反垄断调查,甚至把发改委系统40人的现场突击检查团队,整整困在美敦力医疗公司办公场所长达6小时之久,从早上9点半到下午4点行政执法人员一直在遭遇对抗。美敦力医疗公司高管躲藏在办公楼避而不见。而国家发改委反垄断执法团队和当事人美国总部打越洋电话十余次后,对方才让美敦力医疗公司中国部门配合执法。

根据当事人提交的财务数据,经核算,2015年度当事人受上述违法行为影响的中国境内市场涉案产品销售额为29.63亿元人民币。以上调查事实有调查询问笔录、经销协议、分销协议、投标管理文件、产品价格表、业务往来邮件、财务报表,以及从平台商、经销商处提取的转售价格数据等证据材料为证。

国家发改委认定,当事人的行为违反《反垄断法》,且不符合豁免情形和豁免条件。2016年12月7日,国家发改委宣布,已依法对美敦力医疗公司的价格垄断行为作出行政处罚,罚款1.185亿元。这起案件也是我国在医疗器械领域的反垄断第一案。

【主要法律问题】

(1) 什么是行政调查中的飞行调查?
(2) 行政调查中当事人的协助义务有哪些?
(3) 反垄断行政调查中,当事人抗拒执法的法律后果是什么?

【主要法律依据】

(1)《反垄断法》(2007)第14条、第15条、第46条、第49条、第52条。
(2)《行政处罚法》(2009)第27条、第51条。

【理论分析】

1. 行政调查的分类

根据2022年修正的《反垄断法》第47条第3款第1项的规定,反垄断执法机构调查涉嫌垄断行为,可以进入被调查的经营者的营业场所或者其他有关场所进行检查,即检查是反垄断行政调查的一种方式和手段。依据不同的分类标准,可以将行政调查分为不同的种类。根据行政调查发生的时间和频率,可以分为经常性调查、临时调查和突击调查。其中,突击调查又称飞行调查、突发调查,指的是事先不通知被检查部门,而由行政机关实施的突发性、临时性的现场调查。本案国家发改委针对美敦力医疗公司的突击检查就是突击行政调查的典型情形。除此之外,根据行政调查前置条件的不同,可以分为依申请行政调查和依职权行政调查。根据行政调查所指向后续行政行为类型的不同,可以分为授益行为中的行政调查和损益行为中的行政调查。根据调查方式的不同,可以分为书面调查和实地调查。根据行政机关调查任务的不同,可以分为日常调查、专项调查。根据被调查对象的不同,可以分为对人的调查、对物的调查、对场所的调查。根据调查领域的不同,可以分为公安调查、税务调查、工商调查、环境调查。[①] 本案中,国家发改委所进行的是依职权行政调查、实地行政调查、专项行政调查,其中既涉及对物的调查,也涉及对场所的调查。

2. 行政调查中当事人的义务

行政调查权系行政机关依法拥有的法定职权,行政调查过程中尽管遵循行政机关职权主义原则,行政机关可依据职权自主决定是否调查,调查的方式、范围、手段以及采集何种证据等[②],但行政机关行政调查的进行也有赖于行政相对人的配合。行政主体进行行政调查的过程中,当事人的主要义务有两种,一是容忍义务,二是协助义务。容忍义务指的是,行政调查尽管不具有处分性,本身不会直接剥夺行政相对人权利,但在行政调查的过程中其具有限权性,会限制行为自由或财产权享用,[③] 如暂时停产、停工等。为保障行政调查的顺利进行,对行政行为所产生的不利影响,当事人负有一定的容忍义务,不得抗拒、不得阻挠依法进行的行政调查活动。此外,在调查过程中,行政机关尽管已经尽力调查,但未必能完全掌握所有证据材料,此时有赖于当事人能履行协助义务,提交其所掌握的事实和证据,则有助于行政机关查明事实真相,作出合法科学的行政决定。需要注意的是,容忍义务和协助义务并非不受法律的限制,两者都要受到比例原则的考量,不应逾越比例原则的范围。然而,本案中当事人美敦力医疗公司实际上并未配合反垄断执法机关的调查,甚至对现场突击检查团队进行了长达6小时之久的围困,属于未履行当事人配合协助义务,应当依法受到法律的制裁。根据我国法律规定,当行政相对人拒绝或不配合时,通过行政强制措施或者行政处罚的方式确保行政调查目的的实现。

3. 反垄断调查中当事人抗拒执法的法律后果

根据本案行为时《反垄断法》(2007)第52条规定,反垄断执法机构依法实施的审查和调查,拒绝提供有关材料、信息,或者提供虚假材料、信息,或者隐匿、销毁、转移证据,或者有其他拒绝、阻碍调查行为的,其最高上限罚款仅为100万元,因而对包括本案当事人在内的行政相对人震慑有限,时有暴力抗拒反垄断行政调查执法的行为发生。为了有效抑制当事人抗拒反垄断执法,切实维护我国利益,营造良好的营

[①] 马工程. 行政法与行政诉讼法学 [M]. 2版. 北京:高等教育出版社,2018:202;罗豪才,湛中乐. 行政法学 [M]. 3版. 北京:北京大学出版社,2012:223;胡建淼. 行政法学 [M]. 4版. 北京:法律出版社,2015:432-433;莫于川. 行政法与行政诉讼法 [M]. 2版. 北京:中国人民大学出版社,2015:180.

[②] 张文郁. 权利与救济(三):实体与程序之交错 [M]. 台北:元照出版有限公司,2014:146.

[③] 崔卓兰. 行政程序法要论 [M]. 长春:吉林大学出版社,1996:189;应松年,袁曙宏. 走向法治政府——依法行政理论研究与实证调查 [M]. 北京:法律出版社,2001:257-259.

商环境。2022年《反垄断法》修正时，参考了欧盟对于不配合调查者被调查企业全球营收1%作为上限处罚的规定，提高了行政处罚罚款数额的上限。现行有效的《反垄断法》第62条明确规定："对反垄断执法机构依法实施的审查和调查，拒绝提供有关材料、信息，或者提供虚假材料、信息，或者隐匿、销毁、转移证据，或者有其他拒绝、阻碍调查行为的，由反垄断执法机构责令改正，对单位处上一年度销售额百分之一以下的罚款，上一年度没有销售额或者销售额难以计算的，处五百万元以下的罚款；对个人处五十万元以下的罚款。"此举进一步提高了当事人抗拒执法的行为成本，更好地敦促反垄断调查当事人积极配合行政机关执法。

【思考题】

（1）如何解决在反垄断执法调查中，当事人不配合执法、拖延时间、消耗执法资源的行为？特别是当事人涉外过程中，如何既保护我国合法权益，又依法敦促当事人履行协助义务？

（2）如何发挥反垄断调查中飞行调查的优势？

案例六 江苏省市场监督管理局对丰田汽车公司涉嫌价格垄断立案调查案[①]

【基本案情】

依据《反垄断法》，原江苏省物价局经授权，自2017年12月起，对丰田汽车公司（注：该企业为外国法人独资企业，以下简称当事人）涉嫌在雷克萨斯品牌汽车销售中存在价格垄断行为进行了调查。江苏省政府机构改革后，本案由江苏省市场监督管理局依法继续管辖。

经查，2015年6月至2018年2月，当事人与经销商达成并实施了限定经销商网络报价和部分车型整车转售价格的协议。第一，当事人区域销售经理通过召开经销商会议、巡店、微信通知等方式，要求江苏省内经销商在互联网平台，包括汽车之家、易车网等销售雷克萨斯汽车时，统一按照各车型建议零售价进行报价，经销商不得擅自降低网络报价。第二，当事人区域销售经理通过召开地区协力会、微信通知等方式限制经销商销售雷克萨斯ES200、ES300h、NX200、CT200、RX450、NX300、LX570、LS系列等重点车型最低转售价格。例如，雷克萨斯RX450最大优惠幅度不得超过建议零售价的6%，ES200精英最低开票价为273000元，ES300h舒适型轿车最低开票价为353000元，NX200锋行型最低开票价为288000元，NX300、LX570、LS系列均要求新款上市时不得出现现金折扣。

[①] 江苏省市场监督管理局行政处罚决定书〔2019〕1号。

另查明，当事人 2016 年度江苏市场销售额为 4380652974.13 元。

上述事实有各经销商情况说明、整车销售明细、合同、发票、会议纪要、微信记录、工作笔记、邮件、经销商相关人员询问笔录、当事人营业执照、销售额统计表、相关人员询问笔录、自查整改报告等证据材料证明。

江苏省市场监督管理局认为，当事人与经销商处于雷克萨斯汽车销售链条的不同环节，各自具有独立的法律地位，经销商为当事人交易相对人。当事人统一经销商网络报价、限定经销商转售商品最低价格的行为，属于与交易相对人达成并实施"固定向第三人转售商品的价格""限定向第三人转售商品的最低价格"的垄断协议，违反了《反垄断法》（2007）第 14 条的规定。

本案调查终结后，江苏省市场监督管理局于 2019 年 11 月 20 日，依据《行政处罚法》（2017）第 31 条、第 32 条、第 42 条，以及《市场监督管理行政处罚听证暂行办法》第 5 条的规定，告知当事人拟作出行政处罚决定的事实、理由及依据，并告知当事人依法享有陈述、申辩以及要求举行听证的权利。当事人在法定期限内未行使陈述、申辩权，也未要求举行听证。江苏省市场监督管理局认为，当事人与经销商处于雷克萨斯汽车销售链条的不同环节，各自具有独立的法律地位，经销商为当事人交易相对人。当事人统一经销商网络报价、限定经销商转售商品最低价格的行为，属于与交易相对人达成并实施"固定向第三人转售商品的价格""限定向第三人转售商品的最低价格"的垄断协议，违反了《反垄断法》（2007）第 14 条的规定。依据《反垄断法》（2007）第 46 条、第 49 条的规定，综合当事人违法行为的性质、程度和持续时间等因素，考虑到当事人积极配合调查，承认存在违反《反垄断法》的行为，主动整改，责令当事人停止违法行为，并决定对当事人处上一年度（2016 年度）销售额 2% 的罚款，即 87613059.48 元。

【主要法律问题】

（1）机构调整后，行政调查权如何行使？

（2）行政调查是不是一个独立的行政行为？行政调查中的说明理由、告知权利与行政处罚中的说明理由、告知权利有什么区别？

【主要法律依据】

（1）《反垄断法》（2007）第 14 条、第 46 条、第 49 条。

（2）《行政处罚法》（2017）第 31 条、第 32 条、第 42 条。

（3）《市场监督管理行政处罚听证暂行办法》第 5 条。

【理论分析】

1. 职权继受与反垄断行政调查职权调整

行政主体为了达到一定的行政目的，根据法律、法规授权拥有某种支配型的行政权力,称为行政职权。行政职权是国家行政权的外化,其目的在于实施国家行政管理活动。实践中,由于机构调整等原因,行政职权会在不同行政主体之间进行移转,包括职权继受、职权更替等。根据行政组织法的规定,职权继受指的是某一行政机关行使的部分或全部行政职权,因发生特定的法律事实无法继续行使,而由另一行政机关继续行使。本案中就属于这种情况,2018年国务院机构改革方案提出,组建国家市场监督管理总局,合并国家工商、质检、食药监等部门职责,整合各部门涉及价格监督检查和反垄断的职责等。根据江苏省政府机构改革,本案中原行政主体江苏省物价局的行政职权被江苏省市场监督管理局行使,因而本案由江苏省市场监督管理局依法继续管辖。

2. 行政调查与行政处罚中的说明理由、告知权利

本案中既涉及行政调查中行政执法人员亮明身份、听取当事人陈述申辩、告知当事人权利救济途径,也包含本案调查终结后,江苏省市场监督管理局依据《行政处罚法》《市场监督管理行政处罚听证暂行办法》的规定,告知当事人拟作出行政处罚决定的事实、理由及依据,并告知当事人依法享有陈述、申辩以及要求举行听证的权利。本案中涉及行政调查中的说明理由、告知权利与行政处罚中的说明理由、告知权利的区别,而其关键在于厘清行政调查的属性。关于行政调查的性质,理论和实践中仍存分歧。有观点认为,行政调查是一种中间行政行为,是行政主体的某一行政行为的中间阶段①,一般情况下不是作为独立行政行为出现的,而是行政处罚、行政强制等独立行政行为的前序阶段和环节。也有观点认为行政调查本身是一种独立行使行政职权的程序性行政行为,直接产生行政程序法律关系,引起该行政程序的运行,并对行政实体法律关系产生间接作用或影响。②对于该问题的理解实际上会影响到在行政调查过程中当事人陈述、申辩以及救济方式等的差异。如果认为行政调查只是行政决定的一个流程和环节,那么行政调查本身依附于行政处罚、行政许可等行政决定,当事人认为权利受到侵害需要救济时,行政调查本身不宜单独被救济,只能附加在独立的行政决定中,进行行政复议、行政诉讼或提起国家赔偿补偿。但是,如果认为行政调查本身就是一个独立的行政行为,其本身也受到依法行政等原则的限制,那么行政调查与其最终行政处罚是两个不同的行政行为,其应当独立进行说明理由、告知权利等过程,当事人也可针对行政调查中的违法行为依法进行法律救济。

【思考题】

(1) 对于行政调查是不是独立的法律行为,实践中仍有争议,对此你的观点是什么?

---

① 杨建顺. 行政法总论 [M]. 2版. 北京:北京大学出版社,2016:207.
② 崔卓兰. 行政程序法要论 [M]. 长春:吉林大学出版社,1996:189;应松年,袁曙宏. 走向法治政府——依法行政理论研究与实证调查 [M]. 北京:法律出版社,2001:257-259.

(2)行政调查过程中如涉及机构调整或职权移转,如何保障行政调查过程的顺利进行?

案例七 上海市工商行政管理局对伊士曼公司涉嫌滥用市场支配地位实施垄断行为立案调查案[①]

【基本案情】

2017年8月16日,经原国家工商行政管理总局授权,原上海市工商行政管理局对伊士曼公司(注:该企业为外国法人独资企业,以下简称当事人)涉嫌滥用市场支配地位行为立案调查。

经查,本案当事人属于伊士曼集团,系伊士曼集团中国区经营总部。在本案中,当事人负责"Texanol"品牌醇酯十二等在中国大陆地区的销售业务,本案相关商品市场为醇酯十二成膜助剂市场,相关地域市场界定为中国大陆市场。以上对于相关市场的界定及市场支配地位的认定由询问笔录、相关行业协会出具的咨询报告、相关经济学分析报告以及当事人、成膜助剂相关生产商、异丁醛生产商、涂料生产商提供的书证材料等证据证明。

经查,2013至2015年期间,当事人滥用其在中国大陆醇酯十二成膜助剂市场的支配地位,与国内相关涂料客户签订最低采购数量条款,为保障最低采购数量条款实施,当事人还在合同中附加了关于在任何情况下都应当按照合同约定之年度最小采购量付款的格式条款(以下简称"照付不议协议")。此外,当事人以最低采购数量为生效条件,与合作企业签订的全球框架采购协议《成膜助剂合作与佣金协议》指出,若××公司及其全球关联公司通过伊士曼公司采购的成膜助剂总量达到其全球总需求量的*%以上,则可在伊士曼全球销售区域内享受最惠国待遇。2013至2016年期间,当事人在上述框架协议基础上,签订并实施了附属销售激励协议:若××公司及其在中国境内各关联公司采购醇酯十二及醇酯十六达到约定数量,则给予××公司约定比例的销售折扣。经查证,当事人通过该协议锁定了××公司在中国地区至少75%以上醇酯十二产品需求量。以上事实由当事人及相关人员陈述笔录、当事人及相关企业提供的往来邮件、书面合同、销售政策、财务数据等证据证明。

原上海市工商行政管理局使用"假定垄断者测试",通过合理运用行业数据和经济学工具,对涉案商品进行多维度替代性分析后,锁定了当事人在相关市场内实施具有限定交易效果的排他性协议的违法行为。调查显示,当事人滥用其在中国大陆醇酯十二成膜助剂市场的支配地位,与国内相关涂料客户签订并实施了具有限定交易效果的

[①] 市场监管总局2019年反垄断执法十大典型案例。上海市市场监督管理局行政处罚决定书沪市监案处字〔2019〕第000201710047号。

"照付不议协议"及"最惠国待遇协议",在相关市场内实施的排他性协议促使交易相对方向当事人及其关联公司购买大部分甚至全部醇酯十二成膜助剂,限制了交易相对方与其他竞争对手的交易,使得其他竞争对手和潜在经营者无法通过正常竞争手段进入封锁市场,从而削弱了醇酯十二相关市场的竞争水平,产生了明显的反竞争效果。

本案调查终结后,原上海市工商行政管理局认为,2013至2015年间,当事人利用其在中国大陆醇酯十二成膜助剂市场的支配地位,实施排除、限制竞争的限定交易行为构成了《反垄断法》(2007)第17条第1款第4项规定的滥用市场支配地位行为,对当事人作出如下处罚决定:第一,责令停止违法行为;第二,对当事人处以其2016年度销售额5%(487574226.99元)的罚款,合计24378711.35元人民币。

原上海市工商行政管理局于2019年3月27日向当事人直接送达了沪市监案听告字〔2019〕第000201710047号《行政处罚听证告知书》,将拟作出行政处罚的事实、理由、依据及处罚内容依法告知。当事人在收到上述《行政处罚听证告知书》之日起的3个工作日内,未提出陈述、申辩意见及听证要求。

【主要法律问题】

(1) 本案中,反垄断调查主体是谁?原国家工商行政管理总局与原上海市工商行政管理局之间的关系是什么?

(2) 反垄断调查程序主要有哪些?

【主要法律依据】

(1)《反垄断法》(2007)第17条、第39条、第44条、第47条、第49条。

(2)《行政处罚法》(2017)第46条、第51条。

(3)《中共中央、国务院关于推进价格机制改革的若干意见》之四(十六)。

【理论分析】

1. 行政授权与反垄断调查主体

行政主体产生行政职权的方式共有设定和授权两种。根据2022年修正的《反垄断法》第13条的规定,我国反垄断执法工作由国务院反垄断执法机构负责。而国务院反垄断执法机构根据工作需要,可以授权省、自治区、直辖市人民政府相应机构,依照《反垄断法》的有关规定,负责有关反垄断执法工作。换言之,《反垄断法》将反垄断执法主体设置为两类:第一类是职权性行政主体,即国务院反垄断执法机构,本案中为国家工商行政管理总局。2018年3月,根据第十三届全国人民代表大会第一次会议批准的国务院机构改革方案,将国家工商行政管理总局的职责整合,组建国家市场监督管理总局,目前国家层面的反垄断统一执法主体为国家市场监督管理总局。第二类是授权性行政主体,即国务院反垄断执法机构根据工作需要,可以授权省、自治区、直辖市人民政府相应机构,本案中为上海市工商行政管理局,当前为上海市市场监督管理局。需要注意的是，根据行政组织法中的行政授权理论，行政授权是指法律、法规、规章直接将某行政职权授予其他组织，或行政主体依据法律、法规、规章的规定将自己拥有的行政职权授予其他组织，由被授权的组织独立行使职权并承担相应责任的法律行为。此处，原国家工商行政管理总局根据《反垄断法》的规定，将该案反垄断调查职权授权给了原上海市工商行政管理局，因此原上海市工商行政管理局为本案反垄断执法的行政主体，独立行使职权并承担相应的法律责任。

2. 反垄断立案调查

2022年修正的《反垄断法》第46条至55条对涉嫌垄断行为的调查进行了具体规定。根据该法第46条的规定，启动反垄断行政调查的方式一共有两种，一是反垄断执法机构依职权对涉嫌垄断行为进行调查，二是任何单位和个人对于涉嫌垄断行为可依法向反垄断执法机构举报，反垄断应当据此进行必要的调查。根据《国务院反垄断反不正当竞争委员会办公室、市场监管总局关于建立反垄断"三书一函"制度的通知》（双反办发〔2023〕1号）的规定，有初步证据证明经营者从事垄断协议、滥用市场支配地位行为，或经营者从事未依法申报、违反审查决定等违法实施经营者集中等行为的，由市场监管总局依法予以立案，并向当事人发出《立案调查通知书》并进行立案调查。反垄断调查作为行政调查的一种，首先遵循行政调查的一般规定，立案调查主要围绕着"亮明身份—调查核实—被调查的经营者、利害关系人陈述意见—依法决定并公开"的调查程序进行。《反垄断法》在保障和强化市场功能、提高经济运行效率、维护消费者权益和社会公共利益、实现公平自由竞争的市场价值理念上发挥了重要作用，而反垄断立案调查是识别和判定涉嫌垄断行为，依法作出行政决定的前提和基础，特别是在涉外反垄断调查中，关于当事人识别、"最惠国待遇"等条款的判定与国内反垄断行政调查有一定的出入，更需要反垄断执法机关依法科学履行职权，综合运用法社会学、法经济学等手段，综合判定涉嫌垄断行为的性质。

【思考题】

（1）实践中，反垄断调查专业性强、难度高，如何依法高效开展行政调查？

（2）如何依法利用反垄断行政调查等方式优化政府反垄断职能，营造良好营商环境？

第七章

涉外行政监管措施

本章知识要点

（1）行政监管措施，也称非裁罚性监管措施、非裁罚性不利处分，或者管制性不利处分，是行政主体基于维护公共秩序目的，对行政相对人实施的减损其利益的行政行为。(2) 行政监管措施的内容既可以是强制行政相对人承担一定的不利后果，也包括对行政相对人采取的临时风险管控。（3）在涉外行政法领域，行政监管措施主要有列入不可靠实体清单、出口管制、限制数据跨境流动、对外贸易救济、加征关税等。

第一节 列入不可靠实体清单

2020年9月19日，经国务院批准，商务部公布并施行《不可靠实体清单规定》（商务部令2020年第4号），这是我国政府为"保护中国企业、其他组织或者个人的合法权益，纠正个别外国实体的违法行为，维护国家主权、安全和发展利益，维护公平、自由的国际经贸秩序"实施对外贸易管制措施的核心法律依据。《不可靠实体清单规定》的公布施行，标志着"列入不可靠实体清单"正式成为我国涉外行政法领域中一项重要的行政监管措施。

根据《不可靠实体清单规定》，国家建立不可靠清单制度，对危害中国国家主权、安全、发展利益；违反正常的市场交易原则，中断与中国企业、其他组织或者个人的正常交易，或者对中国企业、其他组织或者个人采取歧视性措施，严重损害中国企业、其他组织或者个人合法权益的外国实体，由不可靠实体清单工作机制进行调查，作出是否将有关外国实体列入不可靠实体清单的决定并予以公告。对列入不可靠实体清单的外国实体，工作机制根据实际情况，可以决定采取下列一项或者多项措施，并予以公告：限制或者禁止其从事与中国有关的进出口活动；限制或者禁止其在中国境内投资；限制或者禁止其相关人员、交通运输工具等入境；限制或者取消其相关人员在中国境内工作许可、停留或者居留资格；根据情节轻重给予相应数额的罚款；其他必要的措施。

案例一 洛克希德·马丁公司、雷神导弹与防务公司被列入不可靠实体清单案[①]

【基本案情】

2023年2月16日，不可靠实体清单工作机制发布《不可靠实体清单工作机制公告》（2023年第1号）。公告内容为，为维护国家主权、安全和发展利益，根据我国《对外贸易法》《国家安全法》等有关法律，不可靠实体清单工作机制依据《不可靠实体清单规定》第2条、第8条和第10条等有关规定，决定将参与对台湾地区军售的洛克希德·马丁公司、雷神导弹与防务公司列入不可靠实体清单，并采取以下处理措施：一是禁止上述企业从事与中国有关的进出口活动；二是禁止上述企业在中国境内新增投资；三是禁止上述企业高级管理人员入境；四是不批准并取消上述企业高级管理人员在中国境内工作许可、停留以及居留资格；五是对上述企业分别处以罚款，金额为《不可靠实体清单规定》实施以来各企业对台军售合同金额的2倍。上述企业应当自本公告公布之日起15日内，按照相关法律法规办理缴款。若逾期不履行本决定，不可靠实体清单工作机制将依法采取加处罚款等措施。本公告未尽事宜，按《不可靠实体清单规定》执行。本公告自公布之日起实施。

【主要法律问题】

（1）列入不可靠实体清单的法律性质是什么？
（2）被列入不可靠实体清单的后果有哪些？

【主要法律依据】

（1）《不可靠实体清单规定》（商务部令2020年第4号）。
（2）《对外贸易法》（2016）第7条、第16条、第17条、第18条、第26条、第27条。
（3）《国家安全法》第59条、第60条。

【理论分析】

1. 不可靠实体清单制度的制定背景

2019年5月31日，商务部新闻发言人首次提出我国政府将出台不可靠实体清单制度，以维护国际经贸规则和多边贸易体制，反对单边主义和贸易保护主义，维护中国国家安全、社会公共利益和企业合法权益。此时，中美贸易摩擦正酣，美国政府滥用

[①] 中华人民共和国商务部. 不可靠实体清单工作机制公告2023年第1号［EB/OL］.（2023-02-16）［2024-05-22］. http://www.mofcom.gov.cn/article/zcfb/zcblgg/202302/20230203391289.shtml.

"实体清单"制度,对中国企业及其他主体采取限制性贸易管制措施,严重侵害了中国企业及其他主体的合法利益。为维护国家核心利益、维护多边贸易体系和推动建设开放型世界经济,我国政府适时启动了不可靠实体清单制度的制定程序。2020年9月19日,商务部公布并施行《不可靠实体清单规定》。

2. 制定不可靠实体清单制度的法律依据

《对外贸易法》(2016)第7条规定:"任何国家或者地区在贸易方面对中华人民共和国采取歧视性的禁止、限制或者其他类似措施的,中华人民共和国可以根据实际情况对该国家或者该地区采取相应的措施。"该条款授权有关机关可以据此对他国管制性措施作出必要的反制。同时,该法第16条、第17条、第18条、第26条、第27条,分别就限制或者禁止有关货物、技术的进口或者出口,限制或者禁止有关国际服务贸易等措施的适用条件和适用程序进行了规定。《国家安全法》第59条、第60条的国家安全审查和监管规定与不可靠实体清单制度也有相应的关联度,也是建立该制度的法律依据。

《不可靠实体清单规定》公布施行后,2021年6月10日,第十三届全国人民代表大会常务委员会第二十九次会议审议通过了《反外国制裁法》,明确建立反制清单,对我国公民、组织采取歧视性限制措施的个人组织列入反制清单并采取反制措施,授权国务院有关部门可以按照各自职责和任务分工,采取包括"禁止或者限制我国境内的组织、个人与其进行有关交易、合作等活动"在内的多种反制措施。在不可靠实体清单制度基础上,出台《反外国制裁法》进一步拓展和丰富了我国政府为维护国家主权、安全、发展利益,保护我国公民、组织的合法权益,对相关外国个人、组织的反制措施。

3. 列入不可靠实体清单的适用情形和对象

关于列入不可靠实体清单的适用情形,《不可靠实体清单规定》规定的情形主要是以下两类,一是危害中国国家主权、安全、发展利益,二是违反正常的市场交易原则,中断与中国企业、其他组织或者个人的正常交易,或者对中国企业、其他组织或者个人采取歧视性措施,严重损害中国企业、其他组织或者个人合法权益。关于列入不可靠实体清单的适用对象,《不可靠实体清单规定》明确不可靠实体包括外国企业、其他组织或者个人。

4. 不可靠实体清单制度的工作机制和实施程序

《不可靠实体清单规定》第4条至第7条明确了工作机制组成,即国家建立中央国家机关有关部门参加的工作机制,负责不可靠实体清单制度的组织实施。工作机制办公室设在国务院商务主管部门。同时,明确了工作机制的职权、调查程序、被调查对象的陈述申辩、调查结果的公布等程序规定。从《不可靠实体清单规定》看,不可靠实体清单工作机制是有权将相关外国主体列入不可靠实体清单的法定主体,但工作机制并不是一个典型的行政法主体,其作出列入决定后,与之对应的处理措施仍需相关行政机关根据其自身职权范围，适用相关行政法律规范，通过法定程序依法作出。《不可靠实体清单规定》第10条规定，对列入不可靠实体清单的外国实体，工作机制根据实际情况，可以决定采取下列一项或者多项措施，并予以公告：限制或者禁止其从事与中国有关的进出口活动；限制或者禁止其在中国境内投资；限制或者禁止其相关人员、交通运输工具等入境；限制或者取消其相关人员在中国境内工作许可、停留或者居留资格；根据情节轻重给予相应数额的罚款；其他必要的措施。

【思考题】

（1）被列入不可靠实体清单后，相关主体有哪些权利救济渠道？

（2）行政机关针对被列入不可靠实体清单主体作出不利行政决定时，是否可以将《不可靠实体清单工作机制公告》作为决定依据？

第二节　出口管制

出口管制是指对两用物项、军品、核以及其他与维护国家安全和利益、履行防扩散等国际义务相关的货物、技术、服务等物项出口，采取禁止或者限制性措施，是国际上通行的做法。[①] 随着改革开放的不断推进和进出口贸易的规模扩大，我国的出口管制实现了从无到有、从粗犷走向精细的重大转变，实现了对外出口的全面管制。在法律体系上，形成了以《对外贸易法》《出口管制法》《海关法》等法律为主干，《核出口管制条例》《核两用品及相关技术出口管制条例》《生物两用品及相关设备和技术出口管制条例》《导弹及相关物项和技术出口管制条例》《货物进出口管理条例》等行政法规为框架，《有关化学品及相关设备和技术出口管制办法》《敏感物项和技术出口经营登记管理办法》《两用物项和技术进出口许可证管理办法》《两用物项和技术出口通用许可管理办法》《关于加强部分两用物项出口管制的公告》《禁止出口限制出口技术管理办法》等部门规章为依托的完备法律体系。在监管方式上，建立了以管制清单为依据，以出口许可证为手段的管制体系，对受控物项的出口实现了有效监管。商务部、工业和信息化部、海关总署、国家国防科技工业局、国家原子能机构、中央军委装备发展部等相关部门分工明确，系统编制、及时更新出口管制清单及目录。海关严格审查出口货物品类和交易流程，维护国际市场的基本秩序。

---

① 国务院.中国的出口管制［EB/OL］.（2021-12-29）［2024-5-22］.https://www.gov.cn/zhengce/2021-12/29/content_5665104.htm.

案例二　周口市正林纺织公司申报不实行政处罚案[①]

【基本案情】

周口市正林纺织公司委托上海心海报关有限公司，于 2022 年 8 月 19 日向海关申报出口至阿联酋全棉胚布等货物 9 票，数量共计 158500 码，申报价格共计 FOB269769 美元，申报商品编号 5208190000 等，对应出口退税率均为 13%，共计人民币 1819996.56 元，出口报关单号 222920220002323050 等。经查，实际出口货物为染色平纹机织物等货物，数量共计 30780 码，价值共计 FOB49975.8 美元，应归入商品编号 55121900.00 等，对应出口退税率均为 13%，其中 120 码为迷彩布，出口需提供军品证。经核定，迷彩布货物价值人民币 1254.85 元。对于申报不实、影响国家许可证件管理的危害后果，依照《海关法》第 86 条第 3 项、《海关行政处罚实施条例》第 15 条第 3 项等规定，对当事人作出如下行政处罚：科处罚款人民币 100 元。

【主要法律问题】

（1）实现出口管制的具体措施是什么？
（2）管制类货物或技术清单目录内容对出口管制的实现效果有何影响？

【主要法律依据】

（1）《对外贸易法》第 15 条、第 16 条、第 17 条、第 18 条。
（2）《出口管制法》第 4 条、第 9 条、第 10 条、第 12 条。
（3）《海关法》第 24 条、第 82 条、第 83 条。

【理论分析】

1. 出口管制的原则目标

中国作为负责任大国，坚定维护以联合国为核心的国际体系和以国际法为基础的国际秩序，切实维护符合真正多边主义的国际条约和机制的权威，积极推进国际出口管制朝着公正、合理、非歧视的正确方向发展。[②] 一方面，坚持出口管制有利于维护国家安全，当今世界正经历百年未有之大变局，原有的国际安全体系和秩序不断受到冲击，特别是一些国家奉行单边主义和霸权主义，对世界和平产生了严重的挑战和威胁，因此，立足中国国情，建设公平合理的出口管制体系对实现国家利益和维护国家安全是必要的。另一方面，中国是一个负责任的大国，坚定履行防扩散义务是中国面向世

[①] 中华人民共和国上海外高桥港区海关沪外港关缉违字〔2023〕5037 号行政处罚决定书。
[②] 国务院. 中国的出口管制 [EB/OL]. (2021-12-29) [2024-5-22]. https://www.gov.cn/zhengce/2021-12/29/content_5665104.htm.

界的庄严承诺。我国现行的出口管制体系实现了对两用物项、军品、核以及其他与维护国家安全利益、履行防扩散等国家义务相关的货物、技术、服务等物项的全面出口管制。最后，坚决反对滥用出口管制措施，出口管制应当遵循公正合理非歧视原则，不应当将出口管制作为限制国家间交流合作、经贸往来的政策壁垒。出口管制作为一项对各国企业及相关主体权利限制的监管措施，应当始终坚持审慎、必要的监管原则，避免管制措施的滥用和泛化。

2. 出口管制清单

依据现有的出口管制法律法规，我国编制了全面的出口管制清单。一是由国防科学技术工业委员会、中国人民解放军总装备部2002年制定的《军品出口管理清单》，将各类武器、武器零部件及相关技术和服务列入清单。二是由国家原子能机构、商务部、外交部、海关总署2018年修订的《核出口管制清单》，将核材料、核设备和反应堆用非核材料等列入清单。三是2002年公布的《导弹及相关物项和技术出口管制清单》，将导弹与其他运载系统及其他专用物项与技术列入清单。四是商务部2006年修订的《生物两用品及相关设备和技术出口管制清单》，将人及人兽共患病病原体、植物病原体、遗传物质和基因修饰生物体、生物双用途设备、相关技术等列入清单。五是国家经济贸易委员会2002年公布的《有关化学品及相关设备和技术出口管制清单》，将有关化学品及化学品生产设备与技术列入清单。六是商务部、海关总署、生态环境部2023年更新的《禁止出口货物目录》。七是商务部、科技部2023年更新的《中国禁止出口限制出口技术目录》。

3. 出口管制措施

一是颁发出口许可证。与制定出口管制清单相对应，军品出口许可证由国家国防科技工业局（国家军品出口主管部门）负责审批，包括两用物项与技术在内的其他商品的出口许可证由商务部和相关商务部门负责审批，海关在对相关物项办理清关手续时，核验相应出口许可证。二是实行最终用户和最终用途保证制度，《出口管制法》第15条至第18条规定对于出口核产品、核两用品及相关技术必须取得最终用户证明。相应地，中国企业及相关主体进口管制物项时，由商务部代表中国政府向出口国家出具《最终用户和最终用途说明》并确保进口中国物项不用于最终用户和最终用途之外。三是出口经营者登记管理。根据出口管制相关法律法规的规定，从事两用物项与技术出口的经营者必须到主管部门办理登记，未经登记的单位或个人不得经营相关产品和技术出口。同时，还确定对军品、核产品、监控化学品的出口实行专营制度。四是出口经营者内部合规审查。《出口管制法》第14条等相关条款，鼓励出口经营者建立内部出口管制合规制度，对于有制度且制度运行情况良好的出口经营者，国家出口管制管理部门可以对其出口有关管制物项给予通用许可等便利措施。

4. 出口管制机构

我国出口管制机构的主体由商务部、中央军委装备发展部、国家国防科技工业局、国家原子能机构、海关总署、国家外汇管理局等部门组成。中央军委装备发展部、国家国防科技工业局是军品出口管制的主管部门。商务部是民用品出口管制和技术出口管制的主管部门。两用物项和技术出口的主管部门是商务部，国家原子能机构、外交部、国家卫生健康委员会、农业农村部、科技部、国家发改委等部门参与两用品出口许可的审查过程。海关总署负责验核许可证件，办理货物的出口清关手续。需要说明的是，《出口管制法》的制定一定程度上解决了先前法律文件凌乱、重复、相互矛盾的问题，但是不同出口管制机构间职能交叉、管理重合的问题仍然存在。特别是在我国以政府为主导的行政审批模式下，整合相关管制机构的职能，实现管制权力的集中统一，更有利于发挥出口管制的动态管理优势。

【思考题】

（1）出口管制应当如何平衡国家安全和经济发展？

（2）如何进一步发挥专家论证咨询制度在出口管制中的积极作用？

第三节　限制数据跨境流动

建设数字中国是中国式现代化的题中之义，是增强国家竞争力的重要支撑。2024年3月，国务院总理李强在第十四届全国人民代表大会第二次会议上作政府工作报告指出，要"落实好外资企业国民待遇，保障依法平等参与政府采购、招标投标、标准制定，推动解决数据跨境流动等问题"。数据跨境流动是数字经济的重要一环，加快数字中国建设，既要充分发挥数字要素在市场中的重要作用，还要加强数字行为监管，防范化解重要数据资源泄露、滥用等给社会公共利益和国家利益带来的损害。在数据跨境流动治理领域，我国已经初步形成了以《网络安全法》《数据安全法》《个人信息保护法》为规范基础的监管体系，明确了以数据本地化存储为原则，以有条件数据出境为例外的基本监管方式。

案例三　国家互联网信息办公室对滴滴公司依法作出网络安全审查相关行政处罚案

【基本案情】

2022年7月21日，国家互联网信息办公室依据《网络安全法》《数据安全法》《个人信息保护法》《行政处罚法》等法律法规，对滴滴公司处人民币80.26亿元罚款，对滴滴公司董事长兼CEO程某、总裁柳某各处人民币100万元罚款。①

经查明,滴滴公司共存在十六项违法事实,归纳起来主要是八个方面。一是违法收集用户手机相册中的截图信息1196.39万条;二是过度收集用户剪切板信息、应用列表信息83.23亿条;三是过度收集乘客人脸识别信息1.07亿条、年龄段信息5350.92万条、职业信息1633.56万条、亲情关系信息138.29万条、"家"和"公司"打车地址信息1.53亿条;四是过度收集乘客评价代驾服务时、App后台运行时、手机连接桔视记录仪设备时的精准位置(经纬度)信息1.67亿条;五是过度收集司机学历信息14.29万条,以明文形式存储司机身份证号信息5780.26万条;六是在未明确告知乘客情况下分析乘客出行意图信息539.76亿条、常驻城市信息15.38亿条、异地商务/异地旅游信息3.04亿条;七是在乘客使用顺风车服务时频繁索取无关的"电话权限";八是未准确、清晰说明用户设备信息等十九项个人信息处理目的。

此前,网络安全审查还发现,滴滴公司存在严重影响国家安全的数据处理活动,以及拒不履行监管部门的明确要求,阳奉阴违、恶意逃避监管等其他违法违规问题。滴滴公司违法违规运营给国家关键信息基础设施安全和数据安全带来严重安全风险隐患。因涉及国家安全,依法不公开。②

【主要法律问题】

(1) 关键信息基础设施的运营者应当承担何种法定数据安全义务?
(2) 数据跨境流动需要满足哪些实体和程序条件?

【主要法律依据】

(1)《国家安全法》第25条、第59条。
(2)《个人信息保护法》第9条、第10条、第38条、第40条。
(3)《关键信息基础设施安全保护条例》第2条、第8条。

【理论分析】

1. 数据跨境流动的法律挑战

一是个人隐私方面,从前述滴滴公司网络安全审查案所查证的事实可以看出,一些关涉民生的互联网企业,其所掌握个人信息的种类和数量都是十分巨大的。从商业利用价值的角度看,这些海量的个人信息是相关互联网企业在全球市场上获得竞争优

---

① 国家互联网信息办公室. 国家互联网信息办公室对滴滴全球股份有限公司依法作出网络安全审查相关行政处罚的决定[EB/OL]. (2022-07-21) [2024-05-22]. https://www.cac.gov.cn/2022/07/21/c_1660021534306352.htm?eqid=d84919b8000146cf00000004642fd24b.

② 国家互联网信息办公室. 国家互联网信息办公室有关负责人就对滴滴全球股份有限公司依法作出网络安全审查相关行政处罚的决定答记者问[EB/OL]. (2022-07-21) [2024-05-22]. https://www.cac.gov.cn/2022-07/21/c_1660021534364976.htm.

势的核心驱动。因此，对这些个人信息进一步进行加工、分析所能够获得的商业利益成为了个人隐私泄露的重要动因。二是商业利益方面，在数字经济的发展驱动下，对商业数据的归集、分析和利用是企业商业活动的前提基础，一些关键商业数据甚至决定着企业重大商业决策内容。同时，对于一些互联网企业而言，商业活动所产生的数据本身就是企业的治理和劳动成果。因此，数据跨境流动过程中的不当披露和泄露必然会减损企业的合法利益。三是国家安全方面，随着大数据和人工智能的不断深化发展，人类的社会行为越来越多地被数据所记录，小到个人的健康状况、饮食习惯，大到区域的交通路网、产业分布，看似毫无联系的数据一旦被有目的地分析利用，就能形成对整个社会和国家的精准画像，而这些数据的跨境流动势必会成为他国情报收集的关键素材，严重威胁国家安全。

2. 我国数据跨境流动监管规则体系现状

我国已初步建成跨境数据流动管理的规则体系。《网络安全法》第37条规定："关键信息基础设施的运营者在中华人民共和国境内运营中收集和产生的个人信息和重要数据应当在境内存储。因业务需要，确需向境外提供的，应当按照国家网信部门会同国务院有关部门制定的办法进行安全评估；法律、行政法规另有规定的，依照其规定。"该条款明确了我国对重要行业和领域的数据跨境流动进行限制。《个人信息保护法》第38条规定了确需向境外提供个人信息的，个人信息处理者应当履行数据出境安全评估、订立个人信息出境标准合同、通过个人信息保护认证等法定义务。与此同时，《保守国家秘密法》《征信管理条例》《地图管理条例》《人类遗传资源管理条例》等法律法规明确了对涉及国家秘密、征信信息、地图信息、人类遗传资源信息等应当在中国境内储存。国家互联网办公室先后制定公布了《数据出境安全评估办法》和《个人信息出境标准合同办法》，联合国家市场监督管理总局公布了《关于实施个人信息保护认证的公告》，基本构建了数据出境安全管理制度。此外，国家互联网信息办公室先后公布了《数据出境安全评估申报指南》《个人信息出境标准合同备案指南》等规范性文件，对数据处理者申报安全评估、备案标准合同的方式、流程及需提交的材料等具体要求作出了说明。

3. 关键信息基础设施运营者的数据安全义务

相较于普通数据，关键信息基础设施的运营者在运营中收集和产生的个人信息和重要数据对于个人隐私、商业利益和国家安全的保护显得尤为重要。因此，《网络安全法》第37条对前述数据的跨境流动进行了限制性规定。2021年9月1日，《关键信息基础设施安全保护条例》施行。该条例在总则部分对运营者责任作了原则规定，要求运营者依照本条例和有关法律、行政法规的规定以及国家标准的强制性要求，在网络安全等级保护的基础上，采取技术保护措施和其他必要措施，应对网络安全事件，防范网络攻击和违法犯罪活动，保障关键信息基础设施安全稳定运行，维护数据的完整性、保密性和可用性。该条例还设专章细化了有关义务要求，主要包括：一是建立健全网络安全保护制度和责任制，实行"一把手负责制"，明确运营者主要负责人负总责，保障人财物投入。二是设置专门安全管理机构，履行安全保护职责，参与本单位与网络安全和信息化有关的决策，并对机构负责人和关键岗位人员进行安全背景审查。三是对关键信息基础设施每年进行网络安全检测和风险评估，及时整改问题并按要求向保护工作部门报送情况。四是关键信息基础设施发生重大网络安全事件或者发现重大网络安全威胁时，按规定向保护工作部门、公安机关报告。五是优先采购安全可信的网络产品和服务，并与提供者签订安全保密协议；可能影响国家安全的，应当按规定通过安全审查。[①]

4. 个人信息数据的特殊安全保护机制

个人信息数据是大数据的核心基础，数字经济的持续健康发展离不开对个人信息数据的有效合理利用。就个人信息数据的跨境流动而言，《个人信息保护法》给予了特殊规制。一是第38条明确，向境外提供个人信息的，应当通过国家网信部门组织的安全评估、经过专业机构进行的个人信息保护认证、按照标准合同与境外主体签订合同。二是第39条对跨境提供个人信息的"告知—同意"作出更严格的要求。三是第40条明确，关键信息基础设施运营者和处理个人信息达到国家网信部门规定数量的处理者，确需向境外提供个人信息的，应当通过国家网信部门组织的安全评估。四是第42条、第43条授权国家网信部门或其他机构，对从事损害我国公民个人信息权益等活动的境外组织、个人，以及在个人信息保护方面对我国采取不合理措施的国家和地区，可以采取的保护或反制措施。

【思考题】

（1）在个人信息数据、商业数据、特种行业数据等不同类别数据领域，我国跨境数据流动的规制措施有何不同？

（2）行业协会及其他自律组织能够在我国跨境数据流动的监管中发挥哪些积极作用？

第四节　对外贸易救济

2001年，中国加入世界贸易组织，中国的对外贸易发展进入到快车道。立足市场经济发达国家和地区主导的世界贸易组织规则，我国逐步完成了有关反倾销、反补贴和保障措施相关法律法规的制定，较为全面地建构了我国的对外贸易救济规范体系。特别是部分国家推行单边主义、保护主义，全球贸易成本和贸易风险激增，既对全球

[①] 国务院. 司法部　网信办　工业和信息化部　公安部负责人就《关键信息基础设施安全保护条例》答记者问［EB/OL］.（2021-08-18）［2024-05-22］. https://www.gov.cn/zhengce/2021-08/18/content_5631789.htm.

产业链供应链造成干扰，又侵袭着我国的对外贸易安全，在此过程中，准确适用贸易救济工具、维护公平竞争环境显得尤为重要。

案例四 商务部对原产于澳大利亚的进口相关葡萄酒适用反倾销措施和反补贴措施复审裁定案[①]

【基本案情】

2021年3月26日，商务部发布2021年第6号和第7号公告，决定对原产于澳大利亚的进口相关葡萄酒征收反倾销税，为避免双重征税，不征收反补贴税。反倾销税实施期限自2021年3月28日起5年。

2023年11月30日，应澳大利亚葡萄和葡萄酒协会申请，商务部发布2023年第52号公告，决定对原产于澳大利亚的进口相关葡萄酒征收反倾销税和反补贴税的必要性进行复审。经过调查，根据《反倾销条例》第49条和《反补贴条例》第48条的规定，商务部作出复审裁定。有关事项公告如下：

1. 复审裁定

商务部裁定，鉴于中国相关葡萄酒市场情况发生变化，对原产于澳大利亚的进口相关葡萄酒征收反倾销税和反补贴税已无必要。

2. 反倾销税和反补贴税

根据《反倾销条例》第50条和《反补贴条例》第49条的规定，商务部向国务院关税税则委员会提出取消反倾销税和反补贴税的建议，国务院关税税则委员会根据商务部的建议作出决定：自2024年3月29日起，终止对原产于澳大利亚的进口相关葡萄酒征收反倾销税；终止征收反倾销税后，不征收反补贴税。

3. 行政诉讼和行政复议

根据《反倾销条例》第53条和《反补贴条例》第52条的规定，对本复审决定不服的，可以依法申请行政复议，也可以依法向人民法院提起诉讼。

本公告自2024年3月29日起执行。

【主要法律问题】

（1）我国贸易救济的启动程序是什么？
（2）我国具体的贸易救济措施有哪些？

[①] 贸易救济局. 关于原产于澳大利亚的进口相关葡萄酒所适用反倾销措施和反补贴措施复审裁定的公告[EB/OL].（2024-03-28）[2024-05-22]. http://trb.mofcom.gov.cn/article/cs/202403/20240303486715.shtml.

【主要法律依据】

（1）《对外贸易法》第39—45条。

（2）《反倾销条例》。

（3）《反补贴条例》。

（4）《保障措施条例》。

【理论分析】

1. 我国的贸易救济工具

我国的贸易救济制度起步较晚但发展显著。我国在1994年颁布实行了《对外贸易法》，其中第29条、第30条、第31条分别规定了国家可采取必要的保障措施和反倾销、反补贴措施。1997年我国发布施行《反倾销和反补贴条例》，明确反倾销和反补贴措施的具体实施办法。经过多次修订，我国现已形成了以《对外贸易法》为主干，以《反倾销条例》《反补贴条例》《保障措施条例》为框架，以相关配套规章和规范性文件为主体的贸易救济法律体系。

结合世界贸易组织的相关规则和我国现行的法律法规，我国的贸易救济工具主要包括以下内容：一是反倾销调查，我国认为某一国（地区）出口至我国的特定产品价格低于正常价值，并因此对我国同类产业产生冲击、造成实质性损害或损害威胁，而进行调查以采取救济措施抵消倾销所造成的不利影响，主要的贸易救济措施包括征收特别关税、实施价格承诺等。二是反补贴调查，我国主管机构依法对接受政府或公共机构专向性补贴的进口产品进行调查而采取救济措施以抵消补贴所造成的不利影响，主要的贸易救济措施包括征收特别关税、实施价格承诺等。三是保障措施调查，在正常贸易条件下，由于进口情况不可预见的发展，近期进口产品数量激增并对我国相关产业造成严重损害或严重损害威胁时，为采取紧急进口限制措施而进行的调查，主要的贸易救济措施一般为实施关税配额或进口数量限制。

2. 贸易救济的调查程序

一是调查启动，与国内产业有关的自然人、法人或者其他组织可向商务部提出反倾销、反补贴和采取保障措施的申请。在特殊情形下，商务部虽没有收到相关组织和个人的申请，但有充分证据认为存在倾销和损害且二者间有因果关系、存在补贴和损害且二者间有因果关系、国内产业因进口产品数量增加而受到损害，商务部可决定立案调查。二是调查公告，商务部决定立案调查后，应当予以公告，并通知利害关系人，同时将申请书文本提供出口国政府，或是将立案调查决定通知世界贸易组织。三是调查方式，商务部可以采用问卷、抽样、听证会、现场核查等方式向利害关系方了解情况，进行调查。商务部应当为有关利害关系方提供陈述意见和论据的机会。商务部认为必要时，可以派出工作人员赴有关国家（地区）进行调查。四是调查结果，对于反补贴和反倾销调查，商务部应当就调查结果作出初裁决定并予以公告，作出初裁决定后继续调查并作出仲裁决定。对于采取保障措施调查,商务部根据调查结果,可以作出初裁决定,也可以直接作出终裁决定,并予以公告。

3. 贸易救济的措施

根据《反倾销条例》《反补贴条例》《保障措施条例》的相关规定,对于反补贴和反倾销调查,初裁决定确定倾销、补贴成立的,可采取临时性的救济措施,临时性救济措施为以保证金或者保函作为担保的征收临时反倾销、反补贴税;终裁决定确定倾销、补贴成立的,可以征收反倾销税、反补贴税,同时允许出口经营者向商务部作出改变价格或者停止以倾销、补贴价格出口的价格承诺。对于采取保障措施调查,初裁决定采取的临时保障措施为提高关税,终裁决定采取的保障措施为采取提高关税、数量限制等形式。

4. 我国贸易救济制度的完善

根据世界贸易组织相关规则和我国《对外贸易法》的相关规定,我国已制定专门法规确立有关进口救济的反倾销、反补贴和保障措施制度。但是,贸易救济这一制度设计所遵循的基本原理是,在国际贸易自由化背景下,当国内产业受到国际贸易损害而国内产业自身又无法采取措施将此种损害予以消除时,政府为了使国内产业摆脱困境,才采取适当措施防止或补救此种损害,以作为对国内产业的救济。① 反倾销、反补贴和保障措施制度仅解决了国际货物进口贸易对我国产业造成损害的反制措施,因此,围绕出口救济和国际服务贸易救济等问题,我国贸易救济制度应当进一步补缺完善。一方面,建立出口救济制度。近年来一些国家和地区对我国产品和服务出口无端设置障碍,大搞贸易摩擦,严重影响国内相关产业的健康发展。2005年商务部公布施行《对外贸易壁垒调查规则》,致力于消除国外贸易壁垒对我国对外贸易的不利影响。但是,该部门规章相较于进口救济法规,效力位阶较低,相关调查和救济措施缺乏足够威慑力,因此,有必要通过立法进一步明确我国有权采取的各项出口救济措施。另一方面,建立国际服务贸易救济制度。随着国内服务市场不断开放,国际服务贸易对我国相关服务产业的冲击正逐步显现。当前,我国的贸易救济制度主要围绕货物贸易展开,而针对无形的服务贸易却鲜有涉足,这必然导致服务进出口对我国服务产业产生冲击和损害时,我国实施相关救济措施无法可依。因此,必须将对服务贸易的救济与货物贸易救济放在同等的保护位置,立足世界贸易组织规则,构建我国服务贸易救济制度体系。

【思考题】

(1) 如何认定反倾销、反补贴中的规避行为?
(2) 对贸易救济措施的国内和多边救济程序有哪些?

---

① 赵生祥. 论我国贸易救济的范围和制度构建 [J],中国法学,2007(3):150.

第五节　加征关税

改革开放以来，我国关税征收管理法律体系不断完善，先后制定并修订《进出口关税条例》和《海关进出口税则》，2024年4月26日第十四届全国人民代表大会常务委员会第九次会议通过《关税法》。从《进出口关税条例》《海关进出口税则》到《关税法》，维护进出口秩序、促进对外贸易、维护国家主权和利益，始终是关税征收管理的重要目的，其中加征关税作为国际通行的调节国际贸易、保护本国产业的一项贸易反制性措施，在我国应对贸易摩擦、维护公正国际贸易秩序过程中发挥着突出的作用。

案例五　国务院关税税则委员会对美国原产进口商品实施加征关税案[①]

【基本案情】

2018年7月11日，美国政府宣布对从中国进口的约2000亿美元商品加征10%关税，8月2日，又将加征税率提高至25%。2018年9月18日，美国政府宣布实施对从中国进口的约2000亿美元商品加征关税的措施，自2018年9月24日起加征关税税率为10%，2019年1月1日起加征关税税率提高到25%。美方一意孤行，导致中美贸易摩擦不断升级。为捍卫自由贸易和多边体制，捍卫自身合法权益，中方不得不对已公布的美国原产的约600亿美元进口清单商品实施加征关税措施。根据《对外贸易法》《进出口关税条例》等法律法规和国际法基本原则，经国务院批准，国务院关税税则委员会决定对原产于美国的5207个税目、约600亿美元商品，加征10%或5%的关税，自2018年9月24日12时01分起实施。如果美方执意进一步提高加征关税税率，中方将给予相应回应，有关事项另行公布。

【主要法律问题】

（1）适用加征关税措施的主体和程序是什么？
（2）加征关税的国内法依据有哪些？

【主要法律依据】

（1）《对外贸易法》（2016）第7条。
（2）《进出口关税条例》第14条第1款。

[①] 国务院. 国务院关税税则委员会发布公告决定对美国原产的约600亿美元进口商品实施加征关税［EB/OL］.（2018-09-18）［2024-05-22］. https://www.gov.cn/xinwen/2018/09/18/content_5323188.htm.

【理论分析】

1. 作为贸易反制措施的加征关税

2018年3月，美国政府宣布对价值约500亿美元的中国进口产品征收关税，随后一段时间，美国政府无端对多批次中国进口产品征收关税。为此，我国政府发布公告，就美国进口产品对等实施加征关税措施。从性质上看，加征关税是我国政府为维护国家利益，对于其他国家或地区所实施歧视性贸易限制政策的对等反制，其目的在于通过反制措施实现对话磋商，公平公正解决国际贸易争端。从形式上看，加征关税是关税征收的一种特别形式，是在原税额、税率等税收政策基础上，额外征收关税。其产生的影响波及国内外相关产品的生产、使用、进（出）口等多方利益主体，政策震荡效应更加显著。从适用程序上看，加征关税的决定机构和公布措施的机构是国务院关税税则委员会。《进出口关税条例》第4条明确国务院关税税则委员会的主要职责包括"决定征收反倾销税、反补贴税、保障措施关税、报复性关税以及决定实施其他关税措施"。《海关进出口税则》是确定进出口税目、税率的基本规范依据，是《海关进出口关税条例》的组成部分。就加征关税而言，《海关进出口税则》没有确定具体的税率，而是授权国务院关税税则委员会另行规定征收报复性关税及实施相关排除措施。因此，在确定加征关税的产品范围、税率和征收期限等问题上，我国现行政策有较大的灵活性。从近年来我国加征关税的实践看，国务院关税税则委员会在确定前述加征关税的具体措施时，主要考虑他国对我国实际采取的贸易限制措施，在强度基本对等的情况下实施加征关税。同时，在加征关税的实施过程中，随着贸易摩擦的对话磋商进展，适时调整加征关税的具体措施，及时采取暂停适用、恢复适用和排除适用等措施。

2. 加征关税的国内法和国际法依据

《对外贸易法》（2016）第7条规定："任何国家或者地区在贸易方面对中华人民共和国采取歧视性的禁止、限制或者其他类似措施的，中华人民共和国可以根据实际情况对该国家或者该地区采取相应的措施。"这里的"相应措施"，具体在关税方面，主要是指"报复性关税"。《进出口关税条例》第14条第1款规定："任何国家或者地区违反与中华人民共和国签订或者共同参加的贸易协定及相关协定，对中华人民共和国在贸易方面采取禁止、限制、加征关税或者其他影响正常贸易的措施的，对原产于该国家或者地区的进口货物可以征收报复性关税，适用报复性关税税率。"因此，针对他国歧视性的贸易限制措施，我国实施加征关税的反制措施，于法有据。无论是单方还是多方国际贸易主体实施加征关税的限制性措施，于国际贸易的健康有序发展都是无益的。协商解决争端是世界贸易组织争端解决的基本原则之一，因此，在国际法领域，赋予一国实施加征关税行为合法性、正当性都是十分审慎的。《建立世界贸易组织的马拉喀什协定》第9条第3款规定："在特殊情况下，部长级会议可决定豁免本协定或任何多边贸易协定要求一成员承担的义务，但是任何此类决定应由成员的四分之三多数作出，除非本款另有规定。"该条作为"例外情形"，相关国家可以援引此条款寻求义务豁免。但是，根据该条款规定，若想就对等实施加征关税提出豁免，应当提交世界贸易组织货物贸易理事会审议并向部长级会议提交报告，并最终由部长级会议作出决定。

3. 推动贸易反制措施在法治轨道上有序运行

2024年4月26日，《关税法》经全国人民代表大会常务委员会审议通过，决定于2024年12月1日实施。《关税法》第18条规定："任何国家或者地区违反与中华人民共和国缔结或者共同参加的国际条约、协定，对中华人民共和国在贸易方面采取禁止、限制、加征关税或者其他影响正常贸易的措施的，对原产于该国家或者地区的进口货物可以采取征收报复性关税等措施。征收报复性关税的货物范围、适用国别或者地区、税率、期限和征收办法，由国务院关税税则委员会提出建议，报国务院批准后执行。"国务院就《关税法（草案）》作说明时指出，"征收报复性关税措施"是统筹发展和安全的关税应对措施。《关税法》的制定彰显了我国政府捍卫国家主权、安全和发展利益的决心与能力，是我国政府反制他国歧视性贸易限制政策利器。同时，结合已有的实践经验和长期国际贸易需要，建议在《关税法》实施过程中，对加征关税的适用条件、加征关税的对象、税率、加征关税的实施程序等事项以及国务院关税税则委员会和海关的相关加征关税职能进一步细化规定。

【思考题】

（1）加征关税的不利后果最终会由哪些市场主体承担？

（2）加征关税是否有法定的豁免方式？

第八章
其他涉外行政行为案例

本章知识要点

（1）行政裁决是指国家行政机关依据法律、法规的授权，以居间裁决者的身份，对特定范围内与裁决机关行政管理职权密切相关的民事纠纷依法作出处理的行政行为。行政裁决具有以下几个特征：第一，行政裁决性质上的准司法性。第二，行政裁决程序上的可调解性。第三，行政裁决效力上的强制性。第四，行政裁决结果上的非终局性。（2）行政和解是行政机关在履行职责过程中，在不违背法治原则和法律精神的前提下，与相对人就行政行为达成一种妥协，从而既实现行政管理目的，又能化解与相对人的纠纷的一种救济制度。（3）行政备案属于行政机关借助信息收集机制、反馈或监督机制、纠正违反规范行为的回应机制等对经济和社会活动进行干预的规制工作。（4）行政合规，属于允许企业通过建立合规机制的形式获得行政机关减免行政责任的一种法律制度。企业合规源于企业内部治理，是企业为避免或减轻可能遭受的行政责任、刑事责任而在经营活动中采取的内部管理机制。因此企业合规存在对社会治理正外部效应，其逐渐受到各国重视并被吸收为社会治理工具。

第一节 涉外行政裁决

行政裁决相比于正式的司法程序具有相对简便、灵活、成本低廉等优势。相比于遵循"不告不理"原则的司法程序，行政裁决既可以通过当事人申请作出裁决，也可以根据职权要求作出裁决。商标争议裁决属于行政裁决中重要组成部分，为加强商标管理，保护商标专用权，促使生产、经营者保证商品和服务质量，维护商标信誉，以保障消费者和生产、经营者的利益，平等保护中外权利人合法权益。《商标法》第45条授予商标评审委员会商标纠纷裁定权。

案例一　迈克尔·乔丹与国家工商行政管理总局商标评审委员会、乔丹体育股份有限公司"乔丹"商标争议行政纠纷案①

【基本案情】

在迈克尔·乔丹与国家工商行政管理总局商标评审委员会（以下简称商标评审委员会）、乔丹体育股份有限公司商标争议行政纠纷案中，第6020569号"乔丹"商标由乔丹体育股份有限公司于2007年4月26日提出注册申请，核定使用在国际分类第28类的"体育活动器械、游泳池（娱乐用）、旱冰鞋、圣诞树装饰品（灯饰和糖果除外）"商品上，专用权期限自2012年3月28日至2022年3月27日。

2014年4月14日，商标评审委员会作出商评字〔2014〕第052058号《关于第6020569号"乔丹"商标争议裁定》，对争议商标的注册予以维持。认为虽然能够证明迈克尔·乔丹在中国以及篮球运动领域具有较高的知名度，但是争议商标文字"乔丹"与"Michael Jordan"及其中文译名"迈克尔·乔丹"存在一定区别，并且"乔丹"为英美普通姓氏，难以认定这一姓氏与再审申请人之间存在当然的对应关系。同时，尽管有部分媒体在有关篮球运动的报道中以"乔丹"指代本案申请人，但使用数量有限，均未就这一指代称谓形成统一、固定的使用形式。故在综合考虑全案证据的情况下，尚不能认定"乔丹"与本案申请人之间的对应关系已强于其与乔丹体育股份有限公司的关系，争议商标的注册未损害本案申请人的姓名权，由此维持了争议商标的注册。

此案件经过三次审查，最终最高人民法院以《商标法》（2001）第31条规定的在先权利包括他人在争议商标申请日之前已经享有的姓名权。再审申请人对争议商标标志"乔丹"享有在先的姓名权。乔丹体育股份有限公司明知再审申请人在我国具有长期、广泛的知名度，仍然使用"乔丹"申请注册争议商标，容易导致相关公众误认为标记有争议商标的商品与再审申请人存在代言、许可等特定联系，损害了再审申请人的在先姓名权。乔丹体育股份有限公司对于争议商标的注册具有明显的主观恶意。乔丹体育股份有限公司的经营状况，以及乔丹体育股份有限公司对其企业名称、有关商标的宣传、使用、获奖、被保护等情况，均不足以使得争议商标的注册具有合法性。因此，争议商标的注册违反《商标法》（2001）第31条的规定，依照《商标法》（2001）第41条第2款的规定应予撤销，应由商标评审委员会就争议商标重新作出裁定。

【主要法律问题】

(1) 行政裁决具有哪些类型？

---

① （2014）一中行（知）初9163号行政判决书；（2015）高行（知）终1915号行政判决书；（2015）最高法行再27号行政判决书。

(2) 行政裁决相比于行政诉讼具有哪些制度性优势？

(3) 行政裁决效力是否具有终局性，行政裁决与诉讼制度如何衔接？

【主要法律依据】

(1)《商标法》第 32 条、第 45 条。

(2)《民法典》第 110 条。

【理论分析】

1. 行政裁决的类型

根据行政裁决程序启动缘由的不同，可以将行政裁决分为三种类型。第一类，法定职责型行政裁决。此类行政裁决是指法律明确规定行政机关在行使行政职权时，必须对平等主体之间的民事纠纷依法作出裁决。例如《渔业法》第 35 条规定："进行水下爆破、勘探、施工作业，对渔业资源有严重影响的，作业单位应当事先同有关县级以上人民政府渔业行政主管部门协商，采取措施，防止或者减少对渔业资源的损害；造成渔业资源损失的，由有关县级以上人民政府责令赔偿。"第二类，当事人选择型行政裁决。法律规定当事人向有关行政机关申请才能启动裁决程序，不能由行政机关主动启动裁决程序。例如，《专利法》第 45 条规定："自国务院专利行政部门公告授予专利权之日起，任何单位或者个人认为该专利权的授予不符合本法有关规定的，可以请求国务院专利行政部门宣告该专利权无效。"第三类，行政机关裁量型行政裁决。行政机关根据法律规定选择依照职权主动裁决或者在当事人申请后再裁决。例如，《治安管理处罚法》第 9 条规定："对于因民间纠纷引起的打架斗殴或者损毁他人财物等违反治安管理行为，情节较轻的，公安机关可以调解处理。经公安机关调解，当事人达成协议的，不予处罚。经调解未达成协议或者达成协议后不履行的，公安机关应当依照本法的规定对违反治安管理行为人给予处罚，并告知当事人可以就民事争议依法向人民法院提起民事诉讼。"[1] 根据行政裁决对象的事项类型，主要包括侵权纠纷、补偿纠纷、损害赔偿纠纷、权属纠纷、国有资产产权纠纷、专利强制许可使用费纠纷、劳动工资与经济补偿纠纷以及其他民间纠纷等。

本案中，商标委员会作出的行政裁决属于当事人选择型裁决，在事项方面属于侵权纠纷。

2. 行政裁决具有化解民事纠纷的优势，并且能够起到民事纠纷"分流阀"的作用

第一，在当下新兴领域不断涌现，民事纠纷利益逐渐复杂的情况下，诉讼制度的时间长期性与程序复杂性使民事纠纷不能及时解决。行政裁决因行政机关权直接行使，时间短、效率高、专业性强等优势逐渐成为民事纠纷化解的重要路径。第二，行政裁决有利于行政政策的形成以及预防矛盾。行政裁决受案范围下的民事纠纷与行政机关

---

[1] 应松年. 当代中国行政法（第五卷）[M]. 北京：人民出版社，2018：1933.

先前执法行为相关联，因此，行政机关能够将执法行为与行政裁决中收集到的群众意见、实践问题等信息快速反馈到行政政策制定与行政规章修改中，为行政机关管理权的有效行使提供实践依据。第三，法律对于行政裁决的规定往往明确行政裁决受案范围、程序以及决定效力等，基本做到全方位、全流程规定行政裁决程序，相比于取决于民事双方意志的行政调解，行政裁决具有法治拘束力高、规范性强等优势。[①]

3. 行政裁决行为性质属于行政行为

行政裁决虽然属于行政机关居中裁决民事纠纷的行为，然而其行为性质属于行政行为。原因在于行政裁决符合行政行为的构成要件。其一，行政裁决的主体要件与行政行为相同，为行政机关与法律法规授权的组织。其二，行政裁决的职权要素与行政行为相同，行政裁决职权要素为行政机关依据其单方意志解决公民之间的纠纷，其实质为行政机关行使行政管理权。其三，效果要素。行政裁决产生的后果是行政机关重新分配了民事纠纷当事人之间的权利义务关系，其实质属于行政机关依法作出，产生法律效果的行为。并且，根据《行政诉讼法》第12条第4款对于行政诉讼受案范围规定，"对行政机关作出的关于确认土地、矿藏、水流、森林、山岭、草原、荒地、滩涂、海域等自然资源的所有权或者使用权的决定不服的"，其中"行政机关作出的关于自然资源所有权或者使用权决定"是指行政裁决。以及《行政诉讼法》第61条"在涉及行政许可、登记、征收、征用和行政机关对民事争议所作的裁决的行政诉讼中，当事人申请一并解决相关民事争议的，人民法院可以一并审理"，明确将行政裁决纳入司法审查范围。由此，从行政诉讼法相关规定，也能证明行政裁决归属于行政行为的法律性质。

既然行政裁决属于行政行为，并且被纳入行政诉讼受案范围，这从侧面证明了行政裁决效力不具有终局性，是可诉的。然而，行政裁决与其他行政行为不同，其调整的是当事人之间的民事法律关系，从这个层面而言，不能将所有行政裁决纳入行政诉讼受案范围，换言之，应根据行政裁决处理的民事纠纷所涉及民事权益性质，将行政裁决予以分类，构建差异化救济路径。[②] 对于权属争议的行政裁决，应适用民事诉讼。原因是在权属争议的行政裁决中，行政机关处于居中、被动裁决的地位，对于当事人民事争议起到拘束和冻结的作用，基于权属争议类行政裁决的特殊性，可以适用以当事人为原被告的民事诉讼模式。对于侵权、损害赔偿和损失补偿争议的行政裁决应适用行政诉讼的救济路径。此类争议行政机关属于对外直接发生法律效力的单方行政行为，体现了行政机关的单方面意志，应纳入行政诉讼范围。本案属于侵权案件，当事

[①] 宋华琳，苗奕凡. 行政裁决在多元化纠纷解决机制中的定位与完善 [J]. 北京行政学院学报，2023（4）：119-121.

[②] 也有学者提出不同看法，有的学者认为，基于充分发挥行政机关行使裁决权的积极性以及排除行政机关因涉诉作被告的忧虑，应彻底取消行政机关在行政诉讼中做被告的制度安排。以行政裁决机关以第三人身份参与民事诉讼，就行政裁决的职权依据、程序设置或者裁决依据的合法性问题作出说明作为取代性制度。参见张运昊. 行政裁决的实践困局与制度重整 [J]. 行政法学研究，2023（4）：128.

人的违法应为侵犯了他人的商标权和公共利益，应当事人的请求，行政机关对此作出是否责令侵权人立即停止侵权行为等行为方式，对侵权行为依法予以裁处，行政机关的裁决直接影响到当事人权利义务的分配，因此，适用行政诉讼法。

【思考题】

（1）在行政裁决中行政机关处于何种法律地位，行政机关的裁决对当事人的权利义务产生什么影响？

（2）如何有效发挥行政裁决的制度优势？

案例二　商务部对美国可口可乐公司收购中国汇源公司案反垄断审查行政裁决案[①]

【基本案情】

2008年9月18日，商务部收到美国可口可乐公司收购中国汇源公司的经营者集中反垄断申报材料。经申报方补充，申报材料达到了《反垄断法》（2007）第23条规定的要求，11月20日商务部对此项集中予以立案审查，12月20日决定在初步审查基础上实施进一步审查。商务部依据《反垄断法》的相关规定，从市场份额及市场控制力、市场集中度、集中对市场进入和技术进步的影响、集中对消费者和其他有关经营者的影响及品牌对果汁饮料市场竞争产生的影响等几个方面对此项集中进行了审查。审查工作严格遵循相关法律法规的规定。审查过程中，充分听取了有关方面的意见。

经审查，商务部认定：此项集中将对竞争产生不利影响。集中完成后公司可能利用其在碳酸软饮料市场的支配地位，搭售、捆绑销售果汁饮料，或者设定其他排他性的交易条件，集中限制果汁饮料市场竞争，导致消费者被迫接受更高价格、更少种类的产品；同时，由于既有品牌对市场进入的限制作用，潜在竞争难以消除该等限制竞争效果；此外，集中还挤压了国内中小型果汁企业生存空间，给中国果汁饮料市场竞争格局造成不良影响。为了减少集中对竞争产生的不利影响，商务部与美国可口可乐公司就附加限制性条件进行了商谈，要求申报方提出可行的解决方案。美国可口可乐公司对商务部提出的问题表述了自己的意见，提出初步解决方案及其修改方案。经过评估，商务部认为修改方案仍不能有效减少此项集中对竞争产生的不利影响。据此，根据《反垄断法》（2007）第28条，商务部作出禁止此项集中的决定。反垄断审查的目的是保护市场公平竞争，维护消费者利益和社会公共利益。自2008年8月1日《反垄断法》实施以来，商务部收到40起经营者集中申报，依照法律规定立案审查了29

[①] 商务部.商务部关于禁止可口可乐公司收购中国汇源公司审查决定的公告［EB/OL］.（2009-03-18）［2024-05-10］. http://www.mofcom.gov.cn/aarticle/ae/ai/200903/20090306108388.html.

起，已审结24起，其中无条件批准23起，对于1起具有排除、限制竞争效果的集中，商务部与申报方进行商谈，申报方提出了减少排除限制竞争的解决方案并作出承诺，商务部附加了减少集中对竞争不利影响的限制性条件批准了该集中。

【主要法律问题】

（1）反垄断裁决的法律属性是什么？
（2）反垄断裁决具备什么治理功能？

【主要法律依据】

（1）《商标法》第32条、第45条。
（2）《民法典》第110条。
（3）《反垄断法》第30条、第31条、第33条、第34条。

【理论分析】

反垄断针对经营者集中的审查与裁决属于反垄断执法机构的执法行为，应遵循行政法基本原则，包括但不限于合理性原则以及信息公开原则。例如《反垄断法》第33条对于审查经营者集中应考虑的因素的规定："审查经营者集中，应当考虑下列因素：（一）参与集中的经营者在相关市场的市场份额及其对市场的控制力；（二）相关市场的市场集中度；（三）经营者集中对市场进入、技术进步的影响；（四）经营者集中对消费者和其他有关经营者的影响；（五）经营者集中对国民经济发展的影响；（六）国务院反垄断执法机构认为应当考虑的影响市场竞争的其他因素。"高度的专业性、技术性是反垄断法实施的一个重要特征，对一个行为是否涉嫌垄断，不仅要作出法律上的判断，而且还要作出经济上的判断。因此，反垄断法实施过程中合理性原则的运用是具有经常性的，并且合理性原则是规制反垄断执法机构裁量权的理念。对于某一行为是否构成垄断，该行为在多大范围和多大程度上造成相应的危害等实质性问题首先需要反垄断执法机构认定，因此该机构及其工作人员应严格遵守行政合理性原则。[①]

反垄断执法机构在审查经营者是否集中后会作出四种决定，即对经营者集中不实施进一步审查的决定、对经营者集中不予禁止的决定、禁止经营者集中的决定以及对经营者集中附加限制性条件的决定。对于后两种决定，不仅对经营者利益产生实质性影响，而且对消费者的利益也会产生间接影响，因此，由反垄断执法机构公开相关情况。《反垄断法》第36条规定："国务院反垄断执法机构应当将禁止经营者集中的决定或者对经营者集中附加限制性条件的决定，及时向社会公布。"可以看出，此规定贯彻了信息公开原则，并且有助于保护申报集中的经营者合法权益，帮助上下游或者同行

---

① 黄学贤.《反垄断法》中的若干行政法问题探讨［J］. 苏州大学学报（哲学社会科学版），2009（1）：25-27.

业的其他经营者理解、把握反垄断执法机构的审查标准和竞争政策。本案中，商务部公告了作出禁止集中裁决的原因，包括：第一，集中完成后，美国可口可乐公司有能力将其在碳酸软饮料市场上的支配地位传导到果汁饮料市场，对现有果汁饮料企业产生排除、限制竞争效果，进而损害饮料消费者的合法权益。第二，美国可口可乐公司通过控制"美汁源"和"汇源"两个知名果汁品牌，对果汁市场控制力将明显增强，加之其在碳酸饮料市场已有的支配地位以及相应的传导效应，集中将使潜在竞争对手进入果汁饮料市场的障碍明显提高。第三，集中积压了国内中小型果汁企业生存空间，抑制了国内企业在果汁饮料市场参与竞争和自主创新的能力，给中国果汁饮料市场有效竞争格局造成不良影响，不利于中国果汁行业的持续健康成长。[①] 并在公告中表明了与美国可口可乐公司就附加限制性条件的商谈程序，以及最终的审查决定。由于商务部贯彻了信息公开原则，美国可口可乐公司在后续的声明中特别强调了对中国市场抱有信心。商务部作出禁止收购的决定，既不受外部因素的干扰，也非保护主义。本案的裁决与中国的外资政策无关。对企业并购进行反垄断审查，是世界各国普遍采用的做法，是中国反垄断法规定的一项重要制度，其目的是保护市场公平竞争，维护消费者利益和社会公共利益。[②] 由此可见，反垄断裁决实质是反垄断机构的执法行为，应遵循信息公开、合理性等行政原则，同时也能达到相应的治理效果。

第二节　涉外行政和解

　　行政和解的兴起，源于我国社会转型行政实践中对破解行政执法困境、回应行政争议实质解决的现实探索，蕴含着丰富的公私合作治理元素。二战之后，行政的公众参与逐渐得到承认。相对人的参与对行政主体意思表示起到了两方面作用：第一，行政主体有义务向相对人证明其意志的正确性；第二，行政主体有义务听取相对人的意见。然而，诸如相对人的申请、申报、举报、陈述、辩解、举证和听证等相对人参与的行为在行政行为中仍然属于行政机关的单方行为。换言之，虽然在行政行为作出过程中，行政机关对相对人的意志表达具有一定的考量和参照，但是行政法律关系最终体现为行政机关的单方意志表达。为了推进相对人的意志能够真正被吸收进行政意志中，从而使行政法律关系具有双方性，使相对人真正成为行政法关系的主体，逐渐形成了行政协议和行政和解制度。其中，行政和解打破了传统的"行政权不得处分"的原理。行政和解协议是行政机关和相对人对化解行政纠纷的一种相互承诺，它意味着相对人承诺自己所提事实证据的真实性，行政机关承诺认可这种证据的真实性并将其

---

① 商务部. 商务部关于美国可口可乐公司与中国汇源果汁集团有限公司的经营者集中反垄断申报的公告 [EB/OL]. (2009-03-18) [2024-05-10]. http://www.mofcom.gov.cn/aarticle/b/g/200904/20090406191413.html.
② 聚焦汇源收购案裁决 [J]. 工商行政管理, 2009 (6): 80.

作为自己调整行政意志的依据。目前我国行政和解制度包括证券行政和解、行政复议和解等①。

证券领域建立行政执法和解制度是中国证监会行政执法体制改革的一个重大创新性举措。行政和解制度有利于有效惩治各类市场违法失信行为，保护投资者合法权益，提高行政执法效率。2015年中国证监会发布《行政和解试点实施办法》（已失效），该办法对行政和解的适用范围与条件、行政和解的程序、行政和解金的管理和适用都作出了明确的规定，基本框定了证券行政执法和解的制度框架和主要内容。2019年修订的《证券法》，其第171条为证券行政和解制度提供了法律层面的依据。2020年中国证监会发布《证券期货行政和解实施办法（征求意见稿）》，为证券行政和解制度的进一步完善提供了规范性依据。

案例三　中国证监会与高盛（亚洲）公司、北京高华证券公司行政和解案

【基本案情】

在2013年10月8日至2015年7月3日期间，高盛（亚洲）公司（以下简称高盛亚洲）自营交易员通过在北京高华证券公司（以下简称高华证券）的经纪业务账户进行交易，同时向高华证券自营交易员提供业务指导。双方于2015年5月至7月期间的4个交易日的部分交易时段，从事了其他相关股票及股指期货合约交易。2016年7月，中国证监会对高盛亚洲的上述行为正式进行立案调查。在经过两年多时间的调查取证之后，最终高盛亚洲以1.5亿元的天价和解金就上述调查达成了行政和解。② 根据行政和解协议：申请人已交纳行政和解金共计人民币1.5亿元。申请人已采取必要措施加强公司的内控管理，并在完成后向中国证监会提交书面整改报告。根据《行政和解试点实施办法》第29条规定，中国证监会终止对申请人有关行为的调查、审理程序。③

【主要法律问题】

（1）如何认定行政和解的法律属性？
（2）行政和解应遵循哪些程序性规则以保障相对人的合法权益？

---

① 行政复议和解制度目前处于地方改革立法阶段，例如安徽省地方税务局发布《安徽地方税务系统税务行政复议和解调解办法》，上海市国家税务局、上海市地方税务局发布《上海市税务行政复议和解调解实施办法》。
② 新浪财经. 历六年试点，证券期货行政执法和解制度将正式推行：高盛1.5亿"天价"和解案曾开先河［EB/OL］.（2021-11-29）［2024-05-10］. https://finance.sina.com.cn/stock/y/2021-11-30/doc-ikyakumx1007169.shtml.
③ 澎湃新闻. 证监会首例行政和解协议完成，收取行政和解金1.5亿元［EB/OL］.（2019-04-23）［2024-05-10］. https://www.thepaper.cn/newsDetail_forward_3335079.

【主要法律依据】

(1)《证券法》第 171 条。

(2)《证券期货行政和解实施办法（征求意见稿）》第 2 条、第 3 条。

【理论分析】

1. 证券领域行政和解的含义及制度意义

经国务院批准，中国证监会于 2015 年 2 月正式发布《行政和解试点实施办法》（证监会令第 114 号，以下简称《和解办法》），在证券期货领域试点行政和解制度。所谓行政和解，《和解办法》第 2 条规定，是指中国证券监督管理委员会在对公民、法人或者其他组织（以下简称行政相对人）涉嫌违反证券期货法律、行政法规和相关监管规定行为进行调查执法过程中，根据行政相对人的申请，与其就改正涉嫌违法行为，消除涉嫌违法行为不良后果，交纳行政和解金、补偿投资者损失等进行协商达成行政和解协议，并据此终止调查执法程序的行为。中国证监会表示，行政和解制度是适应资本市场快速发展需要，切实化解有限行政资源与行政效率之间矛盾，保护投资者合法权益的重要制度安排。中国证监会将严格按照实施办法等相关规定，依法有序推进行政和解试点工作，不断总结经验，探索执法方式创新，充分发挥行政和解在恢复市场秩序、保护投资者合法权益等方面的积极作用，促进证券期货市场健康稳定发展。

2. 行政和解的法律属性

目前学界对于行政和解法律属性研究，集中于"契约说"和"混合说"两种观点。"契约说"认为行政和解通过行政机关与相对人达成合意的形式实现对行政纠纷有效治理，行政和解属于行政协议的一种。"混合说"认为实现和解的方法是缔结和解协议，是一种单一、僵化的认识。协商谈判是表达和解意愿的常见形式，但不是唯一形式。对于人数众多且情节类似的相对人主体，公示回应也是和解的表意形式。和解的实现方法除双方行政契约外，还包括单方行政决定。也有学者从行政过程的角度认为行政和解本身包括一系列行政过程，具有高度灵活性，其通过行政机关对各种行为形式的相对灵活选择，实现行政争议的有效化解或行政任务最佳履行的目的追求。[①] 本书认为行政和解是行政机关行使行政管理权的一种方式，属于行政行为的一种形式。相比于诸如行政处罚、行政许可体现行政机关单方意志的行政行为，行政和解的作出以相对人和行政机关合意为基础，体现了行政权行使的民主、协商特征。因此，行政和解应作为行政行为的一种类型，其结果或者表现形式为行政协议。

行政和解虽然是相对人与行政机关双方意志的体现，但是行政和解所涉及的利益

---

① 王由海. 论行政和解制度的规范建构——基于行政过程论视角的分析 [J]. 河南财经政法大学学报，2021(4)：62.

属于公共利益范畴，应由社会公众监督。正如本案的证券行政和解，证券行政和解制度一旦成立，首先面临道德风险的考验，社会公众难免担心中国证监会作为监管主体被监管对象所"俘获"。因此，中国证监会与相对人之间的协商和解过程以及和解协议的内容予以监督是必要的。应在实施中落实以下制度：第一，回避制度。如果实施和解的行政工作人员是相对人的近亲属，与案件有利害关系，与相对人或案件有其他关系，可能会影响案件公正处理的情况，应采取回避措施。第二，信息公开制度。中国证监会应当依照规定公开行政和解协议的主要内容。达成行政和解协议的相对人为上市公司、非上市公众公司及其董事、监事、高级管理人员、控股股东、实际控制人等，应当按照中国证监会及证券交易场所的相关规定履行信息披露义务。例如本案中公开了和解协议的核心内容。第三，和解咨询制度。证监会试验建立和解咨询制度，成立和解委员会，加强协议的专业性和可信度。

行政和解不能以牺牲第三方利益来换取行政目的的实现，应保护行政和解中利害关系人的利益。其一，应建构和解过程中听取利害关系人的意见制度和听证制度。《和解办法》规定，中国证监会在就行政和解数额与相对人进行协商过程中，采取适当方式，就投资者损失情况听取投资者及利害关系人的意见。其二，相对人书面同意制度。如果行政和解协议的履行将损害第三人的权利时，和解协议应经第三人书面同意。[①]

【思考题】

（1）如果行政和解制度侵害了利害关系人的利益，利害关系人应以何种法律依据以及理由寻求救济？

（2）行政和解协议能否纳入行政协议范围？如果行政和解协议属于行政协议，其法律依据和理由是什么？

第三节 涉外行政备案

不同学者对行政备案的分类有所差异。有学者将行政备案区分为行政许可意义上的备案、行政确认意义上的备案、行政告知意义上的备案，以及行政监督意义的备案。并通过理论梳理将备案归纳为许可说、监督说、立法说、登记说、告知说、审批说，以及行政行为说。许可说认为行政备案是行政许可的一种形式，诸如批准、核准、登记、审查、检验等，都属于行政许可的一种表现形式。监督说认为备案经常出现在规范性文件的制定程序中，属于事实行为。立法说认为备案是将法规、规章文本报送相应的权力机关，让其备查的程序，包括报送、登记、统计、存档等环节。登记说认为

---

① 张红.证券行政执法和解问题剖析[J].行政管理改革，2015（5）：63.

行政登记包括备案式登记的形式，其意味着行政机关在了解相关情况后进行登记。告知说认为备案是相对人事后用书面形式向行政机关提供有关信息。审批说认为备案属于行政审批的一种形式，强调政府对市场的监督。行政行为说认为备案属于相对人在事后用书面形式向行政机关提供有关信息情况予以登记备查，并间接对相对人产生法律效果的行政行为。[1] 也有学者通过考察实践将备案区分为预防型备案、告知型备案以及后设型备案。预防型备案以防范健康与安全风险为核心目标，其具有事前监督、形式审查以及全过程监管三个特征。告知型备案并不直接影响相对人的权利义务关系，其具有事后备案、形式审查以及事中事后监管三个特征。后设型备案强调在放松事前准入控制的同时，通过事后实质审查将不适格者排除在市场之外，其特征在于事后备案、实质审查以及强化事中事后审查。[2]

2019年国务院印发《国务院关于加强和规范事中事后监管的指导意见》，标志着行政备案正式成为政府对市场的事中事后的监管手段。并且，《优化营商环境条例》第19条第2款中规定："国家推进'证照分离'改革，持续精简涉企经营许可事项，依法采取直接取消审批、审批改为备案、实行告知承诺、优化审批服务等方式，对所有涉企经营许可事项进行分类管理，为企业取得营业执照后开展相关经营活动提供便利。"正式通过立法形式肯定备案在优化营商环境中的重要作用，这同时意味着行政备案不再是行政审批的替代手段，而是属于完全独立的事中事后监管手段。行政备案代替行政审批作为监管的重要手段，已成为学界探讨的重点。"行政备案的基本运作逻辑为'放宽准入—提交备案信息—利用信息进行事后监管'"，[3] 相比于传统的行政审批方式，行政备案属于"基于特定的管制目标，要求当事人向管制机关或公众提供信息的管制方法"[4]。其规制的特征在于相对人主动披露信息，通过对相对人提供的信息掌握完成监管任务，实现了柔性监管，在一定程度上降低了市场门槛，客观上有助于提升市场活力和优化营商环境。并且，信息作为行政备案的核心依据，行政备案的目的在于通过全面掌握监管对象的各项信息，以开展后续的事中事后监管。作为信息规制工具，行政备案旨在为交易主体或规制机构提供决策信息以改善决策质量。一方面，行政备案是行政决策的参考；另一方面，行政备案获取的信息往往是后续监管的基础，甚至是纠纷解决的基础。涉外行政备案一方面涉及外商投资项目的实质性审查，另一方面涉及境内企业在境外发行债券和上市的告知型备案。

---

[1] 朱最新. 行政备案的法理界说 [J]. 法学杂志, 2010 (4): 61-62.
[2] 王由海. 行政备案的实践类型与法治化路径 [J]. 法商研究, 2023 (1): 78-80.
[3] 高小芳. 作为新型信息规制工具的行政备案：角色变迁、功能定位与效能保障 [J]. 中国行政管理, 2021 (9): 28.
[4] 王青斌. 行政备案职责的理论证成与体系构建 [J]. 政法论丛, 2022 (6): 15.

案例四　吴某兴等诉吴某股权转让纠纷案①

【基本案情】

吴某兴主张其与吴某以及第三人广东某粮油贸易有限公司（以下简称广东公司）签订的股权转让合同无效。吴某兴认为，广东公司的主营业务为米粉加工及出口，属于《外商投资产业指导目录》（2011）中的限制外商投资产业，按照现行有效的《指导外商投资方向规定》第12条和第13条的规定，外国自然人投资限制类产业需要经过外经贸部门审批，违反审批程序的，相关的合同无效。另外，按照《商务部关于外国投资者并购境内企业的规定》第6条规定，外国投资者取得国内企业的股权应经审批机关批准。其次，按照《中外合资经营企业法》第1条的规定，外国自然人和中国自然人不能同时作为举办合营企业的适格主体。本案中，吴某通过股权代持方式，帮助案外人黄某平实质成为广东公司的股东，并实质享受股东权利与义务，规避国家有关中外合资经营企业组织形式的强制性规定。

在审判中，法院认为吴某兴主张的合同无效的依据不属于效力性强制性规定，并且《外商投资产业指导目录》（2017）已经取消对相关项目的限制。因此，吴某兴主张其与吴某签订的关于广东公司的股权转让合同无效的依据不足。

【主要法律问题】

行政备案的治理效能体现在什么地方？

【主要法律依据】

(1)《外商投资产业目录》（2011）（已失效）。
(2)《指导外商投资方向规定》第12条、第13条。
(3)《商务部关于外国投资者并购境内企业的规定》第6条。
(4)《中外合资经营企业法》（已失效）第1条。

【理论分析】

行政备案采取事后控制的方式，有利于激发市场活力，并通过信息机制将命令式管理转向合作式治理。最开始政府监管工具或者政府提供担保公信力证明是行政许可，其采取事前控制的方式，然而事前控制不能确保筛选机制的有效性，并且过分强调事前控制，可能会导致政府在监管过程中设置过多条件，最终形成一种错位的信任机

---

① （2017）粤01民终20933号民事判决书。

制,[①] 并导致市场活力的削弱。行政备案取代行政许可一方面是政府为了激发市场活力，降低规制成本，弱化准入限制选择的一种替代性规制工具；另一方面行政备案默认规制对象通过自我合规而具备从事特定活动的资格，但备案行为本身并不对相关主体能力与资质提供担保。例如本节案例二中中国证监会不对企业证券的投资价值或投资者收益作出实质性判断或者保证。然而，行政备案会采取后续的监管执法措施作为配套措施以保证企业行为的合规，并且会通过信息公开制度加强公众对企业的监督。

相比于传统的命令式管理的规制方式，行政备案采用信息规制并通过相对人参与规制的方式实现命令式管理转向合作式治理。行政备案一方面通过信息规制，将政府无法掌握的私人信息通过相对人主动提交备案的方式予以掌握；另一方面通过让备案义务主体以更加平等的身份参与政府监管活动，政府通过对特定备案信息的告知以及申请人的自我合规整改，以共同完成行政任务。由此，相比于传统行政机关主导全程的命令式管理，行政备案采取了相对人主动提交材料，主动承诺和提交备案材料，以弥补政府信息不足的缺陷，实现合作治理，迈向政府治理的现代化。

《指导外商投资方向规定》第12条规定："根据现行审批权限，外商投资项目按照项目性质分别由发展计划部门和经贸部门审批、备案；外商投资企业的合同、章程由外经贸部门审批、备案。其中，限制类限额以下的外商投资项目由省、自治区、直辖市及计划单列市人民政府的相应主管部门审批，同时报上级主管部门和行业主管部门备案，此类项目的审批权不得下放。属于服务贸易领域逐步开放的外商投资项目，按照国家有关规定审批。涉及配额、许可证的外商投资项目，须先向外经贸部门申请配额、许可证。法律、行政法规对外商投资项目的审批程序和办法另有规定的，依照其规定。"第13条规定："对违反本规定审批的外商投资项目，上级审批机关应当自收到该项目的备案文件之日起30个工作日内予以撤销，其合同、章程无效，企业登记机关不予注册登记，海关不予办理进出口手续。"《外商投资项目核准和备案管理方法》对于外商投资项目备案的相关规定，属于预防型备案。根据《外商投资法》第4条的规定，国家对外商投资实行准入前国民待遇加负面清单管理制度。由此，对于外商投资项目的监管方式应采取事前监督，强调风险防范、全过程监管。

【思考题】

行政备案的治理优势体现在何处？

[①] 王青斌，王由海. 作为规制工具的行政备案：规制机理与效果优化 [J]. 浙江学刊，2022（5）：43.

案例五 西安经发物业股份有限公司境外发行上市备案案

【基本案情】

2024年2月7日，中国证券监督管理委员会发布了《关于西安经发物业股份有限公司境外发行上市备案通知书》（以下简称《通知书》），其中《通知书》明确写明：自备案通知书出具之日起至本次境外发行上市结束前，西安经发物业股份有限公司如发生重大事项，应根据境内企业境外发行上市有关规定，通过中国证监会备案管理信息系统报告。并在完成境外发行上市后15个工作日内，应通过中国证监会备案管理信息系统报告发行上市情况。在《通知书》的最后，亦明确载明：本备案通知书仅对企业境外发行上市备案信息予以确认，不表明中国证监会对该企业证券的投资价值或者投资者的收益作出实质性判断或者保证，也不表明中国证监会对企业备案材料的真实性、准确性、完整性作出保证或者认定。[①]

【主要法律依据】

《境内企业境外发行证券和上市管理试行办法》第4条、第13条、第14条。

【主要法律问题】

（1）案例涉及哪种类型的行政备案？
（2）不同类型行政备案的功能差异性体现在何处？

【理论分析】

《境内企业境外发行债券和上市管理试行办法》第13条规定："境外发行上市的境内企业，应当依照本办法向中国证监会备案，报送备案报告、法律意见书等有关材料，真实、准确、完整地说明股东信息等情况。"第14条规定："境内企业直接境外发行上市的，由发行人向中国证监会备案。境内企业间接境外发行上市的，发行人应当指定一家主要境内运营实体为境内责任人，向中国证监会备案。"第16条规定："发行人境外首次公开发行或者上市的，应当在境外提交发行上市申请文件后3个工作日内向中国证监会备案。发行人境外发行上市后，在同一境外市场发行证券的，应当在发行完成后3个工作日内向中国证监会备案。发行人境外发行上市后，在其他境外市场发行上市的，应当按照本条第一款规定备案。"可以看出，对于境内企业境外发行债券或者上市的备案属于实践中的告知型备案。相比于本章案例四采取全过程监管的预防型监

[①] 中国证券监督管理委员会. 关于西安经发物业股份有限公司境外发行上市备案通知书[EB/OL]. (2024-02-07) [2024-05-10]. http://www.csrc.gov.cn/csrc/c105984/c7463596/content.shtml.

管,案例五的备案方式采取了事后备案。企业上市备案的目的在于确保企业在向证券交易所申请股票上市时,已经满足了证券交易所对于上市公司的相关要求。然而基于管辖权的相关问题,我国对于境内企业境外上市的备案采取事后备案,即中国证监会对境内企业上市相关信息进行备案,以解决被监管主体与监管主体之间的"信息不对称"的困境,同时符合行政备案"信息规制工具"的功能定位。

【法律问题】

行政备案通过何种路径对相对人信息进行合规性、合法性管理以达到其规制目的?

第四节 涉外企业行政合规

企业合规是一种以风险防控为导向的公司治理制度,强调事前"预防"而非事后"惩罚"。由于企业运营牵涉多方利益,如果对企业施加处罚,那么不仅会损害企业本身的利益,而且会影响大量员工的生计,影响关联公司、客户及第三方合作伙伴等多方主体的合法权益,甚至影响社会的和谐稳定。所以,相比于事后惩戒的行政责任或刑事责任,在企业存在违规的"预兆"时可对其进行引导和预防性地监管。[1] 目前企业合规在刑事领域得到广泛应用,改革采取的合规宽缓处罚激励政策,已经通过行刑衔接机制外溢到行政机关领域的企业合规建设。例如2021年浙江省人民检察院联合23家行政监管部门印发的《关于建立涉案企业合规第三方监督评估工作机制的意见(试行)》(以下简称《意见》)规定:"对涉案企业刑事程序终结后,需予以行政处罚的案件,人民检察院应将合规考察报告副本移送相应的行政机关,并视情以检察建议或其他适当方式,建议行政机关对涉案企业减轻或免除处罚。行政机关对企业合规情况和检察机关建议进行评估后,原则上应对涉案企业减轻或免除处罚。"这说明企业合规制度不仅在刑事中运用,在行政中也开始逐步探索。

正所谓企业合规的底线应当是行政合规。正如陈瑞华教授所言:"企业合规不仅是商事法和公司法研究的新课题,它也涉及行政机关部门对违法违规企业的监管和处罚问题,同样也是行政法领域的新课题。"[2] 一方面,企业行政合规机制的建构意味着政府通过引导或强制的方式推动企业建立合规管理体系,进而使两者形成合作关系,推动行政管理方式走向柔性化、合作化。另一方面,企业行政合规机制的建构有助于企业全过程、全方位贯彻行政法规范的要求。具体而言,行政法规对企业生产经营活动的要求通过企业合规机制的机构传输到企业日常管理体系中,进而推动企业贯彻合规

---

[1] 解志勇. 行政法上企业合规治理制度体系的建构思路 [J]. 法律科学(西北政法大学学报),2023 (3):103-104.

[2] 陈瑞华. 企业合规基本理论 [M]. 北京:法律出版社,2021:60.

管理体系,即贯彻行政法规范要求,并且,在企业贯彻合规管理体系过程中,企业从被监督的客体转化为参与行政规制的主体,监督机制从事后制裁转向预先许可、参与规制,以及从轻、减轻或免除处罚等回馈机制。① 由此,企业行政合规机制的建构对于完善政府管理方式,推动行政治理现代化具有不可或缺的作用。

案例六　全国首部行刑衔接跨境电商行业合规指引出台②

【基本案情】

2022年9月9日,广州市人民检察院、中国国际贸易促进委员会广州市委员会、广州市商务局、广州市邮政管理局、国家税务总局广州市税务局、广州市市场监督管理局、广州海关、黄埔海关等单位联合发布《广州市跨境电商行业合规指引(试行)》(以下简称《指引》),该指引是国内首个由司法机关与行政监管部门联合发布的跨境电商行业的合规指引,在禁止性规定条款中列明了行政监管部门的执法标准,如禁止"推单""刷单"、伪报商品要素。企业若违反禁止性规定,将依法承担相应行政责任,同时,若企业实施禁止性规定构成犯罪的,将依法被追究刑事责任。《指引》明确行政违法与刑事案件之间的界限和衔接,有利于跨境电商企业确认合规标准,科学预防来自行政处罚和进一步刑事追究的风险,提高合规效率。同时《指引》将指导跨境电商业务经营者规范从业行为、构建合规管理体系、制定合规管理制度、形成合规管理文化,对预防和减少跨境电商行业违法犯罪、提高跨境电商业务经营者合规意识、促进电商行业健康可持续发展都具有重大意义和作用。

【主要法律问题】

(1) 企业合规整改制度下行刑衔接与刑行衔接制度构建的目的?
(2) 企业行政合规制度的功能体现在何处?

【主要法律依据】

《广州市跨境电商行业合规指引(试行)》。

【理论分析】

"行政执法和刑事司法衔接源于不法行为违反行政法上的义务同时触犯了刑事法律,形成了实体法上违法与犯罪的内在勾连。在程序上则表现为行政机关与司法机关

---

① 周佑勇. 企业行政合规的制度定位及其构建路径 [J]. 比较法研究, 2024 (4): 6.
② 金杜律师事务所. 全国首部行刑衔接跨境电商行业指引发布——《广州市跨境电商行业合规指引(试行)》快评 [EB/OL]. (2022-09-13) [2024-05-10]. https://www.kwm.com/cn/zh/insights/latest-thinking/a-quick-review-of-the-compliance-guidance-on-cross-border-e-commerce-in-guangzhou.html.

履行不同职能的外在机制衔接,并借此衔接来发挥共同维护法秩序的功能"[1]。2014年10月23日,党的第十八届中央委员会第四次全体会议通过的《中共中央关于全面推进依法治国若干重大问题的决定》指出,"健全行政执法和刑事司法衔接机制""实现行政处罚和刑事处罚无缝对接"。这种行刑衔接凸显在处罚上的"无缝对接",避免对同一事实重复评价而出现罚不当罪或者处罚过重的问题。行刑衔接的规定体现在案件移送程序、证据适用及法律监督等环节,主要功能是及时传递案件材料和对接案件处置。在实践中,涉案企业实施的犯罪多属于"行政犯",其犯罪是建立在违反行政法义务基础上,由于其违反行政法律法规在先,需要首先通过熟悉行政法律法规的行政执法部门作出先行评判,并且其责任具有行政违法性和刑事违法性双重特征,责任承担需要依据行政法律法规和刑事法律进行综合判断。所以,行刑衔接实现行政执法程序与刑事诉讼程序的无缝对接,构建案件的完整评价。

刑行衔接主要是通过行政监管的方式弥补刑事合规制度的不足,主要体现在:第一,实践中,企业合规整改是一个持续性的过程。虽然一些企业已经通过合规考察,并且最终检察院作出了不起诉决定。但是这并不代表企业合规整改已经全部完成,刑事不起诉具有时间限制,许多企业无法在短时间内完全高质量完成合规整改,由此,需要行政监管的延续。第二,大多企业犯罪属于"行政犯",企业合规整改的目的在于预防刑事违法的风险,但是"行政犯"不仅违反了刑事法律,也违反了行政法律法规,存在行政违法的风险,并且行政违法风险比刑事违法风险更加复杂,也更加多样,在此基础上,应将行政机关监管纳入企业合规整改。例如在"葛兰素史克(中国)投资有限公司(以下简称 GSK 中国)在中国行贿案"中,相关员工交代,在"销售为王"的企业文化下,医学部也好,法务部也好,合规部也好,公司的任何部门都要支持实现更高的销售目标。虽然公司也有审计等监管制度,但往往是走过场,不会触及核心,毕竟审计人员不是从销售干出来的,对底下的运作不清楚,或者有意不查。在员工看来,对于"底下的运作",公司总部应该也清楚,尽管在中国一年要进行很多次的内部审计,2013 年还进行了长达 4 个月的大范围调查,但还是被公安机关查出的巨额贿赂打了个措手不及。"如果认真查,早就自己查出问题了"。对此,一家跨国会计师事务所的高层表示:"调查发票和费用,你会发现所有这些看似都合法。高超的欺骗在于它会被隐藏得很好,而当高层合谋时,问题就更难被发现了。"[2] 从这个表述中可以看出,该公司在日常运作中缺乏有效的企业合规行政监管措施,导致犯罪后果的发生,扰乱医药市场秩序。

企业行政合规的制度功能。第一,优化行政监管制度。在企业行政合规中,行政机关通过引导或强制的方式推动企业建立合规管理体系,二者逐步演变为具有共同利

---

[1] 郭华. 企业合规整改行刑衔接的协调机制 [J]. 华东政法大学学报, 2022 (6): 39.
[2] 中华人民共和国中央人民政府. 葛兰素史克中国公司涉嫌严重经济犯罪再追踪. [EB/OL]. (2013-09-03) [2024-05-10]. https://www.gov.cn/jrzg/2013-09/03/content_2480114.htm.

益需求的合作关系。"行政法规范对企业生产经营活动的规范要求通过合规机制嵌入到企业合规管理体系中,而企业执行该合规管理体系的过程即对规范要求的履行,由此行政机关对企业生产经营行为的碎片化监管转化为对企业合规管理体系的监管"[①]。并且,行政机关通过不予行政处罚这样的方式激励企业遵守行政机关对企业生产经营活动的要求,从而实现"柔性监管"。第二,充分吸收了企业的意见。在企业行政合规中,企业往往通过制定内部的合规规划、建构相关的合规管理系统或者要求企业高管出具承诺书以实施行政法规范对企业生产经营活动的要求。上述措施都是在企业自愿、自主的基础上,换言之,企业行政合规整改制度中企业的主观意愿和主观能动性至关重要。从这一角度而言,企业与行政机关的关系类似于以双方合意为基础的"行政协议"关系,充分吸收了企业的意见,彰显了行政监管的民主性。

【思考题】

(1) 企业合规制度治理的基本原则?
(2) 行政和解制度与企业行政合规制度之间的关联性?

---

① 周佑勇. 企业行政合规的制度定位及其构建路径 [J]. 比较法研究,2024 (4): 6.

第九章

涉外行政复议

本章知识要点

（1）涉外行政复议是外国人、无国籍人、外国组织认为我国行政机关作出的行政行为侵害其合法权益，向行政复议机关申请行政复议，请求对行政行为合法性进行审查的制度。基于主权因素，行政复议机关要以更加审慎的态度审查申请人的身份信息和资格问题。（2）行政复议前置制度是行政相对人不服行政机关作出的行政行为，在寻求法律救济时，依照法律法规规定应当先向行政复议机关申请行政复议的制度。主权是立法时设置行政复议前置制度的重要考量因素。一般而言，税收、金融、安全、海关、边检等关乎国家主权的行政管理领域，不服行政行为的均实行行政复议前置制度。（3）行政复议最终原则是依照法律规定，公民、法人或者其他组织即便不服行政复议决定，也不能再向人民法院提起诉讼的特殊原则。该原则最典型的体现是《出境入境管理法》关于对外国人采取遣送出境的规定。（4）行政复议审理程序是行政复议机关对被申请的行政行为合法性、合理性进行审查的程序。涉外行政执法程序中，因行政相对人是外国人、无国籍人或是外国组织，有的行政机关在执法程序上存在不当之处，尤其是在送达程序上。外国人、无国籍人、外国组织申请行政复议的，应通过行政复议程序"补正"原行政行为不当之处。

第一节　行政复议参加人

行政复议参加人是参加行政复议程序并与行政争议有利害关系的人，包括申请人、被申请人和第三人。申请人是认为行政行为侵犯其合法权益，向行政复议机关提出申请，要求对行政行为合法性和合理性进行审查的公民、法人和其他组织。申请人与行政争议之间具有利害关系是行政复议受理条件之一。关于如何判断是否具有利害关系，2023年修订前后的《行政复议法》以及《行政复议法实施条例》均没有明确规定。鉴于《行政复议法》（2023）是对行政复议制度的诉讼化改造，在界定利害关系时，可以参照《最高人民法院关于适用〈中华人民共和国行政诉讼法〉的解释》（以下简称《行政诉讼法司法解释》）第12条关于与行政行为有利害关系的情形。需要注意的是，行政复议的申请人资格要宽于《行政诉讼法司法解释》规定的原告主体资格，判断利害关系时的标准要适当放宽。

在外国人、无国籍人、外国组织申请行政复议的情况下，要注意以下三点：一是在界定是否具有利害关系时，外国人、无国籍人、外国组织与本国公民、法人或者其他组织申请行政复议时并无二致，均可以参照《行政诉讼法司法解释》关于利害关系的规定。二是审查外国人、无国籍人、外国组织身份时，要注意审查是否具有多重国籍以及有关证件真实性，对真实身份无法查明的，或者不能提交依法能够证明本人身份的材料时，应认为其不符合受理条件。三是遵循平等原则和对等原则，其他国家或者地区如果对我国公民、法人或者其他组织申请行政复议的权利加以限制的，我国行政复议机关对该国公民、法人或者其他组织的行政复议权利也采取相应的限制措施。

案例一　来富集团香港有限公司诉日照海关检验检疫处理及行政复议纠纷案[①]

【基本案情】

2017年3月30日，厦门象屿公司委托中国日照外轮代理有限公司，向原日照出入境检验检疫局报检一批入境进口货物。原日照出入境检验检疫局于同日受理报检。《入境货物报检单》显示：报检的货物名称为"未烧结铁矿砂（粉）"，收货人为厦门象屿公司，发货人为来富集团香港有限公司（以下简称来富公司）。2017年3月30日和2017年4月5日，原日照出入境检验检疫局两次对涉案货物进行人工取样，委托青岛检验检疫技术发展中心对涉案货物样品进行固体废物属性鉴别。2017年4月11日，该中心作出两份《固体废物鉴别报告》，结论均判定样品属于固体废物。2017年4月17日，原日照出入境检验检疫局向厦门象屿公司作出涉案《检验检疫处理通知书》，载明："根据中华人民共和国有关法律法规，经对该批进口阿联酋已烧结铁矿砂检验检疫，因属于禁止进口类固体废物，须做退运处理，特此通知。"2017年4月26日，原日照出入境检验检疫局向原日照海关作出《关于对一批进口阿联酋铁矿实施退运的函》（日检化矿函〔2017〕35号）。2018年4月16日，来富公司向青岛海关申请行政复议，请求撤销原日照出入境检验检疫局作出的行政处罚，即涉案《检验检疫处理通知书》；赔偿原告的损失，含滞箱费、鉴定费、货物市场价值减损等。2018年11月16日，青岛海关作出行政复议决定，认为《检验检疫处理通知书》认定事实清楚，证据确凿，适用依据正确，内容适当，但存在两点瑕疵：一是未告知第三人享有复验、复议、诉讼的权利和途径以及没有载明明确法律依据存在瑕疵；二是将"退货"写成"退运"存在瑕疵，但认为该瑕疵不会对相对人的权利义务产生实际影响，故决定维持《检验

[①] （2018）鲁02行初269号行政判决书，（2019）鲁行终1924号行政判决书。

检疫处理通知书》。来富公司不服,提起行政诉讼,请求撤销《检验检疫处理通知书》和行政复议决定,赔偿原告损失。山东省青岛市中级人民法院一审判决驳回原告诉讼请求。来富公司不服,提起上诉。山东省高级人民法院二审判决驳回上诉,维持原审判决。

【主要法律问题】

(1) 来富公司主张《检验检疫处理通知书》属于行政处罚是否正确?
(2) 来富公司作为供货方,是否享有《进出口商品检验法》等法律法规规定的复验等权利?
(3) 来富公司是否具有申请行政复议的主体资格?

【主要法律依据】

(1)《进出口商品检验法》(2013) 第 8 条、第 11 条、第 12 条、第 21 条、第 28 条。
(2)《固体废物污染环境防治法》第 5 条、第 10 条、第 25 条、第 78 条。
(3)《进出口商品检验法实施条例》(2017) 第 4 条、第 7 条、第 19 条、第 22 条、第 35 条。
(4)《固体废物进口管理办法》(已失效) 第 11 条、第 26 条、第 28 条、第 29 条。
(5)《进口可用作原料的固体废物检验检疫监督管理办法》第 5 条、第 6 条。

【理论分析】

1. 进出口商品检验制度

进出口商品检验是为保护人类健康与安全,保护动植物生命和健康,保护环境,防止欺诈行为,维护国家安全,由法定商检机构对进出口商品进行检验的活动。[1] 2018 年海关机构改革之前,国家质量监督检验检疫总局负责全国进出口商品检验工作,海关机构改革之后,海关总署负责全国进出口商品检验工作。我国进出口检验实行法定检验和非法定检验两种类型。国家商检部门制定、调整必须实施检验的进出口商品名录。对列入目录的进口商品未经检验的,海关不予放行,不准在境内销售、使用;出口商品未经检验合格的,不准出口。

2. 本案《检验检疫处理通知书》的法律性质

依据《进出口商品检验法实施条例》(2017) 第 19 条第 1 款的规定,法定检验的进口商品经检验,涉及人身财产安全、健康、环境保护项目不合格的,由出入境检验检疫机构责令当事人销毁,或者出具退货处理通知单并书面告知海关,海关凭退货处

---

[1] 国务院法制办公室财政金融法制司. 中华人民共和国进出口商品检验法实施条例 [J]. 中国法律年鉴, 2006 (1): 90.

理通知单办理退运手续；其他项目不合格的，可以在出入境检验检疫机构的监督下进行技术处理，经重新检验合格的，方可销售或者使用。因此，《检验检疫处理通知书》一般主要包含两项内容：一是对进口商品的检验结论，即事实认定部分；二是对经检验不合格的进口商品的处置措施，即处理决定部分。涉案《检验检疫处理通知书》的主要内容是："根据中华人民共和国有关法律法规，经对该批进口阿联酋已烧结铁矿砂检验检疫，因属于禁止进口类固体废物，须做退运处理，特此通知。"来富公司主张《检验检疫处理通知书》属于行政处罚。从通知书的内容分析，退货或者退运处理不属于行政处罚。行政处罚的主要特征是制裁性。退货或退运只是造成企业不能将商品引入国内，进而无法获取经济利益，退货或者退运本身不具有惩戒性。如果通知书要求企业不仅退货，还要缴纳一定罚款或者没收，企业在不能收益的同时还存在额外的经济损失，方可构成行政处罚。因此，本案《检验检疫处理通知书》不属于行政处罚。原日照出入境检验检疫局主张，《检验检疫处理通知书》属于行政确认。确切地讲，《检验检疫处理通知书》关于涉案商品属于禁止进口类固体废物的认定仅属于技术认定，还不同于交通事故、火灾事故责任认定。从行政复议和行政诉讼的角度，行政确认是对行政相对人法律地位、权利义务的确定和认可，主要包括对身份、能力、状态、事实的确定和否定。仝蕾撰写的《行政案件案由制度解析与适用》一书从行政诉讼角度认为，"行政确认主要适用在社会保障领域，是对申请人申请享有相关待遇进行的审核和确认""申请人若经过行政确认后即可以获得相应的物质保障、医疗待遇等"。《最高人民法院关于行政案件案由的暂行规定》中，二级案由行政确认下的三级案由主要是养老保险、医疗保险、最低生活保障、保障性住房、颁发学位毕业证书等资格确认。本案《检验检疫处理通知书》不涉及待遇和资格问题，仅通过技术鉴定认定涉案商品系禁止进口的固体废物，并基于鉴定结论作出退货的处理决定。因此，从行政复议和行政诉讼角度看，本案《检验检疫处理通知书》不属于行政确认，属于行政案由中的行政处理。

3. 来富公司行政复议主体资格

关于对利害关系的理解，一直是理论界和实务界关注的重点内容。来富公司与厦门象屿公司签订涉案商品进出口合同，双方具有债权债务关系。作为债权人，来富公司是否属于利害关系人，应当从原告资格的一般理论，并结合检验检疫法律法规的规定予以判断。一般而言，行政复议法和行政诉讼法规定的利害关系都是直接的、现实的，而非间接的、反射的。不同性质的权益因与特定行政行为的远近关系不同而不同，哪怕都有制定法依据，法律保护的方式和程度也是不同的。不是所有被贴上"合法权益"标签的，都可以作为提起诉讼的依据[①]。债权人在行政复议程序中是否享有申请人的主体资格，可以参照《行政诉讼法司法解释》的规定，其中第13条规定："债权人以行政机关对债务人所作的行政行为损害债权实现为由提起行政诉讼的，人民法院应

---

① 何海波. 行政诉讼法 [M]. 3 版. 北京：法律出版社，2022.

当告知其就民事争议提起民事诉讼,但行政机关作出行政行为时依法应予保护或者应予考虑的除外。"《进出口商品检验法》(2013)第 11 条规定:"本法规定必须经商检机构检验的进口商品的收货人或者其代理人,应当向报关地的商检机构报检。"本案中,厦门象屿公司是收货人,是法定的报检人。原日照出入境检验检疫局作出《检验检疫处理通知书》的相对人是厦门象屿公司,而非来富公司。显然,原日照出入境检验检疫局在作出通知时,来富公司的债权也不是应予保护或者应予考虑的范围。来富公司应通过民事诉讼途径解决与厦门象屿公司之间的合同纠纷。因此,来富公司既不享有在检验程序中申请复验等权利,也不应享有申请行政复议的权利。遗憾的是,本案复议和诉讼程序中,均未对来富公司的主体资格问题进行论述,显然是认为来富公司具有行政复议和行政诉讼的主体资格。

【思考题】

(1) 行政行为的定性对行政复议有何意义?
(2) 行政复议机关在复议程序中的指正是否相当于变更?

案例二 韩某与河南省人民政府政府信息公开及行政复议案[①]

【基本案情】

2020 年 2 月 21 日,韩某向河南省人民政府邮寄公开政府信息申请表,申请公开:"河南省人民政府豫政复决〔2019〕174—176 号行政复议决定'维持'的具体行政行为的证据及被申请人作出具体行政行为的证据依据等材料。参加复议单位及人员。"同年 2 月 28 日,河南省人民政府作出豫政办依申告〔2020〕25 号告知书,告知韩某提交的身份证明已过有效期,需于 2020 年 3 月 13 日前补充提交合法有效身份证明。无正当理由逾期不补正的,视为放弃申请,不再处理其信息公开申请。2020 年 3 月 9 日,韩某向河南省人民政府邮寄事实情况说明书,对其无法提供合法有效身份证明进行说明,信封封皮标注为"河南省人民政府办公厅收(补充身份证明材料)",该信件被转至信访部门。2020 年 5 月 30 日,韩某向河南省人民政府邮寄行政复议申请书,请求确认河南省人民政府以告知书代替公开政府信息答复不作为行为违法,责令其按照韩某依申请要求依法履行政府信息公开法定职责。韩某在行政复议和行政诉讼阶段提交的英籍护照等身份证明材料均为复印件,没有原件进行对照印证、核实真伪,且发证日期、有效期限等处内容模糊不清,无法辨别。同年 7 月 24 日,河南省人民政府作出豫政复决〔2020〕2514 号行政复议决定书,驳回韩某的行政复议申请,并邮寄送达韩某。该决定书认为:第一,韩某在依申请公开政府信息申请表中填写的证件名称为香港身份证,但未

[①] (2020) 豫 71 行初 120 号行政裁定书,(2020) 豫行终 3151 号行政裁定书。

能提供合法、有效的身份证明，告知其补充身份证明符合《政府信息公开条例》第 29 条及《关于外国公民、法人或者其他组织向我行政机关申请公开政府信息问题的处理意见》的规定。第二，申请信息公开，应按照《信息公开指南》的要求和指引，按照统一的样式向河南省人民政府办公厅政务公开办公室提出。韩某通过邮政挂号信提交的补充身份证明材料，没有向符合《政府信息公开条例》和《信息公开指南》规定的受理机构提出，河南省人民政府办公厅未将该信件视为政府信息公开申请的有关补充材料处理，不违反法律规定。韩某对该复议决定不服，提起诉讼。一审认为韩某在行政复议和行政诉讼中未提交身份证明原件，也未按照法律规定补正、更正，不符合起诉条件，遂裁定驳回起诉。韩某不服，提起上诉。二审裁定驳回上诉，维持原审裁定。

【主要法律问题】

（1）外国人、无国籍人、外国组织是否有权申请公开我国政府信息？

（2）外国人、无国籍人、外国组织申请行政复议时，审查其身份信息时应注意哪些内容？

【主要法律依据】

（1）《行政复议法实施条例》第 19 条。

（2）《政府信息公开条例》第 1 条、第 29 条第 2 款。

（3）《国务院办公厅秘书局关于外国公民、法人或其他组织向我行政机关申请公开政府信息问题的处理意见》（国办秘函〔2008〕50 号）。

【理论分析】

1. 政府信息公开制度

政府信息公开对建设法治政府、保障公民权利、促进经济发展具有重要意义，是人民主权这一宪法原则在行政管理领域的具体体现。现代宪政体制下，人民通过制定宪法、法律授予政府职权，同时享有对政府行为的监督权。知情权是作为个体的公民监督政府的基本前提，只有能够掌握政府信息，才有可能实现对政府的有效监督。基于此，政府信息公开制度主要是为了保障本国公民、法人和其他组织的知情权，以此监督政府行为、服务生产生活。《政府信息公开条例》第 1 条规定："为了保障公民、法人和其他组织依法获取政府信息，提高政府工作的透明度，建设法治政府，充分发挥政府信息对人民群众生产、生活和经济社会活动的服务作用，制定本条例。"从法律条文看，《政府信息公开条例》是为保障"公民、法人和其他组织"的知情权、监督权，此处的"公民"无疑应为本国国民，不包括外国公民，"法人和其他组织"也指向在本国注册的法人和其他组织。

2. 外国人、无国籍人、外国组织申请政府信息公开的主体资格

一般情况下，外国人、无国籍人、外国组织不享有作为本国公民权利的知情权。

但是，也不能据此认为外国人、无国籍人、外国组织一概不享有申请政府信息公开的资格，还应当根据法律法规的规定、具体情况有所区分。如《公司法》第247条规定："外国公司在中华人民共和国境内设立的分支机构不具有中国法人资格。外国公司对其分支机构在中华人民共和国境内进行经营活动承担民事责任。"又如《企业所得税法》第2条第3款规定："本法所称非居民企业，是指依照外国（地区）法律成立且实际管理机构不在中国境内，但在中国境内设立机构、场所的，或者在中国境内未设立机构、场所，但有来源于中国境内所得的企业。"再如《出境入境管理法》第47条第1款规定："对中国经济社会发展作出突出贡献或者符合其他在中国境内永久居留条件的外国人，经本人申请和公安部批准，取得永久居留资格。"对外国公司在我国境内的分支机构，或者外国企业在我国境内设立的机构、场所，以及在我国居留的外国人、无国籍人，因生产、生活、科研等需要，在不违反国家秘密等法律法规的情况下，应认可其有权申请向其公开相关政府信息。对境外的外国人、无国籍人、外国组织，既不享有公民权利，又与我国无任何实体上的联系，当然不具有申请政府信息公开的主体资格。我国行政机关没有向其公开政府信息的义务。《国务院办公厅秘书局关于外国公民、法人或其他组织向我行政机关申请公开政府信息问题的处理意见》①也持有相同意见。

3. 外国人、无国籍人、外国组织申请行政复议时关于本人身份信息的证明责任

《行政复议法》（2017）第41条规定，外国人、无国籍人、外国组织在中华人民共和国境内申请行政复议，适用本法。《行政复议法实施条例》第19条规定，申请人书面申请行政复议的，应当在行政复议申请书中载明申请人的基本情况，包括公民的姓名、性别、年龄、身份证号码、工作单位、住所、邮政编码；法人或者其他组织的名称、住所、邮政编码和法定代表人或者主要负责人的姓名、职务。无论是要求行政机关履行某项法定职责，抑或是提起行政诉讼、申请行政复议，说明本人身份情况并提交相关证明材料都是应有之义和法定要求。一方面关系到是否系申请人的真实意思表示，另一方面也关系到申请人是否具有相关的主体资格。在涉及外国人、无国籍人、外国组织时，还关系到同等原则和对等原则的适用问题。同等原则和对等原则是国际法中的重要原则，也是《民事诉讼法》等法律规定的基本原则。《行政复议法》规定了外国人、无国籍人、外国组织申请行政复议适用本法，相当于规定实行同等原则。尽管《行政复议法》没有规定实行对等原则，但行政复议机关在审理外国人、无国籍人、外国组织申请行政复议案件时，仍应遵循对等原则。如果一个国家的法律规定外国公民或者组织在本国的行政复议中的权利与本国公民、组织有所不同，对外国公民、组织权利加以限制，那我们国家在审理该国公民、组织申请行政复议时，也应当采取相应措施加以限制。实行对等原则的前提条件是充分掌握行政复议申请人的国籍、居

---

① 国务院办公厅秘书局. 关于外国公民、法人或其他组织向我行政机关申请公开政府信息问题的处理意见[EB/OL]. (2020-02-20) [2024-5-21]. https://jw.beijing.gov.cn/xxgk/zfxxgkml/zfxxgkzd/202002/t20200220_1662664.html.

留等信息。本案中，韩某在行政复议和行政诉讼程序中，仅提交了英籍护照的复印件，办理时间、有效期间均不能识别，且不能提交原件予以核对，不符合申请行政复议和提起行政诉讼的基本条件，河南省人民政府作出不予受理决定并无不妥，法院裁定驳回起诉亦符合《行政诉讼法》规定。

【思考题】

在我国有居留权的外国人、无国籍人，以及外国公司分支机构申请政府信息公开时，行政机关应如何审查是否应予公开，以及如何识别可以公开的政府信息范围？

第二节 行政复议前置制度

行政复议前置是行政相对人不服行政机关作出的行政行为，在寻求法律救济时，对法律法规规定应当先申请行政复议的，依法先向行政复议机关申请行政复议，而不能直接向人民法院提起行政诉讼；如果经过行政复议之后，仍不服行政复议决定的，方可向人民法院提起行政诉讼。

关于行政复议前置制度的观点，基本上可以分为前置原则说、自由选择说、合理衔接说三类。前置原则说主张以行政复议前置为原则，以当事人选择为例外，以更好发挥行政复议作用。自由选择说主张应尊重当事人自由选择救济模式，严格限缩复议前置的范围。合理衔接说主张加强行政复议与行政诉讼的衔接，适当扩大行政复议前置的范围，将专业性、技术性较强的行政管理领域作为复议前置的范围。《行政复议法》在修订时，鉴于要发挥行政复议化解行政争议主渠道作用的立法目的，很多学者均建议以行政复议前置为原则。但是相较于2017年《行政复议法》，2023年修订的《行政复议法》第23条仅相对扩大了行政复议前置的范围。该条规定行政复议前置的范围包括：申请人对当场作出的行政处罚决定、行政机关作出的侵犯其已经依法取得的自然资源所有权或使用权的决定、行政机关不履行法定职责、不予公开政府信息以及其他法律法规规定的应先向行政复议机关申请行政复议的其他情形。比较修法前后内容，复议前置范围仅增加了以简易程序办理行政处罚案件，以及行政机关未实质性解决行政争议的情形，似乎更多的是为了解决上述案件类型近年来数量持续增长的实际问题，并未契合实现行政复议化解行政争议的主渠道作用的立法目的。有的学者梳理分析了我国行政复议前置的法治实践，从1980年到现行《行政复议法》颁布实施的四十多年间，我国法律、行政法规设定复议前置的行政行为共有65种，在分析行政管理领域时发现，"在应然层面，到底哪些部门的行政争议应实行复议前置，哪些部门的行政争议不应实行复议前置并无规律可循"[①]。从实践上看，主权是设置行政复议前置

---

① 叶必丰. 行政复议前置设定的法治实践 [J]. 法学评论, 2024（1）: 123.

的重要考量因素。因此，对税收、金融、安全、海关、边检等关乎国家主权的领域，不服行政行为的均实行行政复议前置制度。

案例三　哈某诉国家外汇管理局金华市中心支局外汇罚款及行政复议案[①]

【基本案情】

哈某系某贸易公司的法定代表人。2017年11月20日，国家外汇管理局金华市中心支局收到金华市公安局金华山分局《违法线索移交通知书》及相关证据材料后，向农业银行义乌市分行查询、调取哈某在该分行开设的人民币账户开户资料及人民币交易凭证及外汇交易流水，调取了与哈某发生关联外汇交易往来的某国际贸易有限公司相关材料。国家外汇管理局金华市中心支局于2018年1月3日对哈某依法调查询问，哈某对于2016年1月至10月期间其与付款人姓名分别为陈某、陈某跃之间共发生买卖美金35笔、所得对应金额合计人民币5486912.17元并汇入其账号的事实予以认可。2019年7月31日，国家外汇管理局金华市中心支局作出金外管告〔2019〕22号行政处罚告知书，拟对哈某作出"给予警告，罚款13.72万元"的处罚，并告知其陈述、申辩和听证等权利及期限。2019年9月17日，国家外汇管理局金华市中心支局举行听证会。2019年11月12日，国家外汇管理局金华市中心支局作出金外管罚〔2019〕22号行政处罚决定书，认定哈某将外汇卖给他人并收取对应人民币共5486912.17元的行为，违反了《结汇、售汇及付汇管理规定》（中国人民银行银发〔1996〕210号）第32条之规定，属于私自买卖外汇的行为，并依据《外汇管理条例》第45条之规定，对哈某给予警告，并罚款13.72万元，同时告知罚款缴纳的相关事项及逾期缴纳的法律后果等。2019年11月14日，哈某收到听证意见书和行政处罚决定书。哈某不服，向国家外汇管理局浙江省分局申请行政复议。国家外汇管理局浙江省分局于2019年12月30日作出浙外管〔2019〕51号行政复议决定，维持处罚决定书。哈某不服，提起行政诉讼。人民法院经审理判决驳回哈某诉讼请求。哈某未提起上诉。

【主要法律问题】

（1）哈某的行为是否构成非法买卖外汇？其行为系个人行为还是职务行为？
（2）哈某不服行政处罚决定应向哪个机关申请行政复议？是否可以直接提起行政诉讼？

【主要法律依据】

（1）《结汇、售汇及付汇管理规定》第32条。
（2）《外汇管理条例》第45条、第51条。

[①] （2020）浙07行初224号行政判决书。

155

(3)《行政处罚法》第 36 条第 2 款。

【理论分析】

1. 外汇管制

外汇管制又称为外汇管理,是一国政府对本国居民或者外国居民在外汇的收支、兑换、持有和使用等方面实施的各种形式的监管和限制。国家实施外汇管制的主要目的在于维护国家金融安全,减少因国际金融市场不确定性给本国金融稳定和经济增长带来的不利影响;平衡国家收支,保持本国货币汇率稳定;规范外汇市场的主体和行为,促进外汇市场健康发展;支持实体经济发展,增强本国产品的国际竞争力等。外汇管制的相对人包括居民和非居民,既包括自然人也包括法人。外汇管制的对象主要包括国际支付手段,如货币、铸币、黄金、有价证券和票据等。外汇管制的具体措施和形式主要包括,对外汇收支进行登记和审批、对外汇兑换进行管理和限制、对外汇持有和使用进行监管和引导。国际上,根据外汇管制的内容和严格程度,一般可以分为严格的外汇管制、适度的外汇管制、自由的外汇制度三类。大多数发展中国家因经济不发达,出口创汇有限,缺乏外汇资金,为有计划地使用外汇资源,推动本国经济发展,一般实行严格的外汇管制。比较发达的国家以及经济金融形势较好的发展中国家因经济较为发达,贸易收支状况良好,有较为充裕的外汇储备,往往实行适度的外汇管制。经济发达的国家,一般实行自由的外汇制度。

2. 我国外汇管制的有关要求

从当前我国外汇管理制度上看,我国应属于严格的外汇管制,尤其对外汇收支和兑换实行严格的监管,禁止人民币以外的货币在境内的市场流通,所有在境内的外汇交易和国际结算都实施管制措施。依据《外汇管理条例》第 13 条、第 14 条的规定,对于经常项目的外汇收入,企业可以按照国家有关规定保留,也可以卖给经营结汇、售汇业务的金融机构;对于经常项目的外汇支出,应当以自有外汇支付,或者向经营结汇、售汇业务的金融机构购汇支付。所谓经常项目,是指在国际收支中经常发生的交易项目,主要包括贸易收支、劳务收支和单方面转移等。根据上述条例的规定,对经常项目的外汇收入,企业不得将外汇私自卖给经营结汇、售汇业务的金融机构之外的其他机构或者个人,经常项目需要外汇支出,要向经营结汇、售汇业务的金融机构购买外汇。依据《外汇管理条例》第 45 条的规定,私自买卖外汇、变相买卖外汇、倒买倒卖外汇或者非法介绍买卖外汇数额较大的,由外汇管理机关给予警告,没收违法所得,处违法金额 30% 以下的罚款;情节严重的,处违法金额 30% 以上等值以下的罚款;构成犯罪的,依法追究刑事责任。

3. 哈某行为已经构成私自买卖外汇

私自买卖外汇,是违背国家关于对外汇强制结汇、售汇的外汇管理制度,向依法经营结汇、售汇业务金融机构之外的其他机构或者个人购买或者出售外汇的行为。本案中，某贸易公司对其经常项目外汇收入可以按照国家有关规定开立外汇账户予以保留，也可以出售给经营结汇业务的金融机构。哈某作为公司法定代表人和实际控制人，指示其境外客户将公司的外汇收入汇入到其他公司设立的美元账户，再通过他人的人民币银行结算账户，将外汇收入对应的人民币资金汇入到入哈某开设的人民币账户。哈某的行为已经构成《外汇管理条例》第45条规定的私自买卖外汇行为。哈某主张其系外国国籍，不知道该行为违法，不应对其处罚。从《外汇管理条例》第45条规定分析，认定是否构成私自买卖外汇的行为只需考虑是否存在向依法经营结汇、售汇业务金融机构之外的其他机构或者个人购买或者出售外汇的行为，不需要考量违法主体的国籍以及主观状态。哈某还主张其行为系职务行为，并非个人行为，应将公司作为处罚对象。关于法定代表人实施的违法行为是否应认定为公司的职务行为，涉及《公司法》有关规定和《民法典》规定的职务代理等，本书中不作深入探讨。具体到本案，哈某指示境外客户将其外汇收入汇入其指定账户，最终汇入其个人的人民币账户，其行为既侵害我国外汇管理法律制度，又侵害公司权益，明显不能认为系代表公司的职务行为，违法买卖外汇的法律责任应当由其个人承担。

4. 不服外汇管理机关行政行为实行行政复议前置制度

2023年《行政复议法》修订不影响外汇行政管理领域的行政复议制度。依照《外汇管理条例》第51条，当事人对外汇管理机关作出的行政行为不服的，可以依法申请行政复议；对行政复议决定仍不服的，可以依法向人民法院提起行政诉讼。该条确立了不服外汇管理机关行政行为时的行政复议前置制度。哈某不服国家外汇管理局金华市中心支局作出的行政处罚决定寻求法律救济时，应先行向上级行政机关即国家外汇管理局浙江省分局申请行政复议。对行政复议决定不服的，方可向人民法院提起诉讼。

【思考题】

本案系刑事案件移交的违法线索，实践中，外汇管理机关如何实现对企业或者个人违法买卖外汇的监管？

案例四 儿童投资主基金诉杭州市西湖区国家税务局、杭州市国家税务局征缴税款及行政复议案[①]

【基本案情】

1997年12月5日，香港某有限公司在香港地区注册成立。2003年11月4日，儿

---

① （2015）浙杭行初字第4号行政判决书，（2015）浙行终字第441号行政判决书，（2016）最高法行申1867号行政裁定书。

童投资主基金在开曼群岛注册成立。2004年3月31日,香港某有限公司与中国浙江某发展有限公司签订合同设立杭州某路桥经营管理有限公司,香港某有限公司占杭州某路桥经营管理有限公司95%的股份。2005年10月12日,CFC公司在开曼群岛注册成立。CFC公司持有香港某有限公司100%股权。2005年11月10日,儿童投资主基金通过股权转让和认购新股的方式取得了CFC公司26.32%的股权。2011年9月9日,儿童投资主基金将其持有的CFC公司26.32%的股权转让给新创建集团有限公司的附属公司MDL公司,转让价格为2.8亿美元,儿童投资主基金同时向MDL公司收取利息约合380万美元。2011年9月30日,儿童投资主基金根据《国家税务总局关于加强非居民企业股权转让所得企业所得税管理的通知》(国税函〔2009〕698号,以下简称698号文)的要求告知了西湖区国税局本次交易的情况,并提供了部分相关资料。西湖区国税局进行调查,并依照698号文的要求,层报国家税务总局审核。2013年7月,国家税务总局明确批复,同意对该交易重新定性,否定被用作税收安排的CFC公司和香港某有限公司的存在,认可对儿童投资主基金等取得的股权转让所得征收企业所得税。2013年11月12日,西湖区国税局作出杭国税西通〔2013〕004号《税务事项通知书》,载明:"你公司间接转让杭州某路桥经营管理有限公司股权所取得的股权转让所得,应申报缴纳企业所得税。你公司取得转让所得为173228521.91美元,应按照缴纳(扣缴)当日国家公布的人民币汇率中间价,折合成人民币,并按10%的税率计算缴纳企业所得税。你公司应自收到本通知之日起十五日内按照本通知书要求,到我局申报缴纳企业所得税。"该《税务事项通知书》于作出当日送达儿童投资主基金。2013年11月19日,儿童投资主基金缴纳了税款。2014年1月17日,儿童投资主基金向浙江省杭州市国家税务局提起行政复议。2014年4月10日,杭州市国税局作出行政复议决定书,维持了西湖区国税局作出的《税务事项通知书》。儿童投资主基金仍不服,提起行政诉讼。一审判决驳回儿童投资主基金的诉讼请求。儿童投资主基金不服,提起上诉。二审判决驳回上诉,维持原判决。儿童投资主基金申请再审,最高人民法院经审查,驳回再审申请。

【主要法律问题】

(1) 本案是否应适用一般反避税规则?
(2) 非居民企业不服税务机关作出的税务征收决定的救济程序包含哪些?

【主要法律依据】

(1)《企业所得税法》(2008)第3条第3款、第19条、第47条。
(2)《企业所得税法实施条例》(2008)第6条、第75条、第120条。
(3)《国家税务总局关于加强非居民企业股权转让所得企业所得税管理的通知》第6条。
(4)《非居民企业所得税源泉扣缴管理暂行办法》(已失效)第3条。

（5）《行政复议法》（2009）第41条。

【理论分析】

1. 一般反避税规则

不同国家地区之间税收差异是避税行为产生的原因。开曼群岛、英属维京群岛等地因极低的税率成为全球避税天堂。世界各国为打击和规制避税行为，制定了各种反避税的规则。然而，各种避税方式层出不穷，立法远远落后于精细复杂的避税安排。作为兜底条款的一般反避税规则的作用更加重要。《企业所得税法》（2008）第47条"企业实施其他不具有合理商业目的的安排而减少其应纳税收入或者所得额的，税务机关有权按照合理方法调整"的规定，确立了我国一般反避税规则。

2. 适用一般反避税规则的情形

一般反避税规则因其原则性、概括性、开放性具有较为广泛的适用性，随之而来的是语义的模糊性、抽象性、不确定性，导致适用情形较为混乱。从域外经验看，1919年《德国税收通则》要求税务机关对交易行为的经济实质进行探查，凡无经济实质的交易行为均会被认定为避税行为。美国通过判例先后发展出合理商业目的的标准和经济实质标准，其后确立了经济实质标准。从我国《企业所得税法》及《企业所得税法实施条例》的表述看，我国采取的是"合理商业目的"标准，但是在规章层面和规范性文件中又提出"经济实质标准"。《企业所得税法实施条例》（2008）第120条将"不具有合理商业目的"解释为"以减少、免除或推迟纳税为主要目的"。《新企业所得税法精神宣传提纲》（国税函〔2008〕159号）确定"具有不合理商业目的"具有以下特征：一是必须存在一个安排；二是企业必须从该安排中获取税收利益；三是企业获得税收利益是其安排的主要目的。为进一步明晰标准，《特别纳税调整实施办法（试行）》（国税发〔2009〕2号）第92条总结了可能不具有合理商业目的的形式，即滥用税收优惠、滥用税收协定、滥用公司组织形式、利用避税港避税和其他不具有合理商业目的的安排。该办法第93条要求按照实质重于形式的原则审核企业是否存在避税安排，综合考虑安排的形式和实质、安排订立的时间和执行期间、安排实现的方式、安排各个步骤或组成部分之间的联系、安排涉及各方财务状况的变化、安排的税收结果。《国家税务总局关于加强非居民企业股权转让所得企业所得税管理的通知》（国税函〔2009〕698号）进一步对非居民企业之间转让中国居民企业股权时是否"不具有合理商业目的"进行了界定，规定对符合滥用组织形式等安排、间接转让中国居民企业股权、不具有合理的商业目的、规避企业所得税纳税义务的，可以按照经济实质对该股权转让交易重新定性。

3. 本案可以认定不具有经济实质

各方争议的焦点主要包括是否存在滥用组织形式、是否具有合理商业目的。税务机关的主要观点是，CFC公司和香港某有限公司在避税地或低税率地区注册，不从事制造、经销、管理等实质性经营活动。儿童投资主基金的主要观点是：CFC 公司具有经营管理活动，香港某有限公司在 2004 年主要从事投资业务，并非以避税为目的设立；交易税收安排具有合理商业目的，不存在逃避税的主观意图；交易行为是合理商业行为。按照经济实质原则进行分析，CFC 公司持有香港某有限公司 100% 股权，香港某有限公司占杭州某路桥公司 95% 的股份，儿童投资主基金通过转让 CFC 公司股权间接转让杭州某路桥公司股权，客观上规避了对来源于中国境内所得应缴纳的税款。行政复议和行政诉讼程序均认可税务机关的观点，根据 CFC 公司和香港某有限公司不从事制造、经营等实质性经营活动，认为属于滥用组织形式作出的避税安排。按照优势证据规则，CFC 公司设立在全球低税率地区，仅从事股权投资、发行债券等资产活动，香港某有限公司交易时除持有杭州某路桥公司股份之外无其他经营活动，结合客观实现避税的结果，可以认定双方不具有合理商业目的。

4. 不服税务征收决定的行政复议制度

我国对不服税务机关作出的纳税决定实行行政复议前置制度。对纳税决定申请行政复议还有特殊的要求，即申请人要先行缴纳税款、解缴税款或者提供担保后，才可以申请行政复议。而对税务机关的处罚决定、强制执行措施等不服的，既可以选择先行复议，也可以选择直接向法院起诉。依照《税务行政复议规则》第 14 条和第 33 条的规定，应先向行政复议机关申请行政复议的征税行为主要包括确认纳税主体、征税对象、征税范围、减税、免税、退税、抵扣税款、适用税率、计税依据、纳税环节、纳税期限、纳税地点和税款征收方式等行政行为，征收税款、加收滞纳金，以及扣缴义务人、受税务机关委托的单位和个人作出的代扣代缴、代收代缴、代征行为等。

5. 适用一般避税规则时行政复议制度中存在的问题

在涉及一般反避税调查时，征税行为的行政复议制度更具有特殊性。《特别纳税调整实施办法（试行）》（国税发〔2009〕2 号）第 97 条规定："一般反避税调查及调整须层报国家税务总局批准。"所谓"层报"，即经逐级审批同意后上报至国家税务总局。换言之，本案的行政复议机关杭州市国家税务局在认可西湖区国税局关于应当征收企业所得税的意见后，才会层报至国家税务总局。而在层报至国家税务总局后，国家税务总局批复也认为应当对儿童投资主基金等取得的股权转让所得征收企业所得税。即作为行政复议机关的杭州市国家税务局本身就是反避税调查程序的参与者，在行政复议程序中既是"运动员"又是"裁判员"，尤其是在国家税务总局已经批复认为应当征收企业所得税。从某种程度上说，杭州市国家税务局已经丧失作为行政复议机关的应有的客观性、中立性。

【思考题】

（1）非居民企业之间转让居民企业股权时，税务机关如何监督非居民企业依法缴税，以保障我国税收主权？

（2）国家税务总局批复的法律属性如何？可否就该批复申请行政复议或者提起行政诉讼？

第三节　行政复议最终裁决

我国实行一级行政复议制度。一般而言，公民、法人或者其他组织不服行政复议决定，可以依法向人民法院起诉。但是行政复议法以及其他法律也规定了公民、法人或者其他组织即便不服行政复议决定，也不能向人民法院起诉的特殊情形，即行政复议最终裁决。行政复议最终裁决一般分为以下情形：一是对行政机关作出的某些行政行为，当事人可以选择申请行政复议，也可以选择提起行政诉讼，但是如果选择行政复议，行政复议决定即为最终裁决，不能就该行政复议决定提起行政诉讼，如《行政复议法》（2017）第30条第2款规定："根据国务院或者省、自治区、直辖市人民政府对行政区划的勘定、调整或者征收土地的决定，省、自治区、直辖市人民政府确认土地、矿藏、水流、森林、山岭、草原、荒地、滩涂、海域等自然资源的所有权或者使用权的行政复议决定为最终裁决。"但是《行政复议法》（2023）已经删除该条款。二是当事人不服省、自治区、直辖市人民政府或者国务院部门作出的行政行为，应向本机关申请行政复议，当事人不服行政复议决定，可以提起行政诉讼，也可以申请向国务院申请裁决。但是向国务院申请裁决的，国务院作出的决定为最终裁决。三是当事人不服行政机关作出的某些行政行为，只能申请行政复议，行政复议决定为最终决定，不能提起行政诉讼。其中，最具有典型性的就是《出境入境管理法》第64条的规定。

案例五　孙某诉北京市公安局、北京市人民政府行政强制措施及行政复议案[①]

【基本案情】

孙某系北京电影学院国际交流学院的留学生，美籍华人。2018年6月15日，北京市公安局以其签证到期为由，对孙某作出遣送出境决定。孙某不服，向北京市人民政府申请行政复议。北京市人民政府经审查后，作出维持遣送出境决定的行政复议决定。孙某认为处罚决定和复议决定违反《行政处罚法》和《公安机关办理行政案件程序规定》的相关规定，提起行政诉讼，请求撤销北京市公安局作出的遣送出境决定书；撤销北京市人民政府作出的行政复议决定。北京市第二中级人民法院经审理认为，本案

[①] （2019）京02行初51号行政裁定书，（2019）京行终3848号行政裁定书。

不符合行政诉讼的法定起诉条件，裁定不予立案。孙某不服，提起上诉。二审裁定，驳回上诉，维持原裁定。

【主要法律问题】

（1）北京市公安局作出遣送出境决定属于行政处罚还是行政强制措施？

（2）北京市公安局作出遣送出境决定和北京市人民政府的行政复议决定是否属于行政诉讼受案范围？

【主要法律依据】

(1)《行政复议法》（2017）第10条。

(2)《行政诉讼法》第13条第1款第4项、第49条第1款第4项。

(3)《出境入境管理法》第64条第1款。

【理论分析】

1. 遣送出境的法律性质

关于遣送出境属于强制措施、强制执行还是行政处罚，一直存在争议。《出境入境管理法》第81条第1款规定："外国人从事与停留居留事由不相符的活动，或者有其他违反中国法律、法规规定，不适宜在中国境内继续停留居留情形的，可以处限期出境。"该法第62条第1款第1项规定，被处限期出境，未在规定期内离境的，可以遣送出境。上述法律将限期出境定义为行政处罚，将遣送出境作为限期出境决定的强制执行。而从《出境入境管理法》第64条第1款来看，该条款又将遣送出境明确界定为"措施"，并且将遣送出境与继续盘问、拘留审查、限制活动范围等典型的行政强制措施并列。《行政强制法》第2条第2款规定："行政强制措施，是指行政机关在行政管理过程中，为制止违法行为、防止证据损毁、避免危害发生、控制危险扩大等情形，依法对公民的人身自由实施暂时性限制，或者对公民、法人或者其他组织的财物实施暂时性控制的行为。"从行政强制措施的概念上看，遣送出境并不能涵盖在《行政强制法》规定的行政措施范畴之内。

《出境入境管理法》第七章"法律责任"中的第78条第1款规定："外国人非法居留的，给予警告；情节严重的，处每非法居留一日五百元，总额不超过一万元的罚款或者五日以上十五日以下拘留。"该款仅规定外国人非法拘留可予以警告、罚款、拘留，并没有将限期出境、驱逐出境作为因非法居留可以作出的行政处罚种类。而该法第六章"调查和遣返"中的第62条第1款第3项规定，因非法居留、非法就业的外国人，可以遣送出境。该款规定的遣送出境决定似乎包括了行政处罚决定和行政强制执行决定的双重属性。《境外非政府组织境内活动管理法》第50条规定："境外人员违反本法规定的，有关机关可以依法限期出境、遣送出境或者驱逐出境。"该条将限期出境、遣送出境与驱逐出境并列共同作为违反该法规定的法律责任，似乎又将遣送出境作为行政处罚的种类。但是，依照《行政处罚法》第 10 条的规定，限制人身自由的行政处罚，只能由法律设定。《出境入境管理法》并未将遣送出境作为行政处罚的种类。依照当前的法律规定，我们只能认为，遣送出境决定与遣送出境措施之间的逻辑关系，不同于限期出境决定与遣送出境之间行政处罚决定与行政强制执行的关系，更类似于行政强制法规定的查封扣押决定与查封扣押措施之间的关系。

2. 遣送出境决定和行政复议决定是否属于行政诉讼受案范围

依照《行政诉讼法》第 13 条第 1 款第 4 项之规定，法律规定由行政机关最终裁决的行政行为，人民法院不予受理。《出境入境管理法》第 64 条第 1 款规定："外国人对依照本法规定对其实施的继续盘问、拘留审查、限制活动范围、遣送出境措施不服的，可以依法申请行政复议，该行政复议决定为最终决定。"《出境入境管理法》未规定应当作出"遣送出境决定"的情形。遣送出境决定的法律性质决定了本案是否属于行政机关最终裁决的情形。如果将遣送出境决定认定为行政处罚决定或者行政强制执行决定，则不适用该法第 64 条第 1 款规定复议最终情形。上文已经分析遣送出境决定的法律性质，立法明确将遣送出境作为强制措施，而遣送出境决定仅是告知外国人或者无国籍人对其实施强制措施的事实根据和法律依据。因此，外国人不服遣送出境决定的申请行政复议的，行政复议结论为最终决定，不属于行政诉讼受理范围。

【思考题】

《出境入境管理法》第 64 条第 1 款规定行政复议决定为最终决定所考量的因素有哪些？你认为是否适当？

第四节　行政复议审理程序

具有涉外因素行政复议的案件审理程序与本国公民、法人和其他组织申请行政复议的程序一致。《行政复议法》（2023）关于行政复议审理程序的修订条款较多。《行政复议法》（2017）没有单独关于行政审理程序的章节，仅在第 22 条规定："行政复议原则上采取书面审查的办法，但是申请提出要求或者行政复议机关负责法制工作的机构认为有必要时，可以向有关组织和人员调查情况，听取申请人、被申请人和第三人的意见。"《行政复议法》（2023）则规定了普通程序和简易程序。普通程序应当当面或者通过互联网、电话等方式听取当事人意见，因当事人原因不能听取意见的，方可采取书面审理方式；审理重大、疑难、负责的行政复议案件，行政复议机构应当组织听证；对存在法定情形的，应当提请行政复议委员会提出咨询意见。适用简易程序审理的行政复议案件，可以书面审理。可以看出，《行政复议法》（2023）确定了以听取意见为原则、以书面审理为例外的审理程序。此次修订之所以对行政复议审理程序作出大幅改革，都是立足于行政复议化解行政争议主渠道的立法宗旨，在兼顾行政复议效率的基础上，更加注重行政复议程序的公正性。在行政复议更加注重程序公正的情形下，如何看待行政复议决定与原行政行为之间的关系，是需要注意和研究的问题。尤其是原行政行为程序不当但实体结论正确，行政复议程序已经充分听取申请人陈述申辩意见的情形下，是优先考量程序公正还是优先考量行政效率，会得出不同的结论。

案例六　阿某诉广州市市地税一稽查局、广州市地方税务局征缴税款及行政复议案[①]

【基本案情】

阿某系英国公民，在 2005 年至 2007 年期间任阿某特广州公司的法定代表人、董事长。阿某在 2005 年至 2007 年期间每年在中国境内居住的时间分别是 259.5 天、289 天、286 天。阿某在 2005 年至 2007 年期间在阿某特广州公司工作期间，同时也任职于阿某特国际公司。阿某特国际公司在 2005 年至 2007 年期间每年支付给阿某的薪金分别是 107124 美元、176566 美元、120081 美元，每年支付商业保险 7764 美元。广州市市地税一稽查局于 2009 年 9 月 29 日作出穗地税稽一处〔2009〕69 号税务处理决定，认定阿某特广州公司在 2005 年 1 月至 2007 年 12 月未按税法规定为阿某足额代扣代缴个人所得税，责成该公司补扣缴应扣未扣个人所得税 658556.01 元，同时告知该公司履行缴款义务的方式及依法享有的申请复议权利。阿某知悉该税务处理决定后不服，于 2013 年 8 月 14 日向广州市地方税务局申请行政复议，广州市地方税务局于 2013 年 10 月 12 日作出行政复议决定，维持税务处理决定。阿某仍不服，诉至法院，要求撤销税务处理决定。一审判决驳回诉讼请求。阿某不服，提起上诉，二审判决驳回上诉，维持原判决。

【主要法律问题】

（1）广州市市地税一稽查局以阿某特广州公司为相对人税务处理决定，主体是否适当？适用法律是否正确？

（2）行政复议程序是否能够弥补原行政程序中的程序不当问题？

【主要法律依据】

（1）《个人所得税法》（2007 第二次修正）第 1 条、第 2 条、第 3 条、第 8 条。

（2）《个人所得税法实施条例》（2008）第 5 条、第 8 条。

（3）《国家税务总局关于在中国境内无住所的个人取得工资薪金所得纳税义务问题的通知》（已失效）第 3 条、第 5 条。

---

① （2013）穗天法行初字第 300 号行政判决书，（2014）穗中法行终字第 1464 号行政判决书。

(4)《国家税务总局关于外商投资企业和外国企业对境外企业支付其雇员的工资薪金代扣代缴个人所得税问题的通知》(已失效)。

【理论分析】

1. 个人所得税的管辖权

个人所得税是世界各国普遍征收的税种。一般而言，个人所得税是对本国居民、居住在本国境内个人的收入所得，以及境外个人来源于本国收入所得征收的税种。个人所得税是国家税收中的重要税种，对实现财政收入、调节收入分配、维护社会稳定、促进经济增长等均具有重要意义。个人所得税的管辖权是国家主权在征税方面的具体体现，国家有权决定对哪些人征税、税率如何确定等。从世界各国税制看，个人所得税的管辖权主要有三种：同时行使地域管辖权和居民管辖权；实行单一的地域管辖权；同时行使居民管辖权、地域管辖权、公民管辖权。居民管辖权是指对本国居民的境内所得和境外所得，国家有权行使征税权。地域管辖权即收入来源地税收管辖权，是指对于本国居民、外国居民在本国境内所得，国家有权行使征税权，对本国居民的境外所得不行使征税权。公民管辖权是指对本国公民不论居住何地，收入来源于境内或者境外，国家均有权行使征税权。依照《个人所得税法》第1条规定，我国依据属人原则和属地原则实行居民税收管辖权、收入来源地税收管辖权的管辖标准。这也是世界范围内大多数国家采取的税收制度。美国属于同时实行地域管辖权、居民管辖权和公民管辖权的国家。关于在征收个人所得税时如何确定是否属于居民，一般有住所标准、居所标准、停留时间标准三个标准。所谓住所标准，一般是指一个人具有固定的居住地，即该自然人在本国是否定居或者习惯性居住。住所标准也是我国判定个人是否属于纳税居民身份的一项重要标准。居民标准一般是指一个人连续居住较长期间但又不准备永久居住的情形，该标准要求该人具有居所并实际居住。停留时间标准一般是指一个人在本国虽然没有住所或者居所，但在一个纳税年度在本国停留时间较长，超过了规定天数，也会被视为本国税收居民。各个国家关于停留时间标准的规定不一，多数国家采取半年期标准，也有一些国家采取一年期标准。

2. 本案我国具有征税权

依照我国与美国签订的税收协定，我国与美国在界定对对方国民是否享有税收管辖权时采取半年期标准即183天。《中华人民共和国政府和美利坚合众国政府关于对所得避免双重征税和防止偷漏税的协定》第14条规定，缔约国一方居民因在缔约国另一方受雇取得的报酬，同时具有以下三个条件的，应仅在该缔约国一方征税：(1)收款人在有关历年中在该缔约国另一方停留连续或累计不超过183天；(2)该项报酬由并非该缔约国另一方居民的雇主支付或代表雇主支付；(3)该项报酬不是由雇主设在该缔约国另一方的常设机构或固定基地所负担。本案中阿某自2005年至2007年在中国境内均停留超过183天，而收到的报酬系由美国企业支付，该企业也并非中国居民企业在美国设立的常设机构，因此阿某不符合仅在美国征税的情形，我国亦有征税权。又依照《国家税务总局关于在中国境内无住所的个人取得工资薪金所得纳税义务问题的通知》（国税发〔1994〕148号）第3条第1款、第2款的规定，在中国境内无住所而在一个纳税年度中在中国境内连续或累计工作超过90日或在税收协定规定的期间中在中国境内连续或累计居住超过183日但不满一年的个人，其实际在中国境内工作期间取得的由中国境内企业或个人雇主支付和由境外企业或个人雇主（支付）的工资薪金所得，均应申报缴纳个人所得税；其在中国境外工作期间取得的工资薪金所得，除属于本通知第5条规定的情况外，不予征收个人所得税。该通知第5条又规定，担任中国境内企业董事或高层管理职务的个人，其取得的由该中国境内企业支付的董事费或工资薪金，不适用本通知第2条、第3条的规定，而应自其担任该中国境内企业董事或高层管理职务起，至其解除上述职务止的期间，不论其是否在中国境外履行职务，均应申报缴纳个人所得税；其取得的由中国境外企业支付的工资薪金，应依照本通知第2条、第3条、第4条的规定确定纳税义务。阿某作为阿某特广州公司的董事长，但是未取得阿某特广州公司的报酬，而是由阿某特广州公司的境外投资企业阿某特国际公司支付工资薪金，且阿某每个纳税年度有183天以上时间均在中国境内工作，其收入实际上来源于在中国境内的工作所得，依照上述规定应当向税务机关申报缴纳个人所得税。

3. 以阿某特广州公司为相对方作出税务处理决定的合法性问题

依照《个人所得税法》（2007第二次修正）第8条之规定，个人所得税以所得人为纳税人，以支付所得的单位或者个人为扣缴义务人，没有扣缴义务人的，纳税义务人应当按照国家规定办理纳税申报。《个人所得税法》（2018）第9条、第10条亦有类似规定。但是，对于个人实际工作的外商投资企业不发放工薪待遇，而由该外商投资企业的境外控制企业发放工薪待遇的，如何认定扣缴义务人，《个人所得税法》（2007第二次修正）及实施条例均没有规定。对此，《国家税务总局关于外商投资企业和外国企业对境外企业支付其雇员的工资薪金代扣代缴个人所得税问题的通知》（国税发〔1999〕241号）规定："个人在中国境内外商投资企业中任职、受雇应取得的工资、薪金，应由该外商投资企业支付。凡由于该外商投资企业与境外企业存在关联关系，上述本应由外商投资企业支付的工资、薪金中部分或全部由境外关联企业支付的，对该部分由境外关联企业支付的工资、薪金，境内外商投资企业仍应依照《中华人民共和国个人所得税法》的规定，据实汇集申报有关资料，负责代扣代缴个人所得税。"阿某在外商投资企业阿某特广州公司工作，本应由阿某特广州公司支付工薪待遇，但其工资薪金待遇由境外关联企业支付，阿某特广州公司仍应申报阿某的境外收入，并负责代扣代缴。因此，广州市市地税一稽查局向阿某特广州公司作出税务处理决定具有依据。但是，根据本案情况，广州市市地税一稽查局在2009年作出税务处理决定之前，阿某已经离境。阿某在2013年才知道广州市市地税一稽查局作出的税务处理决定，并提起本案行政复议。阿某特广州公司为阿某代缴658556.01元税收后，也在2012年提起民事诉讼，要求阿某返还为其代缴的税款并支付利息损失。从税务征收程序的合理性考量，尽管根据上述通知阿某特广州公司有代扣代缴义务，但纳税义务人仍是阿某，在认定阿某应在我国境内缴纳税款时，不仅应通知代扣代缴义务人，也应通知纳税义务人，并告知其陈述申辩权利，如此方符合正当程序原则。因此，广州市市地税一稽查局仅以阿某特广州公司为相对人作出税务处理决定，而未送达阿某，程序上确实存在不当之处。需要说明的是，国税发〔1999〕241号、国税发〔1994〕148号目前均已被《财政部、税务总局关于非居民个人和无住所居民个人有关个人所得税政策的公告》（财政部、税务总局公告2019年第35号）所废止，目前应按照最新的规定确定工薪所得来源地、收入额、税款计算等。

4. 行政复议程序能否补救原税务征收程序

该问题涉及行政复议程序的法律属性以及行政复议决定与原行政行为的法律关系问题。自我国实行行政复议制度以来，学术界和实务界对行政复议程序的法律属性的纷争从未停止。关于行政复议的法律属性，主要有"司法说""行政说""准司法说""行政司法说"。《行政复议法》（2023）确立了行政复议化解行政争议的主渠道作用，明晰了行政复议的"行政司法"的法律属性。"行政司法"强调行政复议具有"行政"和"司法"的双重特征。其中，处于更加基础地位的是"行政"属性，即行政复议归根结底仍系行政行为，是行政机关的内部监督机制。"司法"属性强调行政复议的功能实现，即行政复议制度要以追求公平正义为目标，与司法所追求的"努力让人民群众在每一个司法案件中感受到公平正义"保持一致。关于行政复议决定与原行政行为之间的法律关系问题，行政复议决定属于新的行政行为。但是，根据行政诉讼法及其司法解释关于复议机关因维持原行政行为时作为共同被告出庭应诉、复议机关收集和补充证据可以作为法院认定复议决定和原行政行为合法的依据等规定，从诉讼角度上看，是将原行政行为与行政复议决定作为整体看待。

行政复议决定的行政性以及与原行政行为的整体性，意味着可以通过行政复议程序对原行政行为的程序问题进行补救。所谓补救，是指对实质上合法但程序和形式上有一定瑕疵的行政行为予以补充和更正，使其修正成为完全合法的行政行为。[1] 补正既未消灭行政行为的效力，也未对行政行为予以违法性评价，而是产生治愈该行政行为之违法性的效果。[2] 从域外规定看，《联邦德国行政程序法》第45条规定了在行政诉讼审查终结之前均可以补救的情形，如未听取当事人陈述申辩的，事后已经听取陈述申辩意见；应当集体研究讨论的，事后已经讨论等。日本认为，在行政复议程序中补救原行政行为程序瑕疵无法保障行政机关作出行政行为的慎重性和合理性。[3] 我国台湾地区所谓"行政程序法"第114条规定，对行政行为程序瑕疵的补正被限于在诉愿程序

---

[1] 周佑勇. 行政法原论 [M]. 北京：北京大学出版社，2018.
[2] 梁君瑜. 行政行为瑕疵的补救 [J]. 法学，2022（3）：55.
[3] 室井力，芝池义一，浜川清，等. 日本行政程序法逐条注释 [M]. 朱芒，译. 上海：上海三联书店，2014.

终结前或（无须经过诉愿程序的）向行政法院起诉前完成。我国法律法规以及司法解释对于是否属于能够补救情形的规定不明确。从立法目的分析，我国行政复议法的立法目的之一就是"纠正违法的或者不当的行政行为"，自然包括通过行政复议程序纠正原行政行为使之合法化的功能。司法实践中，对在行政复议程序中指出原行政行为不当之处并予以补救后作出的维持原行政行为或者确认原行政行为违法的行政复议决定，当事人仍以原行政行为程序违法为由对原行政行为和行政复议决定提起行政诉讼的，人民法院一般不予支持。本案中，广州市市地税一稽查局仅以阿某特广州公司为相对人作出税务处理决定具有法律依据，但是未送达阿某，损害了阿某在税务处理程序中的陈述申辩权利，在行政复议程序中充分听取了阿某陈述申辩意见，可以在一定程度上认为，已经通过行政复议程序补正了原税务处理程序的不当之处。

【思考题】

广州市市地税一稽查局对阿某作出税务处理决定，是否需要考量已经在美国征收个税的情节？如果在处理程序中查明在美国已经征收个税，是否还应征收个税？行政程序中如何适用中美税收协定？

第十章

涉外行政诉讼

本章知识要点

（1）涉外行政诉讼是指含有涉外因素的行政诉讼，具体指当事人中原告、第三人为外国人、无国籍人、外国组织的情形。（2）涉外行政诉讼的基本原则，除《行政诉讼法》总则部分规定的人民法院独立行使审判权原则，以事实为依据、以法律为准绳原则等一般性原则外，还包括国家主权原则、同等原则、对等原则等特别原则。（3）除《行政诉讼法》的一般规定外，涉外行政诉讼在管辖、调查取证、送达、期间等方面设有特别规定，应予以优先适用。

第一节 涉外行政诉讼概述

我国行政诉讼制度形成于 20 世纪 80 年代。1978 年改革开放后，我国各项法律制度逐步建立，迅速发展。1982 年 10 月 1 日施行的《民事诉讼法（试行）》规定，人民法院审理行政案件适用本法规定，打开了行政诉讼的窗口[①]。随着国际政治、经济、文化交流日益频繁，涉外行政纠纷随之产生。1990 年 10 月 1 日施行的《行政诉讼法》设置专章对涉外行政诉讼进行了规定。现阶段司法实践中，涉外行政诉讼案件的类型较为集中，以商标、专利等知识产权纠纷居多，此外还分布在行政处罚、行政登记、行政许可、征收拆迁等多个领域。

---

① 应松年. 回顾制定行政诉讼法时讨论的主要问题 [J]. 中国法律评论，2019（2）：3-8.

案例一　泰国贤成两合公司与深圳市工商行政管理局等行政纠纷案[①]

【基本案情】

1988年12月5日，泰国贤成两合公司与深圳上海时装公司、深圳市工艺服装工业公司等四家中方公司签订合同，合作兴建贤成大厦。深圳贤成大厦有限公司在深圳市工商行政管理局（以下简称深圳市工商局）注册登记。后因纠纷，贤成大厦建设于1993年9月20日起全面停工。1994年11月23日，深圳市工商局作出《核准企业注销登记通知书》，注销了深圳贤成大厦有限公司企业登记。后中方四家公司与鸿昌国际投资有限公司合作，成立深圳鸿昌广场有限公司，在原贤成大厦建设的基础上兴建鸿昌广场。深圳市引进外资领导小组办公室（简称原深圳市外资办）作出批复，批准中方四家公司与鸿昌国际投资有限公司签订的《合作经营"深圳鸿昌广场"有限公司合同书》。1995年8月1日，深圳市工商局作出《关于成立深圳贤成大厦有限公司清算组的决定》（深工商清盘〔1995〕1号），成立深圳贤成大厦有限公司清算组，负责该公司清算业务。泰国贤成两合公司、深圳贤成大厦有限公司不服，向广东省高级人民法院提起行政诉讼。

广东省高级人民法院一审判决撤销被诉行政行为。深圳市工商局和外资办不服提起上诉。最高人民法院二审认为，深圳市工商局虽在注销登记通知书中称深圳贤成大厦有限公司已在该局办理了注销登记手续，但在诉讼中未能提供该公司法定代表人签署的申请文件和该公司债权债务清算报告，在注销登记通知书中亦未引用有关法律依据。深圳市工商局注销深圳贤成大厦有限公司企业登记违反《公司法》《中外合作经营企业法》《公司登记管理条例》等法律、法规规定，缺乏法律依据和事实根据。深圳贤成大厦有限公司已依法取得案涉地块使用权，中方四家公司在未经土地合法使用权人同意，且未依法变更登记的情况下，又以该土地与鸿昌国际投资有限公司签订合作合同，属于以非自有财产与他方合作经营，且合作协议有处分第三者权益的条款。原深圳市外资办批准该合同的行为，违反相关法律规定，应属无效。深圳市工商局在注销深圳贤成大厦有限公司企业登记八个月后，才决定成立清算组进行清算，违反了法定程序。根据《行政诉讼法》的有关规定，泰国贤成两合公司、深圳贤成大厦有限公司认为深圳市工商局、原深圳市外资办作出的行政行为侵犯其合法权益，其法定代表人有权以公司的名义提起诉讼。二审判决维持一审判决，并责令被告深圳市工商局、深

[①] 中华人民共和国最高人民法院. 推动中国法治进程十大行政诉讼典型案例发布［EB/OL］.（2019-03-31）［2024-05-20］. https://www.court.gov.cn/zixun/xiangqing/149262.html；中国政法大学法治政府研究院. 深圳市工商行政管理局等与泰国贤成两合公司等行政纠纷案［EB/OL］.（2019-04-11）［2024-05-20］. http://fzzfyjy.cupl.edu.cn/info/1075/10276.htm；人民法院报. 深圳贤成大厦行政上诉案［EB/OL］.（2019-08-07）［2024-05-20］. http://rmfyb.chinacourt.org/wap/html/2019-08/07/content_158641.htm?div=-1.

圳市招商局依法对有关事宜重新处理。

【主要法律问题】

什么是涉外行政诉讼？

【主要法律依据】

(1)《行政诉讼法》第 2 条、第 98 条。
(2)《民事诉讼法（试行）》(1982) 第 3 条。

【理论分析】

行政诉讼，是指人民法院适用司法程序解决行政争议的法律制度。具体而言，是指公民、法人或者其他组织认为行政机关的行政行为侵犯其合法权益，向人民法院提起诉讼，人民法院依法予以受理、审理并作出裁判的全过程。公民、法人或者其他组织认为行政机关和行政机关工作人员的行政行为侵犯其合法权益，有权依照《行政诉讼法》的规定向人民法院提起诉讼。《行政诉讼法》第 2 条、第 3 条对公民、法人或者其他组织的诉权予以规定。

涉外行政诉讼，是指含有涉外因素的行政诉讼，具体指诉讼当事人中原告、第三人为外国人、无国籍人、外国组织的情形。涉外行政诉讼的被告是我国行政机关，以及法律、法规或者规章授权行使行政职权的组织，不包括外国行政组织。

本案被法律界称为我国《行政诉讼法》实施后的"行政诉讼第一案"。最高人民法院受理此案后，由时任最高人民法院副院长罗豪才担任审判长，著名法学家江平、应松年等分别作为不同当事人的代理人，对此案进行了长达 6 天的公开审理。2019 年，该案入选"推动中国法治进程十大行政诉讼典型案例"。本案是一起经过最高人民法院审理的涉外行政诉讼案例，案由为工商行政登记，原告泰国贤成两合公司是外国组织，原告为外国组织是本案的涉外因素。

【思考题】

(1) 什么是涉外行政诉讼？
(2) 涉外行政诉讼与普通行政诉讼的区别在哪里？

案例二 胡某与浙江省丽水市人民政府、胡某玲、胡某美、艾某、胡某沃、胡某维等房屋登记行政复议纠纷案①

【基本案情】

胡某珍（1999年8月13日病故）系居住在意大利的华侨。原告胡某与第三人胡某玲（瑞典籍）、胡某美（荷兰籍）、胡某宗、胡某东系同胞兄弟姐妹，均为胡某珍的孙子女。胡某珍生前在国外有同居未婚妻艾某（意大利籍），子女胡某沃（意大利籍）、胡某维（意大利籍）。1995年，胡某珍出具《房产赠送书》，将登记在自己名下的青田县鹤城镇龙津路×号一处房产赠与胡某，浙江省青田县人民政府（以下简称青田县政府）为胡某颁发了青字第12949号房屋所有权证。1998年1月，胡某珍在我国驻米兰总领事馆领事的认证和案外人孙某权等人的见证下，就包括案涉房产在内的龙津路×号的住宅、厨房、店面分配立下一份遗嘱，约定了财产的分配方式，并声明此前所立房产权书信一律作废，所有房产所有权和土地使用权仍归胡某珍所有，待胡某珍百年后，按照本遗嘱办理房产权手续。1998年6月，胡某珍出具一封致青田县房地产管理处的函件，载明"恢复房主胡某珍先生的房产证及土地使用权"，胡某、胡某宗、胡某玲、胡某美、胡某东均签字认可。2005年，胡某宗、胡某东申请行政复议，请求撤销青田县政府向胡某颁发的12949号证，浙江省丽水市人民政府作出丽政复决〔2005〕16号行政复议决定，撤销了该证。胡某不服行政复议决定，以浙江省丽水市人民政府为被告提起本案诉讼，请求撤销复议决定。人民法院审理中，通知胡某珍的其他继承人，包括同居未婚妻艾某，子女胡某沃、胡某维作为第三人参加本案诉讼。

浙江省丽水市人民法院一审认为，根据《行政诉讼法》（1989）第70条之规定，外国人、无国籍人、外国组织在中华人民共和国进行行政诉讼，适用该法，故该院对本案具有司法管辖权。浙江省丽水市人民政府所作丽政复决〔2005〕16号复议决定认定事实清楚，适用法律正确，程序基本合法，判决维持被诉复议决定。胡某不服提起上诉。浙江省高级人民法院二审判决驳回上诉，维持原判。胡某向最高人民法院申请再审，最高人民法院提审本案。

最高人民法院再审认为，青田县政府未审查涉案房屋是否存在共有人或利害关系人，不违反当时有效的《城镇房屋所有权登记暂行办法》。青田县政府未要求胡某提交胡某珍赠与的公证文件，虽在审查程序上存在一定缺陷，但没有证据证明胡某珍《房产赠送书》不是其真实意思表示。青田县政府未要求胡某提供房屋契税缴纳凭证就办理房屋转移登记，的确违反了当时有效的《城市房地产转让管理规定》第7条第5项的规定。但胡某在行政复议期间缴纳了契税，已经进行了弥补，不能因此撤销房屋转

---
① （2015）行提字第23号行政判决书。

移登记。依照《行政诉讼法》(1989) 第 70 条第 2 项之规定，本应判决撤销该复议决定。但胡某珍于 1998 年 1 月重新立下遗嘱，其孙子女均签字认可，说明已就龙津路×号房屋的分配形成新的共识，这种共识理应受到尊重。因此，尽管被诉复议决定违法，但客观上为案涉房产的分配争议清除了障碍，未侵犯胡某的实体合法权益，结果正确，不应撤销。故判决撤销原一、二审判决，确认浙江省丽水市人民政府行政复议决定违法。

【主要法律问题】

涉外行政诉讼中包含哪些涉外因素？

【主要法律依据】

(1)《行政诉讼法》(1989) 第 70 条。
(2)《城镇房屋所有权登记暂行办法》（已失效）。
(3)《城市房地产转让管理规定》(1995) 第 7 条。

【理论分析】

涉外行政诉讼中的涉外因素，包括外国人、无国籍人和外国组织。外国人是指不具有中国国籍，但具有其他国家国籍的人。根据《国籍法》第 3 条、第 9 条的规定，我国不承认中国公民具有双重国籍，定居外国的中国公民，自愿加入或取得外国国籍的，即自动丧失中国国籍，此时应作为外国人对待。

无国籍人是指不具有任何国家国籍的人。无国籍人出现的原因是多样的，在以血统主义确定国籍的国家，无国籍人所生的子女、无法确定父母的弃婴均无法获得国籍。此外，国家解体、合并、灭亡会导致原有国籍的丧失，因政治原因被剥夺国籍也会导致无国籍人的出现。

外国组织是指在国外成立的法人和非法人组织，不包括外国投资者在我国境内、依据我国法律设立的外商投资企业（包括 2020 年《外商投资法》施行前设立的中外合资经营企业、中外合作经营企业和外商独资企业）。在判断一个行政诉讼是否涉外行政诉讼时，应重点审查原告、第三人是否具有中国国籍。

本案是一起最高人民法院提审并改判的涉外行政诉讼案件，案由为房屋行政登记。本案有多名第三人，其中第三人为外国人是本案的涉外因素。

【思考题】

已加入外国国籍但仍持有中国护照和居民身份证件的人参加的行政诉讼，是否属于涉外行政诉讼？为什么？

案例三　儿童投资主基金与浙江省杭州市西湖区国家税务局税务行政征收案[①]

【基本案情】

2004年3月31日，香港某有限公司（注册地为香港，以下简称香港公司）与中国浙江某发展有限公司（以下简称浙江公司）签订合同设立杭州某路桥经营管理有限公司（以下简称杭州公司），香港公司占杭州公司95%的股份。CFC公司（注册地开曼群岛）持有香港公司100%股权。2005年11月10日，原告儿童投资主基金（注册地开曼群岛）通过股权转让和认购新股的方式取得了CFC公司26.32%的股权。2011年9月9日，原告将其持有的CFC公司26.32%的股权转让给新创建集团有限公司的附属公司MDL公司，转让价格为2.8亿美元，原告同时向MDL公司收取利息约合380万美元。

2013年11月12日，被告浙江省杭州市西湖区国家税务局（以下简称西湖区国税局）作出杭国税西通〔2013〕004号《税务事项通知书》，通知儿童投资主基金其间接转让杭州公司股权所取得的股权转让所得，应申报缴纳企业所得税。儿童投资主基金申请复议。杭州市国税局作出杭国税复决字〔2014〕1号《行政复议决定书》，维持了西湖区国税局作出的上述《税务事项通知书》。儿童投资主基金提起本案诉讼。

浙江省杭州市中级人民法院一审判决驳回原告诉讼请求。儿童投资主基金提起上诉。浙江省高级人民法院二审判决驳回上诉，维持原判。儿童投资主基金向最高人民法院申请再审。最高人民法院审查认为，首先，儿童投资主基金在本案中提交的再审申请材料不足以推翻税务机关和原审法院认定的事实，基于上述事实，税务机关有较充分的理由认定，儿童投资主基金等境外转让方通过转让CFC公司和香港公司的股权，从而间接转让杭州公司股权的交易不具有合理商业目的，属于以减少我国企业所得税为主要目的的安排。其次，针对股权转让所得数额的计算、税率的确定等事项，西湖区国税局作出被诉行政行为符合相关法律法规的规定。再次，西湖区国税局作出的被诉行政行为符合我国税收政策的具体要求，是对国家税务总局国税函〔2009〕698号文规定精神和相关批复内容的具体贯彻落实。西湖区国税局的涉案操作流程与对股权转让交易的定性，符合我国税收管理政策，具有正当性和必要性。综上，本案事关税收法律法规和政策的把握，事关如何看待我国税务机关处理类似问题的基本规则和标准，事关我国政府涉外经贸管理声誉和外国公司与中国公司合法权益的平等保护，在经过人民法院严格的司法审查，且再审申请人缺乏充分证据证明被诉行政行为违法的情形下，原审生效裁判效力应予维持。裁定驳回儿童投资主基金的再审申请。

[①] （2016）最高法行申1867号行政裁定书。

【主要法律问题】

涉外行政诉讼主要有哪些类型？

【主要法律依据】

《行政诉讼法》（2017）第 98 条。

【理论分析】

涉外行政诉讼分布在多个行政管理领域，行政行为类型具备多样性。行政行为的相对人以及其他与行政行为有利害关系的外国人、无国籍人、外国组织参与行政诉讼，即形成涉外行政诉讼。因此从理论上讲，各个行政管理领域作出的各类行政行为均有可能具有涉外因素，成为涉外行政诉讼案件。当前司法实践中，涉外行政诉讼案件主要集中在商标、专利领域，申请撤销商标、宣告商标无效、宣告专利权无效等案由最为常见。2001 年中国加入世界贸易组织（WTO）后，最高人民法院先后出台关于审理国际贸易、反倾销、反补贴行政案件的司法解释，对三类案件的审理予以规范。此外，行政处罚、行政许可、行政登记、征收拆迁等领域均有少量的涉外行政诉讼案例。

本案是一起经过最高人民法院审查的涉外行政诉讼案例，案由为税务行政征收，原告儿童投资主基金注册地为开曼群岛，属于外国组织，原告为外国组织是本案的涉外因素。

【思考题】

举例说明涉外行政诉讼的类型。

案例四 "光大二号"轮船长蔡某雄不服拱北海关行政处罚案[①]

【基本案情】

1989 年 3 月 3 日凌晨，拱北海关缉私艇在我国内海东经 114 度 35 分 45 秒，北纬 22 度 10 分 50 秒，即珠海市担杆岛附近海域，查获截停台湾"光大二号"货轮。该货轮的载重量为 3000 吨，船上有船员 31 人，船舱内装有废铁 500 吨，瓷土 500 吨，甲板上堆放有用塑料袋加封特别包装的"555""健牌"等外国产香烟 4760 箱（23.8 万条）。随船携带的载货清单只列明船上所载废铁、瓷土的数量，对 4760 箱香烟没有记载。1989 年 3 月 11 日，拱北海关依照《海关法》和《海关法行政处罚实施细则》的

[①] 中国政法大学法治政府研究院.【十大行政诉讼案例判析】台湾"光大二号"轮船长蔡增雄不服拱北海关行政处罚上诉案［EB/OL］.（2019-07-31）［2024-05-20］. http://fzzfyjy.cupl.edu.cn/info/1066/10917.htm.

规定，认定"光大二号"船长蔡某雄没有合法证明，运载大量外国香烟进入内海，其行为属走私。故对其作出处罚决定：一是对在扣的走私香烟4760箱，予以没收；二是对"光大二号"货轮的全体船员、船只和所载瓷土、废铁予以放行。蔡某雄不服提起诉讼。

珠海市中级人民法院一审判决维持拱北海关的行政处罚决定，驳回蔡某雄的诉讼请求。蔡某雄不服提起上诉。广东省高级人民法院二审认为，拱北海关查获"光大二号"货轮的地点是在我国内海水域。"光大二号"货轮被截停时，蔡某雄亲自用铅笔在海图上标明了截停地点和时间，该标注和蔡某雄签字的拱北海关缉私艇测定截停方位图纸、笔录均能够证明，该货轮是在我国内海水域东经114度35分45秒、北纬22度10分50秒的海域被查获。蔡某雄称"光大二号"货轮运载的大量外国香烟，有"香港政府出口许可证"，但该许可证只能证明所运载的香烟经香港允许出口，不能证明该轮装载运输合法。"光大二号"货轮的载货清单上没有运载香烟的记录。依照《海关法》（1987）第49条第1款第2项规定，在内海、领海运输、收购、贩卖国家限制进出口的货物、物品，数量较大，没有合法证明的，根据该法实施细则第4条第1款第2项的规定，按走私行为论处，海关有权没收走私货物。二审判决驳回上诉，维持原判。

【主要法律问题】

涉港澳台案件适用怎样的审理程序？

【主要法律依据】

（1）《民事诉讼法（试行）》（1982）第3条。

（2）《海关法》（1987）第49条。

（3）《海关法行政处罚实施细则》（1987）第4条。

【理论分析】

原告或第三人为港澳台居民或者组织的行政诉讼案件，不属于涉外行政诉讼范畴，但由于三地司法制度存在差异，实践中一般参照涉外审判程序处理。

本案为涉及我国台湾地区的行政诉讼，是行政诉讼制度建立以来人民法院审理的第一件涉及境外的行政诉讼案件，也是《行政诉讼法》施行后审理的第一起海关行政诉讼。2019年，该案入选"推动中国法治进程十大行政诉讼典型案例"。

【思考题】

涉港澳台案件是不是涉外案件？应适用怎样的审理程序？

第二节 涉外行政诉讼的原则

《行政诉讼法》总则部分对人民法院审理行政诉讼案件应遵循的法律原则做了具体规定。这些原则包括：人民法院独立行使审判权原则，以事实为依据、以法律为准绳原则，合法性审查原则，合议、回避、公开审判和两审终审原则，当事人法律地位平等原则，有权运用本民族语言、文字进行诉讼原则，辩论原则，人民检察院法律监督原则。这些原则不仅是一般行政诉讼和涉外行政诉讼共有的原则，也是三大诉讼制度共同的审判原则。此外，国家主权原则、同等原则、对等原则、中国律师代理原则、使用中国通用的语言文字原则，是涉外行政诉讼特有的原则。

案例五 无锡日升体育用品有限公司与国家知识产权局、林书豪宣告商标权无效案[①]

【基本案情】

无锡日升体育用品有限公司（以下简称日升公司）是第 8511637 号"林书豪 JeremyS. H. L."商标（以下简称诉争商标）的权利人。2012 年 9 月 20 日，美国人林书豪针对诉争商标向原国家工商行政管理总局商标评审委员会（以下简称商标评审委员会）提出无效宣告申请，请求撤销诉争商标的注册。商标评审委员会作出商评字〔2014〕第 25692 号《关于第 8511637 号"林书豪 JeremyS. H. L."商标争议裁定书》（以下简称被诉裁定），裁定诉争商标予以撤销。日升公司不服提起行政诉讼。

北京市第一中级人民法院一审判决驳回日升公司的诉讼请求。日升公司提起上诉。北京市高级人民法院二审认为，林书豪为美国公民，本案为涉外法律关系案件。由于中国和美国均为 TRIPS 协定成员国，根据国民待遇原则，美国公民认为诉争商标在中国的注册行为损害了其在先权利，可以在中国境内寻求法律保护。因此，本案作为商标授权行政案件，林书豪的姓名权可以依据我国商标法进行保护。根据林书豪在商标行政阶段提交的证据，可以证明在诉争商标申请日前林书豪作为首位进入美国 NBA 的华裔篮球运动员，受到中国公众的关注，为中国公众所知悉，可以认定其在中国公众中已经具有一定的知名度。林书豪的本名为"JeremyShu-HowLin"，中文译名为"林书豪"。中国相关媒体在报道林书豪时即使用"林书豪"中文名字。因此，"林书豪"中文译名已经与其本人形成了稳定的对应关系。

诉争商标中的"JeremyS. H. L."与林书豪本名"JeremyShu-HowLin"相比，"S.

[①] （2019）京行终 1230 号行政判决书。

H. L."为林书豪本名后三个单词的首字母。诉争商标中的"林书豪"为林书豪的中文译名。鉴于林书豪本人作为NBA篮球运动员在中国公众中具有一定的知名度,且"林书豪"中文译名与其已经形成稳定的对应关系,日升公司作为体育用品行业的经营者,理应知晓林书豪的情况。但日升公司未经许可,在"服装、鞋"等商品上申请注册诉争商标,相关公众会认为诉争商标标志指代了林书豪,进而容易认为标记有诉争商标的"服装、鞋"等商品系经过林书豪许可或者与林书豪存在特定联系。因此二审判决驳回上诉,维持原判。

【主要法律问题】

涉外行政诉讼的国民待遇原则是什么?

【主要法律依据】

(1)《行政诉讼法》第99条、第101条。
(2)《民事诉讼法》第5条。

【理论分析】

国家主权原则是涉外行政诉讼的特别原则之一,其主要内涵有以下两点:一是外国人、无国籍人、外国组织认为我国行政机关和行政机关工作人员的行政行为侵犯其合法权益,可以依照《行政诉讼法》向人民法院提起诉讼,其他国家的法院对此没有管辖权;二是除法律另有规定外,涉外行政诉讼应适用我国《行政诉讼法》的规定,关于期间、送达、财产保全等《行政诉讼法》没有规定的,适用《民事诉讼法》的相关规定,在审查被诉行政行为合法性时,还要依据我国其他法律规范的规定。究其原因,主要是因为涉外行政诉讼是在我国境内发生的司法活动,被告为我国行政机关,被诉行政行为系我国行政机关行使行政管理职权作出的行为,故案件应由我国法院管辖,案件审理时应适用我国法律规定,这是国家主权原则在司法中的具体体现。国家主权原则贯穿涉外诉讼全过程,在涉外民事、刑事、行政诉讼中均应适用。

同等原则是涉外行政诉讼的特别原则之一,又称"国民待遇原则",是指外国人、无国籍人、外国组织在我国进行行政诉讼,同我国公民、组织有同等的诉讼权利和义务。当前世界,平等、互惠是国际交往的基本原则,国家之间、公民之间拥有平等的基本权利,也应平等地承担相应义务。因此要认可外国人、无国籍人、外国组织与本国公民、组织相同的诉讼能力、诉讼权利,同时,也要求其承担相同的诉讼义务,既不歧视,也无优待。《民事诉讼法》第5条第1款也有同样的规定,外国人、无国籍人、外国企业和组织在人民法院起诉、应诉,同中国公民、法人和其他组织有同等的诉讼权利义务。

本案中,人民法院适用了国民待遇原则,即同等原则。由于中国和美国均为TRIPS协定成员国,根据国民待遇原则,美国公民林书豪认为中国公司注册"林书豪 JeremyS. H. L."商标的行为损害其姓名权,可以依据《行政诉讼法》行使诉讼权利,同时依据《商标法》的规定要求保护其姓名权,撤销日升公司注册的"林书豪JeremyS. H. L."商标。

【思考题】

哪些特别原则是刑事、民事、行政涉外诉讼均适用的?

案例六 天津圣唐公司与国家工商行政管理总局商标评审委员会、泰润德利塔股份公司商标权无效宣告行政纠纷案[①]

【基本案情】

泰润德利塔股份公司(以下简称泰润公司)针对天津圣唐公司获准注册的第5061632号图形商标(以下简称诉争商标)提出无效宣告申请,国家工商行政管理总局商标评审委员会(以下简称商标评审委员会)于2014年12月29日作出商评字〔2014〕第111767号《关于第5061632号图形商标无效宣告请求裁定书》(以下简称被诉裁定),裁定对诉争商标予以无效宣告。

天津圣唐公司不服提起诉讼。北京知识产权法院一审判决驳回原告的诉讼请求。天津圣唐公司不服提起上诉。北京市高级人民法院二审认为,天津圣唐公司认为泰润公司(住所地为希腊共和国)在商标评审程序中提交的主体资格手续未经公证认证,真实性存疑,泰润公司不具备商标撤销申请人资格。对此,根据《商标法实施条例》(2002)第7条的规定,外国人或者外国企业的代理委托书及与其有关的证明文件的公证、认证手续,按照对等原则办理。本案中,尚无证据证明希腊共和国对中国的自然人、法人等主体参加该国的商标评审事宜有公证、认证的手续要求,故按照对等原则,商标评审委员会对泰润公司参与中国商标评审事宜的有关文件未提出公证、认证的手续要求,并无不当。另外,法律对有关文件提出公证、认证的手续要求,旨在确保当事人作出了实施特定行为的真实意思表示。泰润公司在一审、二审诉讼程序中都提交了经公认、认证的诉讼手续,积极参加本案诉讼,这足以证明启动、参与本案中的商标评审事项是其真实意思表示。

本案二审的争议焦点是天津圣唐公司注册诉争商标是否构成《商标法》(2001)第15条规定的情形。根据双方的往来邮件显示及其他证据内容可知,泰润公司系"TER-RACRETA及图"商标的所有权人,诉争商标的图形与上述商标中的图形在视觉效果和设计风格等方面构成高度近似,且两商标均指定使用在第29类食用橄榄油等商品上。2005年10月与11月泰润公司与天津圣唐公司和某公司共同的股东任某同、唐某宏等

---

① (2017)京行终1575号行政判决书。

就购买泰润公司的橄榄油商品并在中国销售等事宜进行了磋商。后泰润公司与某公司先后为建立代理关系起草两份"独家代理协议",其中第二份约定代理期限为2009年至2011年。天津圣唐公司亦认可与某公司的关联关系。据此可以认定,任某同与某公司尽管是代理关系的实际磋商方,但天津圣唐公司与某公司及其股东任某同等人就代理磋商与注册诉争商标,是存在意思联络的。因此,天津圣唐公司在明知泰润公司的商标且未得到泰润公司授权的情况下,将与泰润公司的商标构成对应关系的诉争商标进行注册的行为已经构成对被代理人商标的抢注,构成《商标法》(2001)第15条规定的情形。二审判决驳回上诉,维持原判。

【主要法律问题】

涉外行政诉讼中的对等原则是什么?

【主要法律依据】

(1)《行政诉讼法》第99条。

(2)《商标法》(2001)第15条。

(3)《商标法实施条例》(2002)第7条。

【理论分析】

对等原则是涉外行政诉讼的特别原则之一,是指外国法院对我国公民、组织的行政诉讼权利加以限制的,人民法院对该国公民、组织的相应的行政诉讼权利亦加以限制。对等原则是同等原则的补充规定,是真正实现我国公民、组织与外国公民、组织诉讼权利义务对等的必要条款。长远来看,对等原则是保障国家之间平等互惠关系、维护国际关系秩序的重要原则。《民事诉讼法》第5条第2款也有同样的规定,外国法院对中国公民、法人和其他组织的民事诉讼权利加以限制的,人民法院对该国公民、企业和组织的民事诉讼权利也加以限制。

本案中,人民法院适用了对等原则。根据《商标法实施条例》(2002)第7条的规定,按照对等原则确定外国公司参与中国商标评审事宜时是否需要提供代理委托书及证明文件的公证、认证手续。本案第三人泰润公司为希腊公司,在尚无证据证明希腊共和国有相关要求的情况下,我国对希腊公司亦不做要求。

【思考题】

请简述同等原则和对等原则的异同。

案例七 代某与四川省乐山市五通桥区住房和城乡建设局房地产管理所房屋行政登记案[①]

【基本案情】

原告代某原系中国公民，现已经取得美国国籍并长期定居美国，其委托四川高贸律师事务所律师王某、王某勤两位律师提起本案诉讼。王某、王某勤律师起诉时提交了以下材料：（1）原告出具的《委托书》，该委托书载明的委托事项包括委托律师王某、王某勤就本案提起行政诉讼等事项；（2）《行政起诉状》，该起诉状载明的具状人"代某"签名系王某律师代为签署；（3）原告的中华人民共和国居民身份证复制件；（4）王某、王某勤律师的《律师执业证》。诉讼中，王某、王某勤律师向一审法院出具的《情况说明》载明，代某已经取得美国国籍，并长期定居美国，在中国领域内没有住所地。

四川省乐山市中级人民法院一审认为，根据《国籍法》第9条关于"定居外国的中国公民，自愿加入或取得外国国籍的，即自动丧失中国国籍"的规定，代某已经定居美国，并且取得美国国籍，已经自动丧失中国国籍，不能以中国公民身份提起诉讼。当时施行的《最高人民法院关于执行〈中华人民共和国行政诉讼法〉若干问题的解释》（2020）第97条规定，人民法院审理行政案件，除依照行政诉讼法和本解释外，可以参照民事诉讼的有关规定。《民事诉讼法》（2012）第264条规定，在中国领域内没有住所的外国人、无国籍人、外国企业和组织委托中国律师或者其他人代理诉讼，从中国领域外寄交或者托交的授权委托书，应当经所在国公证机关证明，并经中国驻该国使领馆认证，或者履行中国与该所在国订立的有关条约中规定的证明手续后，才具有效力。本案中，原告代某在中国领域内没有住所，其委托人王某、王某勤律师向人民法院递交的授权委托书没有经代某所在国公证机关证明，并经中国驻该国使领馆认证，或者履行中国与该所在国订立的有关条约中规定的证明手续，因此代某的授权委托书不具有效力，王某、王某勤律师不享有代为提起诉讼的权利。一审裁定驳回原告代某的起诉。

【主要法律问题】

涉外行政诉讼有哪些特别原则？

【主要法律依据】

（1）《行政诉讼法》第100条、第101条。

[①] （2014）乐中行初字第149号行政裁定书。

(2)《民事诉讼法》第271条、第273条、第274条、第275条。

(3)《外国律师事务所驻华代表机构管理条例》第15条。

(4)《最高人民法院关于执行〈中华人民共和国行政诉讼法〉若干问题的解释》(2000)第97条。

【理论分析】

1. 中国律师代理原则

中国律师代理原则是涉外行政诉讼的特别原则之一。律师制度是我国司法制度的重要组成部分之一，禁止外国律师以律师身份在我国执业，是国家主权原则的客观要求。因此，外国人、无国籍人、外国组织在我国进行行政诉讼，如需要委托律师作为诉讼代理人，则应当委托中国律师机构的律师，《行政诉讼法》第100条、《民事诉讼法》第274条对此均有明确规定。同时，在中国领域内没有住所的外国人、无国籍人、外国企业和组织委托中国律师或者其他人代理诉讼，从中国领域外寄交或者托交的授权委托书，应当经所在国公证机关证明，并经中国驻该国使领馆认证，或者履行中国与该所在国订立的有关条约中规定的证明手续后，才具有效力。

外国律师可以其他诉讼代理人的身份参与行政诉讼，但需要满足《行政诉讼法》对委托代理人的要求，即为当事人的近亲属或者工作人员，或是当事人所在社区、单位以及有关社会团体推荐的公民。外国律师事务所可以设立驻华代表机构从事法律服务活动，受中国法律保护，但只能从事《外国律师事务所驻华代表机构管理条例》第15条规定的活动。

本案中，原告代某定居国外并加入美国国籍，已自动丧失中国国籍，故本案系美国公民作为原告提起的涉外行政诉讼。代某委托两名中国律师作为自己的诉讼代理人，符合法律规定，但其授权委托书未经所在国公证机关证明并经中国驻该国使领馆认证，同时，没有证据显示中国与美国曾订立相关条约且代某已履行该条约中规定的证明手续，故不能认定代某委托行为合法有效。

2. 使用中国通用的语言、文字原则

使用中国通用的语言、文字原则是涉外行政诉讼的特别原则之一。该原则在《行政诉讼法》中没有明确规定，但《民事诉讼法》第273条规定，人民法院审理涉外民事案件，应当使用中国通用的语言、文字。当事人要求提供翻译的，可以提供，费用由当事人承担。该规定亦适用于涉外行政诉讼。

3. 优先适用国际条约原则

关于国际条约的适用，优先适用国际条约原则曾经是涉外行政诉讼一项基本原则。《行政诉讼法》(1989)第72条规定，我国缔结或者参加的国际条约同本法有不同规定的，除我国声明保留的条款外，适用该国际条约的规定，但2014年《行政诉讼法》修正时删除了该条。《民事诉讼法》中仍保留了优先适用国际条约原则，其第271条规定，我国缔结或者参加的国际条约同本法有不同规定的，除声明保留的条款外，适用该国际条约的规定。那么，能否以《民事诉讼法》第 271 条规定为依据，在涉外行政诉讼中适用国际条约呢？

行政诉讼制度建立伊始，人民法院适用《民事诉讼法（试行）》审理行政案件，这一时期的典型案例有最高人民法院公报案例"郑太发不服土地管理行政处罚案""支国祥不服税务行政处罚案"等①。《行政诉讼法》（1989）未明确是否在行政诉讼中继续适用《民事诉讼法》的规定，但《最高人民法院关于贯彻执行〈中华人民共和国行政诉讼法〉若干问题的意见（试行）》（法〔1991〕19 号）第 114 条、《最高人民法院关于执行〈中华人民共和国行政诉讼法〉若干问题的解释》（法释〔2000〕8 号）第 97 条均规定，人民法院审理行政案件，除依照行政诉讼法和本解释外，可以参照民事诉讼的有关规定。2014 年《行政诉讼法》修正时增加了第 101 条，人民法院审理行政案件，关于期间、送达、财产保全、开庭审理、调解、中止诉讼、终结诉讼、简易程序、执行等，以及人民检察院对行政案件受理、审理、裁判、执行的监督，本法没有规定的，适用《民事诉讼法》的相关规定。与之配套的《最高人民法院关于适用〈中华人民共和国行政诉讼法〉的解释》（法释〔2018〕1 号）中也删除了审理行政案件参照民事诉讼的规定。综上可见，《行政诉讼法》（2014）确立了行政诉讼补充性适用②《民事诉讼法》的原则。国际条约能否在行政诉讼中适用，目前没有明确法律规定，尚需要加强研究。此外，在涉外行政诉讼中适用《民事诉讼法》规定时，还要考虑该条款是否符合行政诉讼的性质和特点。

【思考题】

国际条约能否在行政诉讼中直接适用？

第三节　涉外行政诉讼的特别规定

涉外行政诉讼是具有涉外因素的行政诉讼，是行政诉讼的重要组成部分。《行政诉讼法》中关于受案范围、管辖、诉讼参加人、证据、起诉和受理、审理和判决、执行的一般规定，原则上也适用于涉外行政诉讼。但考虑到涉外因素对当事人诉讼权利行使和人民法院审判工作的影响，法律在涉外案件的管辖、送达、调查取证、期间等方面作出了特别规定。由于《行政诉讼法》第九章仅有原则性规定，且《行政诉讼法》第 101 条已明确可在期间、送达、财产保全等程序中适用《民事诉讼法》的相关规定，

---

① 郑太发不服土地管理行政处罚案，支国祥不服税务行政处罚案[J].中华人民共和国最高人民法院公报，1989（2）：35-37.

② 章剑生.行政诉讼中民事诉讼规范之"适用"——基于《行政诉讼法》第 101 条展开的分析[J].行政法学研究，2021（1）：65-76.

故涉外行政诉讼中应充分考虑对《民事诉讼法》第四编的适用。

案例八　美国 3M 公司与国家工商行政管理总局商标评审委员会、成都创盛生物医学材料有限公司商标异议复审行政纠纷案①

【基本案情】

2007 年 1 月 10 日成都创盛生物医学材料有限公司向国家工商行政管理总局商标局（以下简称商标局）提出第 5837640 号 M3M 商标的注册申请。在法定异议期内，美国 3M 公司向商标局提出商标异议申请，商标局于 2011 年 9 月 14 日作出〔2011〕商标异字第 33627 号裁定，裁定被异议商标予以核准注册。美国 3M 公司不服该裁定，于 2011 年 10 月 27 日向商标评审委员会提出异议复审请求。商标评审委员会于 2013 年 10 月 28 日作出商评字〔2013〕第 95849 号《关于第 5837640 号 M3M 商标异议复审裁定书》，裁定被异议商标在复审商品上予以核准注册。美国 3M 公司不服提起行政诉讼。

北京市第一中级人民法院判决撤销商标评审委员会作出的被诉裁定；责令商标评审委员会重新作出裁定。商标评审委员会不服提起上诉。北京市高级人民法院二审认为：关于一审判决在程序上是否存在违法情形。《行政诉讼法》第 81 条规定，人民法院应当在立案之日起六个月内作出第一审判决。第 101 条规定，人民法院审理行政案件，关于期间、送达、财产保全、开庭审理、调解、中止诉讼、终结诉讼、简易程序、执行等，以及人民检察院对行政案件受理、审理、裁判、执行的监督，本法没有规定的，适用《民事诉讼法》的相关规定。根据《民事诉讼法》（2017）第 270 条的规定，人民法院审理涉外民事案件的期间，不受本法第 149 条、第 176 条关于审限规定的限制。鉴于美国 3M 公司系域外当事人，本案系涉外行政纠纷案件，故本案的审限不受行政诉讼法规定的审理期限的限制。

关于被异议商标的申请注册是否违反《商标法》（2001）第 28 条和第 31 条的规定。其一，被异议商标由 M3M 组成，引证商标由 3M 组成，引证商标的标志为被异议商标所包含，两者在整体外观、含义、呼叫、文字构成等方面近似，即便被异议商标较引证商标多出一字母 M，但不足以使之与引证商标在整体上形成明显区别。被异议商标与引证商标若同时使用在同一种或类似商品上，易使相关公众对商品的来源产生混淆误认。其二，美国 3M 公司在商标评审阶段及一审诉讼阶段提交的证据，可以证明 3M 商号于被异议商标申请日前已经在中国境内的缝合材料等医疗领域商品上具有一定知名度。鉴于 3M 标志兼具美国 3M 公司商号标志与商标标志的双重属性，故使用 3M 商标的相关证据同样可以证明 3M 商号在相关商品领域的知名度。同时，被异议商标申请注册的外科用移植物（人造材料）、线（外科用）、缝合材料等商品与美国某公司使

---

① （2016）京行终 3502 号行政判决书。

用其商号经营的缝合材料等商品在功能、用途、生产部门、销售渠道、消费群体等方面相近或存在较大关联，构成类似商品，且被异议商标完整包含美国 3M 公司使用的 3M 商号。被异议商标若注册使用在外科用移植物（人造材料）、线（外科用）、缝合材料等商品上，容易使相关公众认为被异议商标标识的商品来源于美国 3M 公司或者与美国 3M 公司存在某种联系，从而损害了美国 3M 公司的在先商号权益。二审判决驳回上诉，维持原判。

【主要法律问题】

（1）涉外行政诉讼的审理有哪些特别规定？
（2）在涉外行政诉讼中适用《民事诉讼法》的法律依据是什么？

【主要法律依据】

（1）《行政诉讼法》第 15 条、第 81 条、第 88 条、第 101 条。
（2）《民事诉讼法》第 285 条、第 286 条、第 287 条。
（3）《商标法》（2001）第 28 条、第 31 条。

【理论分析】

1. 关于涉外行政诉讼管辖的特别规定

《行政诉讼法》第 15 条规定，本辖区内重大、复杂的案件由中级人民法院管辖。《最高人民法院关于适用〈中华人民共和国行政诉讼法〉的解释》第 5 条进一步明确，涉外或者涉及香港特别行政区、澳门特别行政区、台湾地区的案件属于"本辖区内重大、复杂的案件"，由中级人民法院一审。涉外行政诉讼地域管辖的确定规则与普通行政诉讼一致。

2. 关于涉外行政诉讼期间的特别规定

《行政诉讼法》规定了一审六个月、二审三个月的普通案件审理期限，涉外行政诉讼中，当事人是外国人、无国籍人或者外国组织，可能在中国领域内没有住所，委托书公证和邮寄、司法文书域外送达、域外调查取证等程序环节多、用时长，普通期限难以保证当事人的诉讼权利，也影响审判质量。因此，对涉外行政诉讼中的期间作出特别规定是必要的。此时应适用《民事诉讼法》第 285 条、第 286 条、第 287 条的规定。案件当事人在中国领域内没有住所的，其不服第一审人民法院判决、裁定的上诉期限延长至三十日。被上诉人在收到上诉状副本后，提出答辩状的期限延长至三十日。当事人不能在法定期间提起上诉或者提出答辩状，申请延期的，是否准许，由人民法院决定。人民法院审理涉外行政案件的期间，不受一般审判期限的限制。

本案二审中，上诉人商标评审委员会提出一审法院存在超期审理的问题。按照《民事诉讼法》第 270 条、《行政诉讼法》第 101 条的规定，人民法院审理涉外行政案件的期间，不应受一审六个月、二审三个月的审限要求。

【思考题】

涉外行政诉讼不受一般审判期限的限制，如果案件久拖不决，如何保护当事人的权益？

案例九　广州市越秀区市场和质量监督管理局、苏丹阿斯曼艾萨迪公司广州代表处非诉执行案[①]

【基本案情】

广州市越秀区市场和质量监督管理局（原广州市越秀区工商行政管理局）向人民法院提出申请，申请强制执行其对苏丹阿斯曼艾萨迪公司广州代表处（以下简称苏丹阿斯曼艾萨迪公司广州代表处）作出的穗越工商处〔2017〕7号《行政处罚决定书》中的第2项决定，即责令被执行人缴纳罚款20000元，并加处罚款20000元，合计40000元。

广州铁路运输法院查明，申请执行人于2017年1月4日对被执行人作出穗越工商处〔2017〕7号《行政处罚决定书》，并于2017年4月27日作出穗越工商公告〔2017〕23号《公告》，向被执行人公告送达上述《行政处罚决定书》。又查明，申请执行人于2018年5月5日作出穗越工商公告〔2018〕15号《公告》再次向被执行人公告送达上述《行政处罚决定书》。上述两次公告，申请执行人均是通过将《公告》文书粘贴在其住所地的公告栏的方式来进行送达。

广州市越秀区人民法院审查认为，本案中，申请执行人采取公告送达方式向被执行人送达《行政处罚决定书》，将其作出穗越工商公告〔2017〕23号《公告》及穗越工商公告〔2018〕15号《公告》粘贴在其住所地的公告栏，但本案被执行人属于外国企业常驻中国代表机构，通过将公告文书张贴在住所地的公告栏进行公告的方式不符合《行政强制法》第38条、《民事诉讼法》（2017）第267条的规定。申请执行人没有按照法律有关送达的规定进行送达，程序不当，明显损害了被执行人的合法权益。此外，申请执行人已于2017年4月17日作出穗越工商公告〔2017〕23号《公告》，向被执行人公告送达上述《行政处罚决定书》，在没有其他特殊正当理由的情况下，又于2018年5月5日作出穗越工商公告〔2018〕15号《公告》再次向被执行人公告送达上述《行政处罚决定书》亦不符合相关规定。因此，本案中，即使申请执行人2017年4月17日公告送达《行政处罚决定书》有效，其也未能在法定期限内提出强制执行申请。裁定不准予强制执行穗越工商处〔2017〕7号《行政处罚决定书》中的第2项决定。

[①] （2019）粤7101行审1685号行政裁定书。

【主要法律问题】

涉外行政诉讼有哪些特别规定?

【主要法律依据】

(1)《行政诉讼法》第 101 条。

(2)《民事诉讼法》第 283 条、第 284 条。

(3)《行政强制法》第 38 条。

【理论分析】

1. 关于涉外行政诉讼送达的特别规定

当事人为外国人、无国籍人、外国组织,但在中国领域内有住所的,送达方式与普通行政诉讼一致。对在中国领域内没有住所的当事人,送达方式适用《民事诉讼法》第 283 条的规定,根据具体情况采用外交途径送达、代为送达、邮寄送达、电子送达、公告送达等方式。

本案是一起具有涉外因素的非诉执行案件,广州市越秀区市场和质量监督管理局将公告文书张贴在住所地的公告栏进行公告,但被执行人苏丹阿斯曼艾萨迪公司广州代表处属于外国企业常驻中国代表机构,应当按照《行政强制法》第 38 条、《民事诉讼法》(2017)第 267 条的规定向其送达文书。

2. 关于涉外行政诉讼调查取证的特别规定

由于《行政诉讼法》未作出明确规定,故适用《民事诉讼法》第 284 条,当事人申请人民法院调查收集的证据位于中国领域外,人民法院可以依照证据所在国与中国缔结或者共同参加的国际条约中规定的方式,或者通过外交途径调查收集。在所在国法律不禁止的情况下,人民法院可以采用使领馆代为取证、即时通讯工具取证或者双方当事人同意的其他方式取证。

【思考题】

涉外行政诉讼的特别规定与一般规定的区别是什么?

后 记

本书是"卓越涉外法治人才培养系列教程"中的一部，是郑州大学法学院推出的又一阶段性研究成果。从计划编写至今已历时一年有余，在研究不断向前推进的同时也遇到了很多理论与实践上的难题，承蒙学界多位专家、学者的帮助，特别是提出了许多富有建设性的意见与建议，使本书的编写与出版工作能够顺利有序的进行。对此，对本书全体编者表示衷心的感谢！

本书以"深化新时代涉外法治人才培养模式改革和培养德法兼修、明法笃行的高素质法治人才"为初衷，自编写以来得到了多方面的支持：郑州大学、郑州大学法学院各位领导对高素质涉外法治人才培养工作十分关心，对"卓越涉外法治人才培养系列教程"的出版给予了大力支持。郑州大学法学院苗连营院长、王玉辉执行院长、王圭宇副院长十分关心本书的写作和出版工作，国际法学科马志强教授承担本书出版的前期联络工作。中国法学会行政法学研究会副会长、郑州大学法学院沈开举教授高度关注本书编写进程并对本书编写提供了专业指导；郑州大学法学院行政法专业全体教师参与了本书的编写工作，并对其中的内容进行充分的研究讨论。法院、律所等奋斗在涉外行政法治的一线实务工作者积极参与了本书撰写。郑州大学法学院邢昕及其带领的"菠菜"小队吴姗、李思齐、兰瑶、李姝雅、陈怡宁、汪庆、黄晶莹承担了书稿校对工作；知识产权出版社黄清明主任对本书的编写给予了大力支持，李芸杰编辑为本书出版付出了大量辛苦工作……正是因为大家默默地奉献与帮助，本书才得以顺利付梓！

"路漫漫其修远兮，吾将上下而求索"，本书将会在现有基础上，不断深化研究，期望为我国涉外法治工作尽绵薄之力。

本书编者
2024 年 6 月